数字技术与外语教育丛书

U0501239

外语教学与研究中的教育技术（下）：问题与思考

Educational Technology in Foreign Language Teaching and Research: Issues and Reflections

董剑桥 ｜著｜

外语教学与研究出版社
FOREIGN LANGUAGE TEACHING AND RESEARCH PRESS
北京 BEIJING

图书在版编目（CIP）数据

外语教学与研究中的教育技术. 下，问题与思考 / 董剑桥著. —— 北京：外语教学与研究出版社，2024.6. ——（数字技术与外语教育丛书）. —— ISBN 978-7-5213-5370-9

I. H09

中国国家版本馆 CIP 数据核字第 202485Q8B9 号

外语教学与研究中的教育技术（下）：问题与思考

WAIYU JIAOXUE YU YANJIU ZHONG DE JIAOYU JISHU (XIA): WENTI YU SIKAO

出 版 人　王　芳
选题策划　段长城
项目负责　都帮森
责任编辑　都帮森
责任校对　杨　钰
装帧设计　梧桐影
出版发行　外语教学与研究出版社
社　　址　北京市西三环北路 19 号（100089）
网　　址　https://www.fltrp.com
印　　刷　北京九州迅驰传媒文化有限公司
开　　本　650×980　1/16
印　　张　19.75
字　　数　313 千字
版　　次　2024 年 6 月第 1 版
印　　次　2024 年 6 月第 1 次印刷
书　　号　ISBN 978-7-5213-5370-9
定　　价　92.90 元

如有图书采购需求，图书内容或印刷装订等问题，侵权、盗版书籍等线索，请拨打以下电话或关注官方服务号：
客服电话: 400 898 7008
官方服务号: 微信搜索并关注公众号"外研社官方服务号"
外研社购书网址: https://fltrp.tmall.com

物料号: 353700001

记载人类文明
沟通世界文化
www.fltrp.com

前　言

计算机、互联网和移动设备已经完全融入了我们的日常生活，"数字技术几乎是与教学相关的一切的结构[1]"（Brown 2015：18）。从无处不在的文字处理到在线课程注册，再到居家访问图书馆数据库，学生、教师、管理员和工作人员在高等教育的各个方面都依赖于广泛的计算设备和相关应用程序。数字技术也出现在教室里，如电脑讲台、投影屏幕和全电脑教室。学习管理系统可以拓展课堂学习，为在线课程提供平台并辅助线上线下混合式教学。可以说，在不使用数字技术的情况下完成大学学业的可能性已经不复存在。

尽管科技给教育带来了很多希望，但也带来不少失望。当初的电话、电影和收音机被认为将彻底改变教室，电视也曾经像如今的互联网一样承诺会带来教育的变革[2]（Bok 2003；Flavin 2012）。可是，经历了几代人的技术冲击，教育系统并没有发生根本性的变化，大学作为一个机构似乎具有非凡的韧性，大学教育在可预见的将来可能仍会在一段时间内保持黄金标准（Gordon 2014）。技术来来去去，但在大学里，讲座仍旧是主要的教学方式，而论文和考试依然是主要的评估工具。为什么互联网至今还没有真正改变大学的学习和教学？人工智能的应用为什么不会首先在学校落地生根呢？

正是基于这一背景，本书试图通过识别和分析教育技术在外语教学中的应用、影响和反应来透视高等教育中的技术效用问题。通过对外语教育技术来龙去脉的梳理，探索新技术在不同教育情境中的实际使用，并探讨数字时代教育神话和修辞背后的机遇和挑战。本书的讨论基于对教育与技术历史的理解，侧重教育技术在外语教学中的实践性反思，并对技术创新的潜力持开放态度，对技术决定论和技术怀疑论采取批判观点。

1　本书中文译文均为作者自译。

2　参见约翰·霍里根（John B. Horrigan）发表于 2016 年的文章 "Digital readiness gaps"。

毫无疑问，数字时代改变我们的教学与学习方式的潜力巨大，新的信息来源和互动形式已经发展成熟，但许多学校的教学模式和学习方式与前数字时代的情况相比变化不大。虽然，数字技术（如智能手机、笔记本电脑或平板电脑）在人的生活中已越来越普遍，但是一旦走进课堂，数字技术在日常教育体验中可能会变得"无足轻重"。尽管学生在社交媒体网站上投入的时间越来越多，但将这些技术融入课程或正式的学习环境仍然是一个重大挑战。历史的现实似乎在告诉我们，教育环境的变化，如果它以预期的方式发生，通常总是渐进的，很少是革命性的。因此，在历史知情方法的背景下反思教育技术的发展和应用是本书的核心内容之一，同时本书也分析了日益技术化的外语课堂教学以及学习技术在文化上的中介方式。虽然数字世界似乎越来越"扁平"，但是重大挑战依然存在。本书不拟进行外语教育技术应用的"扫盲"，而是侧重对技术应用过程中出现的问题进行反思，并对诸如"数字原住民""数字鸿沟""智慧教育""技术赋能"等术语以及"口号式"表述尝试进一步澄清，而不是毫无疑问和不加批判地全盘接受。

深入研读关于信息技术教学应用的许多表述，发现其主要的特征常常是理论上的可能、技术上的功能，而不是现实环境中的实际可行。论及互联网数字教育，技术专家总爱提 4A、5A，甚至 6A 式学习 [1]，即任何人都可以在任何地点、任何时间以任何方式学习任何内容。

然而，这些多数只是技术上的可能性和教学应用的假设，其实际可行的前提是所有的学生用户都必须拥有理想的终端设备、无障碍的网络环境、实际可支配的时间、充裕可选的学习内容以及娴熟自如的技术应用等等，同时还需要教师善教、学生乐学，并辅以配套的管理措施和评估机制。可是，实际情况却是并非所有的学生都拥有良好的设备和接入条件，并非所有设备上都能部署安装必备的应用程序，并非所有学校都能提供足够的固定机位或网络带宽；至于

1　4A 指 anywhere、anytime、anything、anyway，5A 在 4A 基础上加 anybody，6A 在 5A 基础上加 any-device。

说时间、空间、地点等，就更不是满负荷学习的学生可以任意处置的。无论是教室、实验室、图书馆，还是宿舍、家或其他环境，似乎都不太可能为每个学生的自主学习提供私下的、无干扰的和不受限制的访问机会和技术便利。由于家庭背景、经济能力、生源地区等多方面因素，学生的技术可及度可能根本不在同一起跑线上。看起来每个学生都有智能手机（资费问题通常被忽视），但学生们在学业活动中使用技术的经验和准备情况参差不齐。来自收入低、父母受教育程度较低的家庭的学生，数字技能最弱，这使他们在大学使用技术方面与来自经济或教育背景更优越的同学相比处于劣势（Rideout & Katz 2016）。这似乎表明借助技术中介的学习反而不如传统面授课堂平等。研究还表明，并非所有大学生都以同样的方式使用数字技术，或者对他们必须使用的技术感到同等舒适，尤其是在学术性作业中。学校对大学生在数字技术方面的了解和准备的不切实际的期望，可能会特别影响到那些在中小学阶段缺乏数字训练的大学生。因为，如果大学哲学是基于对数字原住民、教育和技术的假设，那么就是在假设不必教学生如何使用技术进行学习。

许多当前和未来的校园数字技术规划，都是基于大学生"精通技术"的普遍看法，在当前关于高等教育数字化转型的讨论中，一个普遍存在的概念是"数字原生"的比喻（Prensky 2001），用来形容在无处不在的数字技术中长大的大学生，他们被称为"数字原住民"。这种被广泛接受的比喻传递了一种观念：21 世纪的大学生与以前的大学生有着根本的不同，"今天的学生不再是我们的教育系统设计用来教的人"（Prensky 2001：1），他们在数字技术方面的知识和技能似乎是与生俱来的。这也成为许多主流、教育新闻媒体讨论的从小学到中学后各级教育的共同特征。

然而，残酷的真相却是现实中的千差万别。与数字技术相关的，不仅存在"无有者"（have-nots），而且还有"无欲者"（want-nots），数字鸿沟在接入条件、设备拥有、使用能力、动机水平等各个方面均有体现。在解决了获得信息和通信技术的问题后，使用该技术的强度和方式，以及不同群体之间存在的差异，即所谓**第二级数字鸿沟**[1]才是问题的重点。截至 2022 年 6 月，在网络接入环境方面，我国网民使用手机上网的比例达 99.6%，使用台式电脑、笔记本电脑、电视和平板电脑上网的比例分别为 33.3%、32.6%、26.7% 和 27.6%[2]。这意味着，对于大多数家庭和个人，还远远达不到常态的严肃学习所需要的设备和信息环境条件，人口密集型的校园网带宽和流量也还未尽如人意。皮尤研究中心（Pew Research Center）的一份报告显示，即便是信息技术发达的美国，在个人和工作相关活动中，成人学习技术的采用也因社会经济地位、种族和民族以及家庭宽带和智能手机的使用水平而存在显著差异[3]。一些用户无法使互联网和移动设备在学习、求职等关键活动中充分发挥作用。现在，人们对数字鸿沟的担忧开始从是否能够获得数字技术，转而关注人们在使用技术试图驾驭环境、解决问题和做出决策时成功或努力的程度。

另一令人不安的教育技术应用现实是，一些教师在 21 世纪的新技术上使用旧的 19 世纪教学方法[4]，他们仅仅是将大量未消化的信息通过大口径的数字管道，灌输给相对不活跃的、被动的学习者。在线教育的默认模式往往只是借用旧的教学方法，并将其转移到新的在线学习空间和数字技术中，而没有任何变革优势（Brown *et al.* 2020）。而这样的问题似乎与技术本身无关，更多的是教育教学观念本身的问题。但是，主导教育数字化进程的各级决策者往往聚焦在技术的进步与教师的技术能力上，而对何以用技术、如何用技术以及用技术做什么的问题深究不多。

2020 年，Brown *et al.*（2020） 在 *2020 EDUCAUSE Horizon Report, Teaching and Learning Edition* 中将高等教育技术趋势中的"技术发展"一词改为"新兴技术"（emerging technologies）。Pelletier *et al.*（2021：5）在 *2021 EDUCAUSE*

---

1 第二级数字鸿沟是指不同地区、不同人群之间在数字技术应用和数字化能力方面的差距。这种差距可能源自地区发展不平衡、教育资源不足、经济条件落后等多种因素。

2 参见《第 50 次中国互联网络发展状况统计报告》。

3 参见约翰·霍里根（John B. Horrigan）发表于 2016 年的文章"Digital readiness gaps"。

4 同脚注 3。

Horizon Report, Teaching and Learning Edition 中又将"新兴技术"（Brown *et al.* 2020）改成了"关键技术"（key technologies），并解释说，一方面，由于"技术发展"一词太过笼统，且不易跟踪，有的技术仅仅昙花一现；另一方面，以前的报告太过着眼于技术本身，而不是技术对教育的具体影响或落地的教学应用。"将'新兴技术与实践'改为'关键技术与实践'，使得报告中技术类别的出现、消失甚至返回更有机化，从而反映不同的问题"（Pelletier *et al.* 2021：5）。这一变化是十分可喜的，它反映了高等教育信息化协会（EDUCAUSE）接手新媒体联盟以来的新思路。不过，技术发展之快、功能之强使人们瞠目结舌。在 *2023 EDUCAUSE Horizon Report, Teaching and Learning Edition*（Pelletier *et al.* 2023：6）中，专家小组成员们讨论"用强大的新技术能力取代人类活动，以及我们所做的一切都需要更多的人性"，他们在这一看似两极的想法之间摇摆不定，难以做出合意的取舍。Pelletier *et al.*（2023：6）还认为，"技术在不断变化，变得越来越复杂。随着技术的过时和新技术的引入，高等教育机构必须持续监测已经实施的技术的有用性，并规划新技术，以实现更具适应性的决策和更灵活的教学体验。"对于教育技术工作者，到底是从技术发展的角度审视教育变革现象，还是从教育发展的演变进程中考察技术的应用，这恐怕不是一个简单的观察视角的问题。

任何技术的应用，都是人类社会人文现象的功利化结果。人类可以创造工具，改造世界，但本质上都只是重组利用了物质世界的可予性（affordance）。正如布莱恩·阿瑟（2014：48）所说，"所有的技术都会利用或开发某种（通常是几种）效应（effect）或现象（phenomenon）"。对于教育现象与需求的发现、捕捉和利用是技术应用于教育的逻辑起点，促使教育技术发展变化的核心要素是纷繁复杂的教育现象和隐而不显的教育规律。教育技术作为方法和工具系统和自然世界一样，其可予性是它的预设属性，但是可予性的实现却依赖使用者的能力与创意互动水平。"竹篮打水一场空"形容工具用错白费力气，但是，如果在篮子内衬上一层塑料纸也未必不能打水（把水冻成冰块也行）。

教育技术的应用与此类似。同样的工具或软件，使用效果因人而异。我们不能武断地判定工具或软件好与不好，而要看使用者有没有用好。手绘的思维导图和软件生成的思维导图在功能效用上是一样的，差别在于绘制是否方便，效果在于用法是否得当。如果误把心智图（mind maps——用来激活思维、组织活动）当成概念图（concept maps——用于讲述知识、厘清概念）使用，可能就会造成认知混淆，反之亦然。也许，正是技术具有这种因人而异的两可性，它才被技术工具论者认为是中性的、双刃的，其本身并不荷值。当然，这种观点在哲学上未必站得住脚。且不说技术发明者本人是否具有价值预设，技术本身的存在逻辑就是求利的。因人而异的"求利不得"和"求利得利"并不能构成技术中性论的说辞。教学中的技不得法，往往是既没有想到"往篮子里衬塑料纸"，也没有"把水冻成冰块"。篮子有篮子的用处，但并非不能挪作他用。

Strate（2012）曾经说，如果技术是中性的，那就不是技术。从媒介生态学的角度来看，技术不可能是中性的，因为它是一种变化形式，并且基于其材料和方法的属性具有固有的倾向性。此外，技术的应用是技术本身固有属性的一部分，技术、指令、软件或工具也是如此。虽然，技术创新总是会产生意料之外的、不想要的、不受欢迎的效果，但是技术的意外不能简化为设计师意图。技术虽然是人工制品，但是它一旦出生，所带来的影响并非总是按照制造者预先设定的路向演进。类似的思考为技术价值论和技术中性论的分歧留下了许多讨论空间。

效率是所有技术的潜在偏向。然而受技术价值论的影响，我们总在好与不好、有效与无效的两元悖谬中徘徊，而忽视了对教育技术引发的生态性效应的深入研究。在历时数十年的"学媒之争"中，信誓旦旦的证实、言之凿凿的证伪，或者是若即若离的观望与持中都得到了淋漓尽致的反映。然而，这场由克拉克的"媒介无用说"（Clark 1983）和科兹马的"媒介相关说"（Kozma 1991；1994）引发的争论最终在无显著差异（no significance）的沮丧中不了了之。但对技术、媒介乃至课堂、学校、社会等诸多要素之于教学效用的探究（教学效用量的元分析）却方兴未艾，给我们的启示是极富意义的。技术媒介之于教育的意义，远在具体的教学应用之上。

美国传播与技术协会（Association for Educational Communications and Technology，简称 AECT）1994 年发布的有关教育技术的定义是一度被国内教育技术界普遍认可的教育技术定义："教育技术是关于学习过程和学习资源的设计、开发、利用、管理和评价的理论和实践"（Seels & Richey 1994：1）。该定义将教育技术的研究对象表述为关于"学习过程"与"学习资源"的一系列理论与实践问题，改变了以往"教学过程"的提法，体现了现代教学观念从以教为中心转向以学为中心，从传授知识转向发展学生学习能力的重大转变。这种转变是一种进步，但是，教育技术的研究对象如果不能涵盖教学过程，那何来学生的学习呢？技术在教的过程中的作用又是什么呢？

在 AECT 于 1994 年发布有关教育技术的定义之后，又于 2005 年和 2017 年两次修改了该定义。

[AECT 1994]: Instructional technology is the theory and practice of design, development, utilization, management and evaluation of processes and resources for learning（Seels & Richey 1994：1）.（教育技术是关于学习过程和学习资源的设计、开发、利用、管理和评价的理论和实践。）

[AECT 2005]: Educational technology is the study and ethical practice of facilitating learning and improving performance by creating, using, and managing appropriate technological processes and resources（Richey 2008）.（教育技术是通过创建、使用和管理适当的技术过程和资源，促进学习和提高绩效的道德实践和研究。）

[AECT 2017]: Educational technology is the study and ethical application of theory, research, and best practices to advance knowledge as well as mediate and improve learning and performance through the strategic design, management and implementation of learning and instructional processes and resources（李海峰等 2018：21）.（教育技术是合乎伦理的理论研究和最佳化实践，旨在通过对**教与学**的过程和资源进行策略设计、有效管理，以促进知识发展、调节学习进程和

提升学习绩效。）

2017 年的定义中保留了 ethical（伦理）这个词，creating（创建／创造）这个词又重新改成了 design（设计），更显专业务实；在这三次定义中，processes and resources（过程和资源）两词都得以保留，这表明 AECT 认为"过程和资源"是教育技术应用近 20 年来最为关注的部分。但是 2017 年的定义审慎地用回了 instructional（教学）一词，以修正 1994 年和 2005 年定义的矫枉过正，首次体现了教与学的微妙平衡。

教育技术发展的历史上一直存在定义之争，但更多的时候，是关于教育技术有效性的求索与争鸣。然而，这种求索与争鸣很少将技术置于应用生境中来考察并确认其效用，而总是努力去证明对某种特定技术的线性期待：比如，笃信多媒体教学能解决文本学习的单调枯燥、期待翻转课堂能提高学生参与度和课堂有效性、指望开放在线课程（MOOCs，即慕课）可以改革高等教育的既定模式、认定混合式教学可以实现传统教学与在线学习的优势互补等。类似的待证"公式"还有：互联网＋教育＝全民教育、人工智能＋教育＝智慧教育、移动终端＋慕课＝公平教育，等等。但是到头来发现，理想与现实之间似乎总有一堵时隐时现、难以跨越的屏障。这堵无形的屏障或许就是根深蒂固的教育体制和教学文化，以及由此而衍生的教育教学的发展逻辑和操作现状。仅凭技术介入的教学改革往往难以达到预期的目的，殚精竭虑的初衷得到的可能是流于表面的结果。

在技术如此普及的当下，离开了计算机人们已无法有效地工作；离开了手机，人们已不能自在地生活；而离开了网络，无论是计算机还是手机，人都仿佛是失去了"灵魂"和动力。可见技术已经改变、甚至左右了我们的生活和工作方式，而这也是许多学者想当然地确证信息技术已经改变了教育。确实，有关教育技术的新名词、新概念不绝于耳，且每每动静不小，"如慕课、微课、翻转课堂、创客、TPACK、STEAM、Smart Education 等等，大有举国而动的势头"（李子运、李芒 2018：64）。可看看身边的课堂、教师和学生身上发生了什么？除了讲台多了台电脑，黑板前挂上了幕布，PowerPoint 替代了板书，

APP 替代了书本，几乎没什么太大的改变。就连被誉为高等教育革命的慕课，也还是"原模原样"地将课授套路搬上了屏幕，课堂教学的原生态依然如故，类似的情形同样发生在英国、美国等发达国家。难怪会有经典的"乔布斯之问"："为什么计算机改变了几乎所有领域，却唯独对学校教育的影响小得令人吃惊？"对技术在教育中的应用前景由此陷入一种在技术乐观主义和技术悲观主义之间不断摇摆的周而复始的试错循环（陈晓珊、戚万学 2021）。

技术的本质是帮助解决人力所不能解决的问题，故而技术赋"能"是耳熟能详的坊间热词。但在教育技术的应用实践中，人们很少有对于什么是"能"与"不能"的界定和讨论。技术到底能在哪些方面、多大程度上为教师赋能、为教育赋能、为学生赋能？其边界条件是什么？而哪些能力是技术所不能赋予的，而哪些又是有可能被技术所戕害的？以现代信息技术为特征的教育技术的深度融入，到底能为教学（包括外语教学）带来什么样的改变？这种改变是可选的，还是不可逆的？原因何在？

教育技术专业从业者常常给人一种不淡定的感觉，他们经常引用的一种观点是，教育技术领域是一个日新月异的领域。这句话的含义似乎是技术发展时不待我，如果错过了机会就赶不上了。然而，事实就如 Weller（2018）在回顾教育技术二十年发展时感叹：在紧跟新发展的令人窒息的努力中，教育技术（edtech）领域在记录自己的历史或批判性地反思自己的发展方面明显不足。

以技术为背景探讨外语教学的方法与规律，这个想法由来已久。只是一直囿于专业学养的粗浅和技术素养的匮缺，始终觉得难以挠到问题的"痒处"。笔者于 20 世纪末开始接触多媒体计算机辅助教学（multimedia computer-assisted instruction，简称 MCAI）的应用实践。在 Wintel 和摩尔定律的驱使下，作为外语教学的技术爱好者一路跟跑，从 PC 386、486、586，Windows 31、95、98、2000，一直到 Windows 7、10、11；从组装机、原装机、一体机，到笔记本、工作站、服务器；从组装个人电脑，到组建多媒体（电脑）网络语言实验室，等等，一度"不务正业""玩物丧志"成为电脑玩家。有同行戏称笔者是外语学界中电脑用得最好的、电脑玩家中英语最好的，但真相却是技术上

"半路出家未及精专"，英语上"半途而废不进则退"。这似乎刚好验证了笔者对外语教育技术应用方面的担忧：基于双师型思路的教师发展策略未必是教育数字化转型的正途，对技术应用的精进要求某种程度上是以牺牲教师学术精力为代价的。教育技术研究的核心任务之一就是针对教学实际研发易用、适配的教育产品，而不是面对技术更替和转型被动地寻求识变、应变之道。

几度提笔，几度搁笔，一直到退休才又重新拾笔完成此书。究其原因，是想讲好技术应用的故事，但力求完美的念想总也跟不上技术迭代的速度。总想等等新技术面世再说，免得一出书就过时，就如同书架上蒙尘的计算机书籍和软件用户手册一样。可是，一路走来，目之所及似乎很难看清技术应用的尽头：带宽突破、计算突破、智能突破，多媒体应用、课件共享、在线视频课、MOOCs、SPOC（校本在线课程）、翻转课堂、混合式学习。本书差不多要截稿的档口，冷不丁又出现了 ChatGPT，以及围绕 ChatGPT 等大语言模型的生成式人工智能（Generative AI，简称 GenAI）竞赛。AI 技术进步出现了指数级增长，令人目不暇接。商业逐利大潮裹挟着摩尔定律使技术发展如脱缰的野马，软件补丁升级频率越来越快，设备报废年限也跟不上技术的迭代。应用尚未普及，技术已经过时，"码农"们甚至惊呼：半年不充电，立即成小白。仿佛谁要与数字信息技术结缘，谁就注定难以安生不折腾。然而，诡异的现象却是：大学教育并没有像人们预期的那样发生翻天覆地的变化。课堂内外，书该怎么读还是怎么读，课该怎么上还是怎么上。那技术之于教育，到底在哪些方面改变了大学？数字信息生态下的高等教育，哪些方面必须与时偕行，哪些方面必须持恒守正？面对数智技术的全方位融入，大学教育既定模式的定力到底是什么？

外语教育技术的应用已经度过了历史上的扫盲期，新一代的外语教师已经不再是"技术白丁"，相反，他们多数是数字网络时代的"数字原住民"，没有深切感受过"数字移民"的技术冲击。然而正是这种"冲击感"的缺失，让他们无法切身体悟传统教育的不能承受之重，进而认为技术带来的一切快感和便利仿佛都是自然而然、顺理成章的。

互联网、人工智能和在线应用的进步使人类能够极大地扩展自己的知识技能，提高解决复杂问题的能力。这些进步使人们能够立即获取和分享知识，并增强了他们理解和塑造周围环境的个人和集体力量。如今，人们普遍认为，从现在起到 2035 年，主要由机器学习和人工智能驱动的智能机器、机器人和系统的速度和复杂程度将迅速提高。随着个人更深入地接受这些技术来增强、改善和简化自己的生活，人们可能不由自主地将更多的决策和个人自主权"外包"给数字工具。教育专家们对教育领域越来越多的自动化表示担忧，他们担心成长中的学生正在失去独立于这些系统进行判断和决策的能力。

但是，更多人乐观地断言，纵观历史，人类普遍受益于技术进步。他们认为，当出现问题时，新的法规、规范和文化有助于改正技术的缺点。人们有理由相信，即使自动化数字系统越来越深入地融入日常生活，人类的驾驭力量也会始终站稳脚跟。

目录

第六部分　外语教育技术研究的生态视角

图目录

表目录

第四部分

外语教育技术的学科定位问题

作为教育工作者，我们面临的挑战是使学习者的需求与瞬息万变的世界相匹配。为了应对这一挑战，我们需要通过刻意扩展我们的视角并更新我们的方法来成为战略学习者。

——海蒂·海耶斯·雅各布斯（Heidi Hayes Jacobs）

导言：定位之争和身份问题

外语教育技术的学科定位问题，是以外语教育学、教育技术学的学科界定为背景的。然而，教育技术学，包括它的前身电化教育学，历来就有姓"教"还是姓"技"的名谓之争。首先，已然是教育学二级学科的教育技术学本身尚未明晰其学科定位的问题。姓"教"，还是姓"技"，抑或可以单列，历经数十载争鸣始终悬而未决；其次，外语教育本身一直以来也存在着学科身份问题的纠结（梅德明 2012；王文斌、李民 2018；周燕 2019）。姓"外"，还是姓"教"，左右为难。因此，只有解决了这两者的身份问题，才能找准外语教育技术的定位问题。第三，教育与技术的"纠缠"，不只有观念与理论问题、操作与效用问题，同时还伴随着技术进步本身带来的复杂性。

以信息技术为核心的现代教育技术，其物化形态的硬件（计算机、网络、数媒设备）与智化形态的软件（程序、人工智能、大数据）日益深度融合，两种技术形态相互依存、难以剥离。就像芯片可以是硬件、是实物、是看得到摸得着的物理存在；但在逻辑上，芯片又是固化的软件，俗称固件，具有功能和任务价值。所以，功能栖身于技术，软件融入了硬件，连意义、理念也都打包进了程序、算法。很多单体设备如手机、数码相机、MP3、路由器、电子书中都有固件；就连我们常用的鼠标、键盘、硬盘、光驱、U 盘等设备，甚至数据线接口中，也都有固件的存在。因此，数字教育产品的程序中越来越多地融入了教育的思想、理念，甚至操作流程。

南国农老先生曾形象地评述教育技术的"教""技"之争："光知道他（教育技术）姓'教'，能从人群中认出谁是他吗？不能，因为姓'教'的学科很多，教育心理学、教育传播学、教育统计学等都是姓'教'。只有知道他（教育技术）是姓'教'名'技'（双重定位），才可能认出谁是他。"（南国农 2013：5）笔者对此比喻深以为然。技术环境下的教育教学原理、认知心理、学习机制等**教**

育问题应该是教育技术学着重关注的题中之义，舍此，学科就像无源之水、无本之木。但符合伦理、促进学习的**技术开发和应用研究**更是教育技术学的立身之本。教育技术学视域下的教育与技术，本来就你中有我、我中有你。学者似应关注教育技术学科的内涵发展，而不必为学科归属的名谓之争所累。

李子运、李芒（2018）认为从定义出发构建学科体系的思路容易受定义本身合理性的影响，主张应该"回到事情本身"，即教育技术最初之意——"师生的活动方式"，来构建学科体系。所谓的"活动方式"，就是何克抗教授（2005）所称的"借助技术的教育"活动。何克抗认为教育技术学必须包括"教育"活动和"运用技术"这两个核心概念，所以，教育技术学的逻辑起点可表述为：借助技术的教育活动，是以体现共性与个性的统一（何克抗2005）。栖身于教育技术和外语教育的"外语教育技术"，其逻辑起点理应是"借助技术的外语教育"活动。只是，实际运作中的情况远非如此简单明了。首先是外语教育技术的上位学科"教育技术学"尚未走出"定位困境"。"教、技"的名谓之争倒在其次，关键是学科建设的方向和专业培养的层次尚未明晰。

深入了解我国教育技术学专业的课程设置，并对教育技术学专家的学术背景、教育技术学领域研究文献作梳理的话，我们兴许就会发现，现有的教育技术学专业的人才培养规格并非针对任何学段的学科教学。"什么都学，什么都不精"是教育技术学专业学生抱怨最多的话：信息技术不如计算机专业，教育理论不如教育学专业，多媒体技术又不如数媒影视专业，学科知识又不如学科专业，而外语能力自然也不如外语专业。所以，绝大多数毕业于教育技术学专业的本科生最终的就业领域只能是教学辅助或与教育沾边的IT行业。无论从用人机制，还是实际能力来看，都只能是教育领域的"教辅人员"（因为没有专门的学科专业背景）、技术领域的"协助人员"（因为专业归属于教育学，而不是计算机科学）。只有极少数人得幸在高校就职，却仍然从事定位宽泛的"教育技术学"专业教学。那些入职教育技术产品开发行业或者教育培训机构的学生面临同样的劣势地位。换句话说，外语圈内的"外语教育技术"研究队伍，很少能从其上位学科"教育技术学"专业得到高素质专业人力资源的补充。

平心而论，出现这种定位尴尬的原因并不全在教育技术学本身。这既与我国高校的专业分科设置、学科本位的课程设置、学校教学的师资配置有关，也与基础教育的用人机制、学校教学信息化深度建设等诸多问题有关。我国现行教育体制下，除了幼儿园，所有学段的教学基本都采取分科教学的模式，所以，学科教师的学科专业性必然是第一位的。那么解决学科教学中教育技术应用水平的途径究竟是什么呢？是补充具有教育技术学背景的教辅人员？还是强化各学科专业教师的信息化技术素养（tech-literacy）？前者是信息化时代教学实验室建设中的人员配置问题，后者则是学科教育信息化的专业教师发展问题。解决之道既涵盖入职前的资格获取问题（强化师范训练的信息素养模块），也包括入职后业务发展的与时俱进（常态化的技能培训制度）。教育技术学作为一个跨学科的专业领域，似应作为研究生阶段的专业选择，专门研究技术教学应用的理论与操作、应用与开发问题，而不宜设立一个亚规格本科专业，培养一批万金油式的技术辅助人员。

其次，是外语教育自身的学科身份问题。外语教育到底归为外语还是归教育？外语教学的信息化改革如何解决教师的技术素养问题？外语教育技术学的学科基础是原生性（派生于外语）的？还是继生性（嫁接于技术）的？或者是共生性（外语与技术混合）的呢？"外语教育＋教育技术"的派生模式是否会延续姓"外"姓"教"的历史纠葛，甚至继续姓"教"姓"技"的现实纷争呢？

外语教育技术作为一个应用研究领域，既是历史的，也是现实的。但它是否已然发展成为一门成熟的学科，无论是圈内还是圈外，一直都存在不同的看法。所幸，外语教育自身的定位之争终于尘埃落定。2024年初教育部发布《研究生教育学科专业简介及其学位基本要求》，将"外语教育学"确定为"外国语言文学"下属的二级学科（与"外国语言学及应用语言学"同为二级学科）。此举既明确了"外语教育学"作为外语学科的从属地位，同时也认定了其学科定位的教育属性。这也许为"外语教育技术"从范式研究走向学科建设铺平了道路。

外语教得好不好，无论你用了何种技术、想了多少方法，首先还是教师的外语要足够好。所谓手段、方法是可以殊途同归的。关键是教师善教、学生乐学。那么，技术的功能和作用是什么呢？从教学日常可以观测、体悟到的是三个方面：首先是方便、可选、互适，用户体验佳；其次是有用、实用、适用，自我效能感强；再者是丰富、多样、酷炫，能激发学习兴趣。可见，教学中与时偕行的技术跟风并非全是效益性考虑，也未必一定是什么技术发展的逻辑使然，有时只是为了迎合学生的期待，或为了排除自己"可能拖后腿"带来的焦虑和不确定感，以便找到社群认同。技术的作用可以是认知的（有待证实），但也不排除是情感的、经济的，甚至是功利的。然而，技术之于教育的作用是全方位的、泛在化的，它既是文化性的衍变，也是范式化的转移，更是行为方式的养成。就像人类支付方式的技术演变一样，从实物、纸钞、信用卡到扫码、刷脸的无感化，人们甚至再也看不到货币了。但支付的本质并没有发生变化，只是生活更加便利了、交易成本更低了、商业红利更大了。所以，要真正研究教育技术对于外语教育教学的实际效用，不能仅限于课堂应用、教学效果和学习效率等微观层面，还应该从更广泛的学术语境、教育语境，甚至是社会语境中寻找其现实意义和长远影响。

第九章　外语教育技术的本质特征

从学科构建的逻辑上讲，外语教育学（外语学科教学论）和教育技术学是外语教育技术的上位学科。然而，这两个学科均存在与生俱来的定位情结的困扰：外语教育此前一直只是一个研究领域，尚难确定其学科归属，虽暂居于外语应用语言学名下，却难以自立门户；而教育技术学是教育学下属的二级学科，虽然已经家大业大，却仍不断纠结于学科定位的双重性，时不时游移于教育与技术的边界。但无论如何，这两个学科的基础理论显然是构成外语教育技术学理论基础的主要来源。

理解外语教育技术的关键，是外语教学中技术应用的几个相关性，即技术与外语的语言相关、技术与外语的学习相关、技术与外语的教学相关、技术与外语的应用相关。这几个相关性的内涵在于：语言相关，语音技术是原点；学习相关，学习理论是基点；教学相关，教学设计是痛点；应用相关，语言交流是目的。据此，外语教育技术的理论来源主要包括四个方面：语言学与应用语言学、学习科学与心理学、教育学与教育心理学、技术与应用原理。外语教育技术应用是针对外语的语言性学习、语言运用以及由此而衍生的教与学的技术应用，通过科学合理的教学设计，达到赋能教学、助力学习的一系列外语教学活动。广义的外语教学（相当于外语教育学）包括外语专业的所有课程及一切与外语相关的教学活动；但若是界定外语教育技术的语言相关性的话，是指"学习语言本体性知识和技能，而不是通过语言学习其他知识"（胡加圣 2015：22）。

Alduais（2012）介绍了以 Spolsky 和 Stubbs 为代表的英美学派提出的教育语言学模型。该模型以普通语言学的知识为学科基础，坚持以普通语言学的本体理论指导教师教学，着眼点仍然是语言和语言的应用。尽管模型包括了学习理论、语言学习理论、心理学、心理语言学、社会语言学等，如图 9.1 所示

（Spolsky 1978：4-5）。但若从学科属性的角度看，"教育语言学研究的中心问题依然是与教育相关的语言问题以及语言教育问题"（梅德明 2012：35）两个方面。前者基于语言学，后者以教育学为基石，与语言教育（包括外语教育）问题相关。教育语言学关注的"出发点、立足点、聚焦点始终是学生的语言发展问题，始终是教师的语言教育问题"（梅德明 2012：35）。因此，对于那些坚持外语教学为语言属性派的学者而言，教育语言学就足以涵盖外语教学所有实践活动，同时又能保留学科实践主体的外语专业特色。而以"外语教育＋学"或者"外语＋教育学"的语段切分来论证外语教学的学科归属（辛广勤 2006；王文斌、李民 2017，2018），理据似乎并不充分，因为，作为学科的"外语教育学"超越了教育语言学的"语言"范畴，更关注"外语教育研究自身系统性的梳理与考察"（王文斌、李民 2018），其研究与实践领域包括了外语教育全过程以及影响这一过程的诸多相关因素。

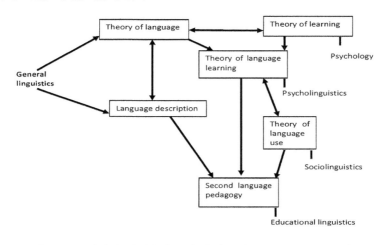

图 9.1　斯波尔斯基的教育语言学模型（Spolsky 1978：4-5）

在构建跨域学科的学术实践中，应该将学科的理论基础和学科的研究对象加以区别。教育语言学以语言学和教育学为基础理论，但研究的对象是教育中的语言问题和语言的教育问题，即借鉴教育学的原理指导语言教学、运用语言学的理论剖析教育中的语言现象，但绝对不是既要研究语言学问题又要研究教育学问题。其落脚点始终是语言和语言的应用，故称教育语言学。而教育部此次将冠名以"外语教育学"的外语教育划归外国语言文学的一锤定音，顺应了语言与教育两方面的学理依据。

我国外语教育多年以来在教学理念、教学内容、教学方法、教学手段乃至学科建设、专业设置等方面均已取得明显进步（庄智象 2010），但在其是否应该成为一个学科的问题上之前一直难以定论。究其原因，一个重要的现实因素就是大多数体制内成名的外语学者所研究的均为外语的语言问题（语言的、文学的、翻译的），而不是聚焦外语的教育教学问题；而从事外语教学研究的学者又长期注重语言技能培养，忽视学科知识体系建设。换句话说，外语教育研究的主要科研成果和学术影响以语言类研究为主，即便是功成名就的外语教育专家，也终身活跃于外语圈，极少有人担任过语言文学专业以外的任何教职，这种"术有专攻"的学术传统与英美大学的学术范式存在很大程度的差异。

外语教学，抑或任何学科的教育教学，本质上都是跨学科的。若要加上教学的技术应用，那其依据的理论基础和实践活动范围就必然具有交界的（interdisciplinary）、多界的（multidisciplinary），甚至是超界的（transdisciplinary）性质。但理论资源的多元性、实践研究的跨界性并不意味着该学科研究没有聚焦领域。外语教育技术学的理论基础是外语教学理论和教育技术基础理论，前者与"语言的教育问题"相契合，后者与教育中的技术问题相契合。外语教育技术的"焦点"应该是"外语教育教学中的技术应用问题"。

学科交叉是"学科际"或"跨学科"研究活动，其结果导致的新知识体系构成了交叉科学。但学科交叉不等于交叉学科，前者是研究的必要方法和过程，属于认识论和方法论性质；后者是研究有成的必然结果，具有本体论特征。自然界的各种现象之间本来就是一个相互联系的有机整体，人类社会也是自然界的一部分，因而人类对于自然界的认识所形成的科学知识体系也必然就具有整体化的特征。任何学科都不可能独自解决自身领域所有的问题，所以，交叉是必须的。但是，唯有通过多学科理论和方法交叉融合，解决新的科学问题和现象，形成相对独立的理论、知识和方法体系，才具备交叉学科的架构基础。

然而，教育技术学本身从传统的媒体技术到现代的信息技术，几十年来不仅发展迅速，而且变化巨大。"这导致教育技术领域的疆界不断拓展而难以确定，学科研究焦点不断游移，从各相关学科引进的概念、理论、方法层出不穷……作为一个多学科交叉的研究领域，教育技术学经常陷入'耕了别人的地，荒了自家的田'之尴尬，更免不了陷入'众说纷纭、莫衷一是'的思想混乱。"（桑新民、郑旭东 2011：9）外语教育技术研究在某种程度上面临着同样的尴尬。

当然，一些人会坚持认为，这些领域的核心之处（外语的、教育的、技术的）仍然是做着不同事情的根本不同的机构和研究人员。但其他人则认为，这些差异无关紧要，从本质上讲，它们是相通的。每个领域所做的事情和所居住的空间都有很多重叠，但导致各领域产生的历史却明显不同。这些历史很重要，因为它们构成了如今的学科之体的骨架，并帮助我们理解为什么领域间可能存在潜在的差异以及功能上的相似性。

9.1 外语教育技术的语言性特征

外语教学中用到的教育技术可以分为两大类：一类是通用的教育技术，如计算机技术、网络应用技术、数媒编辑技术，信息检索技术等，这是任何学科的教学活动都可应用的技术。对这类技术的应用能力，可称之为"新读写能力"（new literacy）。另一类是可以特别应用于外语教学的教育技术，如语言实验室技术、智能语音技术、语料库技术、作文自动批改、双语自动翻译等等。通用技术的外语教学应用也属外语教育技术学关注的范畴，因为外语教学虽然具有语言性、文化性学习的学科特点，但同时也遵循学校教育的普遍规律。教育技术对课程建设、教学组织、学习管理、绩效考核等教学环节的加持与赋能是信息化教学改革的重要组成部分。只是，它们并不是外语教育技术的核心要素。构成外语教育技术核心要素的是围绕语言性、文化性学习而展开的学科教育技术。

Mayer（2001）的多媒体认知理论提出了多媒体学习的十大原则，这些原则属于通用的多媒体技术应用范畴，并不针对任何单一的学科教学。具体到外语教学应用的内容组织与呈现设计上，外语的教与学和一般的内容性学科的教与学，仍然是有差别的。Mayer（2009）在他的 *Multimedia Learning* 一书的修订版中也修正了原先提出的多媒体学习的冗余原则，指出了模态互补时的特殊情况，强调外语学习或内容复杂度大的情况下文字注释的重要作用。

因此，我们是否可以认为，外语教育技术的特殊性是由语言性教学的学科特点决定的，而不是特定技术的特定功能所致。即便是因语言现象而诞生的技术，如录音技术、语音技术（ASR、TTS）、语料库技术、语言处理技术、文字识别技术、字幕技术、翻译技术、自然语言处理等等，都有着广泛的用途，而不全是为外语教学所独有。我们还是应该从外语教学本身的特点出发，厘定外语教育技术应用区别于其他学科教育技术的独特性，然后才能比较客观地审视教育技术之于外语教学的可予性（affordances）特征，更好地把握两者之间的关系。我们可以从以下几方面观察：

语言性学习（语音技术、文字技术、多模态技术等）。任何学科的教学都离不开语言，但外语教学中的语言是外语，它既是课授的"工作语言"，更是学习的"目标语言"，还是教学的"研究对象"。这是外语教学区别于任何学科教学的"语言运用"。所以，从技术应用的一开始，外语教育技术（外语电化教学）就深深地打上了"语言的烙印"。教学中的语言（语音、文字）首先是作为认知对象，慢慢才会成为交流工具（常借助母语），即便是到了中高级阶段，外语仍保留着交流工具和认知目标的双重属性。离开语音和语言技术（Speech And Language Technology，简称 SALT），学校环境下的规模化外语教学是无法顺利进行的。所以，外语教育技术，首先是支持语言性学习的技术。

语言交际性（交互技术、数媒技术、网络技术、人工智能技术 [artificial intelligence，简称 AI]）。任何学科教学都有师生语言交互，但外语教学中的语言交互，不仅具有实然的交流互动功能，更有应然的设计性学习认知功能。外语交际能力是外语学习绩效评价的主要指标之一。教学活动设计中应充分利用技术手段服务于特定目的、特定场景和特定任务的模拟语言交际活动，形成特定场域的应用模式（如情境对话、模拟谈判、新闻发布、商务沟通、视听传译、影视配音、角色扮演等等）。利用基于生成式预训练转换模型（Generative Pre-Trained Transformer，简称 GPT）、语音克隆、AI 数字化身（Avatar）等技术，还可以实现真实场景下的口笔头交流和真人互动。所以，外语教育技术必须支持学习过程中的实操性交际互动。

语言情境性（多模态技术、音影视像技术、混合虚拟现实）。数媒技术的动态可视化功能为所有学科的直观教学创造了条件，但对于外语教学而言，它带来了生动逼真的语用场景、丰富多样的音视频语料，甚至是难以言表的异族文化风貌和临场实境。这使原本十分困难的情境化交际教学、多模态认知学习和身临其境的外语语言实践活动水到渠成。突出的应用有多模态语料库、海量的影音数据库、配套的颗粒化多模态智能检索系统，以及虚拟现实（virtual reality，简称 VR）、增强现实（augmented reality，简称 AR）虚拟教室、AI 加持的外语智慧教室和专用型同声传译实验室、多模态语言实验室等。

语言文化性（跨文化特点、异文化特征、语言互译应用、国际规则通晓等）。利用信息技术、人工智能技术，外语教育的旨归突破了外语技能训练、文化体验与学业成绩的传统范畴，走向更为广阔的语言服务、文化服务的国际化领域。

综上所述，外语教学中的核心技术是语言技术，外语教育技术的核心应用是服务于语言教学的技术应用。无论是数字影音技术、信息交互技术，还是虚拟现实技术、人工智能技术，所有技术都应围绕服务于语言的学习、语言的交际、语境的创设、语际的互译以及跨文化交际的实践等活动。

9.2　外语教学需求与技术适配

技术的有用性并不能直接从其内在价值中自然导出，它取决于技术使用者与之合目的性的有效互动。

技术发展是不断演化的进程，它总是在原有的基础、应用和原理上发展创新。所以，世界上没有最好的技术，只有更好的技术。而每一种技术在相对的历史条件下、具体的应用环境中，以及当下的科技水平层次上，都是可以满足一定需求的。但由于各种条件的相对性、教学需求的层次性和社会发展的不平衡性，某一历史阶段又必然同时存有不同水平的技术和应用。这种不同水平的技术并不一定要从先进、落后的视角去判定，更多的是要考量合适与否、经济与否。就如繁忙狭窄的市井街道，步行更合适；穿越戈壁荒漠，驼行更合适；乡间田野的小路，骑行更合适；连接都市的高速公路，当然是汽车更有效率。而所有出行方式的选择又必然与人的需求、喜好、能力和条件相关，这就是一个技术应用的适配性问题。技术之于具体学科的教学应用的适配程度是其获得学术性认定的合法性前提。

　　教育技术并不只是好与不好的区分，更是合适与不合适的酌定。我们应遵循"目的理性"去研究如何使技术环境在文化上适应我们自身的需要，而不是使我们自己委身于技术的境脉（context）。借用哈贝马斯（1999a）的解释，"目的理性"就是为了生活，我们想要什么，而不是根据可能获得的潜力得出我们能够怎样生活，我们想怎样生活。任何一种技术客体的创造都必定包含人类的目的，任何技术的产生都必须以合规律性和合目的性的统一为前提（拉普1986）。用常识来解释就是：所有的方法都产生于需求（Every means is out of needs.）。而"将技术用于学习和教学的成功与否取决于教育者在学习环境中理解需求的能力，以及随后以满足这些需求的方式选择和使用技术的能力"（John & Sutherland 2005：405），这就是教育技术应用的适配问题。

　　那外语教育教学的需求是什么？我们需要技术解决什么样的问题？离开技术，解决不了的问题是什么？即使有了技术仍解决不了的问题是什么？借助于技术，能更好地解决的问题是什么？所有这些问题的答案，应该从外语教学的本质特征中去寻找，那就是汉语本族语环境中的目标语言（英语或其他语种）的语言性学习和文化性习得。适配于这一本质特征的应用性技术，才是有利于外语教学的教育技术。

　　外语教育技术的文献表明，不同时期的技术应用似乎对应于某种教学方

法或流派，计算机辅助语言学习（Computer Assisted Language Learning，简称
CALL）的教学实践也经历了诸如行为主义、认知主义、社会建构主义和人本
主义等不同阶段。然而，实际的情况却是"语言教学的普遍原则适用于任何目
的、任何形式的外语教学"（束定芳、庄智象 1996：26），各种技术也都可以用
于不同主张的教学流派或方法体系。我们更倾向于认为，各种主义或流派，是
人们对人类认知学习行为探寻的历史过程中逐渐形成的不同理论解释和实践探
索，反映了对同一问题的不断深化的批判性认识。各种流派的特点、主张各有
不同，但它们既不是承继式发展与替代关系，也不必是过时与新潮的区别。行
为主义的理论内核和实验方法至今仍有其实践价值和发展空间，建构主义理论
也不能反映学习现象的全部事实。对于外语教学而言，尽量创造接近自然语言
习得的环境与条件（包括真实的语言环境、充分的目的语接触机会以及学习者
之间有意义的交互性练习）是任何外语教学方法和流派的必要条件。外语教育
技术应用必须尽可能满足这些条件，并在实践过程中有助于教师解决可能产生
的问题。这些问题包括但不限于以下几个方面：

交互性问题：交互性是语言交际的核心，是交际的全部。在对语言教学进
行了几十年的研究之后，交互作用途径本身被确认是学会交际的最有效方法
（Brown 1994）。技术的介入应有助于教师与学生的交互、学生与内容的交互，
以及学生与学生的交互。而且，这种交互不仅是实然的工具性语言交互，更主
要的是应然的以语言学习为目的的教学交互。

真实性问题：这是指外语教学必须引进真实文本（包括口笔头文本）、真
实任务，尽量让学生直接接触目的语语言文化内容和真实语境（包括文化语
境——特定文化背景中的行为模式对语篇的语类结构的制约；情景语境——与
交际行为直接相关的话语范围、话语基调、话语方式）。而实际情况是文本真
实容易做到，任务真实、语境真实不容易做到，这就需要应用数媒技术手段创
造"虚拟"的真实，即创造真实的外语语言、语用环境。

过程性问题：指外语教学特别需要强调技术对教与学的过程性环节的支持。
教学不应该仅以知识结果为目标，而是要融知识目标于认知参与、内容感受、

实操训练、情感体验之中，让学生在学习的过程中探索、发现、归纳、应用规则、掌握规则，在用语言解决问题的过程中感悟语言、内化语言、掌握语言。网络媒体、社交媒体、智能终端、边缘计算等技术是支持学习的过程活动的最佳技术。

关联性问题：指课授学习与课外应用的关联性原则。该原则不能简单理解为增加语言实践的机会和课外学习时间的补偿，而是要将其视为缩小语言学习与社会实践的距离，乃至融语言学习于实际应用，使学习的内容、目的、要求与现实生活相联系的重要原则。这会极大地增加外语学习的兴趣、价值和动力，因为它创造了学习的内在动机（强调技术语境下的人际互动方式、人与知识的互动方式）。

固然，信息技术不可能解决外语教育教学中所有的问题，因为其作用是有限的。我们不应该将技术的功能看成是应对具体问题的"解方"，而更应将其看作是教育生产力的"解放"，"它所引起的是整个教育组织形式、教育中人与人的关系、教与学的各种行为等等社会的、文化的、心理层面的变化"（Ely 1993，转引自鲁洁 2000：20）。"网络教学所能引发的（也是所要求的）是一种整体性的教学模式的转换。"（鲁洁 2000：20）这里提出了一个衡量信息技术有效性的价值尺度：信息技术对学习的影响应该是整体性的、全面的，而不仅仅是微观的、具体的。信息技术改变了学生的"座架"（Gestell）[1]，改变了其思维和行为。至于使用了信息技术是否就能提高学生的考试成绩，或者就能多识记几个单词等，并不是无条件的必然结果。换言之，使用信息技术不是达到学习目标的唯一条件，即使能够做到，那也只是信息技术作为工具手段的外在意义。信息技术的内在意义则一定是改变了学生的生存方式（李芒 2008）。唯有此认识，才能在教育技术应用中针对教学需求做到主动适配、创造性适配。

外语教育技术的适配性问题可以分为以下几个层次：

知识管理层面：主要是知识的检索组织、问题的分析提炼、素材的编辑加

1　Gestell 是 20 世纪德国哲学家马丁·海德格尔（Martin Heidegger）使用的一个德语单词，用来描述现代技术背后的东西。

工等。对应的技术是搜索引擎、检索技术、知识管理、数媒加工等。信息与通信技术（information and communications technology，简称 ICT）、互联网技术是教师备课的一大助力，尤其是外语教学的资源还不限于一种语言圈。较之于传统图书资料的查阅、寻章摘句的抄写、同事间的传阅誊抄、拷贝粘贴，互联网和数字媒体技术的应用无疑是内容策展（content curation）[1] 最快捷高效的手段。但是这些技术的应用却并不容易。知识检索除了需要海量的数据集合，还需要迅捷的通达条件和合理的检索算法。但这些都还只是知识管理的外部条件，作为教师，知识管理的内部因素更加重要。信息化知识环境中，尽管阅读的本质和技能没有变，但检索的方法、技巧、范围、途径等却发生了巨大的变化。面对庞杂巨量、数据异构、动态变化的数字化信息，如果不具备娴熟的计算机知识和网络信息检索能力、不了解众多搜索引擎的功能差异、不能精准地表达检索需求，哪怕是面对有问必答的 AI 大语言模型，仍然是很难找到理想的结果的。这就是信息能力与信息需求之间的适配。许多外语教师经常抱怨"找不到合适的材料"，正是源于这种能力与需求的"失配"。随着人工智能的进化和大语言模型的问世，教师可能会丧失对知识的甄别、批判和创新的能力与动力。这又会带来信息需求与信息来源和质量的失配，信息消费者有可能会成为"推送信息"和"生成内容"的拥趸和奴隶。

知识授导层面：良好的信息化知识管理能力是优秀教师的资源性保障，但什么样的技术才能够让教师更好地呈现教学内容呢？我们需要怎样的技术才能进行师生互适性高、教学效果好的课堂授导呢？无论是内容的形式样貌、逻辑结构，还是知识的相互关联、应用范例等，能否信手拈来，即点即享呢？现有的投影仪、显示屏、翻页器甚至触摸屏等技术功能已经远甚于传统的黑板、白板、幻灯。但是，这些显示技术的迭代更新（流明度、像素、色彩、混声、频响、带宽、连接方式、交互方式等）却并不能自动解决内容层面的模态样式、

---

1 内容策展（content curation）是收集与特定主题或感兴趣领域相关的信息的过程，通常是为了增加价值。内容策展的定义是：分享观众感兴趣的相关内容，分享推动参与并保持对话持续的内容。

结构组织、知识关联和交互性操作设计。设备只能是有什么，看什么，或者是什么，听什么。随心所欲的课堂操控，前提在于教师的教学设计（借助软件）和操作支持（借助硬件）两者之间的无缝衔接，关键还是教学创意。一直以来，文件打不开，打开后某些效果丢失、界面发生错乱、链接没有反应等等问题，看起来大都是设备、软件、网络环境不支持造成的，当然也有不同软件之间的不兼容问题，但是更有教师的创意设计不到位、技术应用不熟练、应急预案不周全等问题。这些问题无论是在堂教学、还是在线教学均有发生，给教师带来了极大的困惑和不确定感（如上课找不到技术员、在线直播"翻车"）。所以，稳妥的做法往往是越简单、越可靠越好。这就是课堂演示技术与操作应用能力的适配问题。

交流互动层面：传统的课堂交互主要通过师生问答环节实现。按理说，面对面的课堂教学是不应该存在交流互动的技术问题的，而且在大学里，课后一般也是没有频繁的师生交流的。那何来需求与技术的适配呢？问题恰恰就在这里。其一，讲座式教学的课堂交互其实并不充分，而且许多技术性交互手段的介入，其实理由也不充分，没有明确的教学应用指向。从传统语音实验室的强制黑屏、随机分组、自由结对、电子举手，一直到当下的微信、QQ、弹幕、点赞、抢答、数字点名等等，教师对于什么样的技术用于何种目的的教学活动，什么时候用，什么时候不用，用与不用的依据是什么，等等，并不总是了然于心。有时，在强大的技术赋能下，"动动手指就行"的功能，说起来是鼓励了个体参与，却不经意间造成了课堂现实中同学之间的舍近求远，悄无声息地默认了具身交流的技术阻隔，面面相对却视而不见。这就是信息媒体带来的典型的远距离沟通，近距离屏蔽的技术悖谬。

评价反馈层面：计算与数据技术是教学评价中应用最多的技术，尤其是学习行为轨迹跟踪和大数据挖掘。但是，数据能精准即时地描述现象，却不会告诉你隐藏在数据背后的原因。比如，大多数外语教师在实施课程授课时都着眼于提高四项技能：口语、听力、阅读和写作。但在这种语言观中，缺少语用能力、社会语言学能力和多元文化能力的概念。尽管当前的语言学理论提出了一些更为复杂、互动和综合的语言模式，如新技术与任务型语言目标导向教学法相结合，最终促使学习者将口语、听力、阅读和写作结合起来，使其尽量与他们通常在自己生活中的数字互动方式相一致。但 CALL 在这四种技能方面对二语发展的贡献，特别是如果审慎地将之放在任务型语言教学（Task-Based Language Teaching，简称 TBLT）框架内，如何评价其效用和实际贡献度，仍十分困难，评价的准确性存疑。换言之，数据与算法较好地解决了评价的客观性、精确性和反馈及时性等问题的同时，还没有办法对语言能力的复杂性、学习主体的多元性和学习环境的多变性之间的交互作用做出有效分析和合理解释。

9.3 外语教育技术的效价观念

教育技术对外语教学的作用是什么、在多大程度上有用、在什么情况下有用、在哪些情况下不一定有用，这些问题看起来是教学媒体（以下简称"学媒"）效用之争（media debate）的学术问题，又或者是技术价值论的哲学命题。但实际上，这些困惑、疑虑一直是很多外语教师关心和探究的现实问题。本书稍后专章讨论学媒效用的问题，此处我们关心的是：对技术价值的认识问题，会如何影响我们对教育技术在外语教学中定位的认识；它是否只是教学的从属性工具，还是不可或缺的教育要素。这是教育技术之于外语教育的一个学科地位合法性前提的关键问题。

其实，"新技术与教学效果之间的关系"问题与技术价值观密切相关。技术应用的工具理性认为，技术的本质是赋能，是为了提高人类劳作的效能。所以，应用教育技术的目的显然是为了改善教学。然而，技术哲学却将现代技术的本质定位在解蔽和祛魅上，认为技术是一种从遮蔽到解蔽的过程，技术的价值应该高于它的工具性意义。同理，教育技术的价值也应该高于其作为教学工具和方法手段的意义。

在教育技术的应用中，人们普遍接受的观点是"技术中性论"，也称"技术工具论"。该观点认为，教育技术只是一种工具，本身并无价值负荷。用得好则能促进教学，反之，不仅不能促进教学，可能还会起反作用（杨树凡 2006）。于是，"技术是双刃剑"就成了最通俗而直观的表达。

在众多技术中性论者中，以 Jaspers（2021）的表述最为典型：技术在本质上既非善也非恶，而是既可以为善也可以为恶，技术本身不包含观念，既无完善的观念也无毁灭观念，完善观念和毁灭观念有其他的起源，这就是人，只有人才赋予技术以意义。"双刃剑"则是维纳（1978）在阐述新工业革命对人类社会的作用和影响时提出的一种比喻：新工业革命是一把双刃刀（剑），它可以用来为人类造福……也可以毁灭人类。

然而，讨论技术价值，不应该将技术本身与技术应用混为一谈，更不应该将技术荷值与技术使用的目的与后果混为一谈。技术"使能"的本质特征是其价值属性的本源，也是人类发明、应用技术的逻辑起点。因此在本体论意义上，技术不可能是中性的。此外，且不说技术本就是属人的意向的造制品和价值实践过程，其间必定负荷人的审美、避祸、求利等功能目的和价值诉求，即便是完全独立于人类的自然之物亦具有其固有的价值。只是，技术作为人工制品，其价值是人为赋予的；自然之物的价值则是本身固有、与生俱来的。这种内在的价值类似于吉布森的生态心理学意义上的"能供性"（affordances，又译"可予性"）。这种能供性为生命主体提供了行动的可能性和物质基础，其显在特征与实现方式是"由自然物体的品质和与之交互的受体能力**共同决定**的"（Norman 2002：10）。比如，同样是水，其能供性之于人类和鱼类是不同的；同样是水，其能供性对不同的人也可能是不一样的：对于善泳者可胜似闲庭信步，对"旱鸭子"却是灭顶之灾。我们不能因此而得出水是利害兼具的结论（通常都会这么认为），因为此间的利害相随是因人的不同能力与之作用的结果。水的"利、害"既不在于水本身，也不在于人本身，而在于能否"利用"。于是，如何善用"水利"就成了人类历史上最古老悠久的劳作之一。换言之，世间万物皆有用，祸福相随皆因用。

技术的能供性是人为设计的内在价值，舍此不能称之为技术。但是，技术的价值效应只有在实际使用的过程中才能显现出来，使用得当、应用有创意，效果就好；使用不当、应用无目的，效果就差，甚至得不偿失。所以，技术双刃剑不是技术中性说的恰当隐喻。技术的双重效应，甚至是多重效应、负效应，是在技术使用的过程中产生的。技术固有的价值负荷只能通过恰切的使用才能实现。所以，笔者赞成林德宏（2002）的观点：技术不是双刃剑，技术的应用才是双刃剑。人是具有主观能动性的，需要利用技术实现其价值、完善技术使价值最大化、淘汰技术以及时止损。技术的双刃效应不是技术本身的价值属性，而是技术在使用过程中衍生的关系属性。这与价值哲学的"效应论"观点一致：价值存在于主客体之间的相互作用（李艺、颜士刚 2007）。

此外，技术应用的价值不全是显性、即效的，而且还可以是隐性、长效的。学校是知识的殿堂，不是知识的库房。学校存在的真正价值不是售卖知识，而是授受知识的过程。知识不是现成摆放在那里的真理，而是需要我们去探索、验证、判断，相信其真、其伪、其美、其善的东西，这就是教与学的过程。知识领域的能力和智慧是从学习知识的过程中得来的。外语教育的价值不只是学会了一门语言，更是在学会语言的过程中的文化习得与价值思考。如果技术应用的目的只是让我们直接获取知识，而省略了学习和思考的过程，这会带来反教育的后果。

大数据时代的知识庞杂，导致合目的性内容获取更加困难；算法推荐下的茧房效应，让我们容易迷失自我而不自知；人工智能（如 ChatGPT）的类人化应用更让许多教师怀疑自身的价值，等等，都是技术效用带来的副作用。数字化外语教学中的学习者画像、学习内容的智能推荐、作文自动纠错和智能续写，以及集类似应用之大成的自适应外语学习平台等，在研发设计上均存在过犹不及的价值倾向。

所以，考察教育技术的价值不应该只看技术能否比人更有效地传授知识（技术的效益法则），更要看它在知识获取的过程中是否有助于发展智慧、形成能力（技术的伦理考问）。一切以省时、省力的效益观为目的，鼓励轻松学习、不劳而获的技术应用都带有图利取巧的原罪。比如，AI 写作软件（运用人工智

能生成内容 [AI-generated content，简称 AIGC] 技术）用于文案编辑能提高工作效率，但用于练习写作却未见得有利于提高作文技巧；个性化资源推送能投其所好、得其所需，但过度依赖往往会导致知识窄化、阻碍主动探究能力的发展；百度、谷歌、维基百科等搜索引擎和数据库是我们检索知识的利器，但一旦我们笃信其提供的所有信息和所有排序都是真实可靠的话，那我们就成了算法的奴隶，工具反过来利用了我们。同样，人工智能、脑机接口若是用来替代课堂、替代学习，那将不是教育的繁荣，而是教育的终结。

教育技术的价值应从多个维度去理解，我们平时大多只关注了其显性的工具价值（有用）和经济价值（有效），而忽视了其带来的隐性的认知价值和文化价值。认知价值指的是技术对知识表征、知识组织和知识生产的革命性影响改变了人类的认知方式；文化价值则体现在技术对学校教育的组织方式和传播模式的不断磨蚀，这将潜移默化地改变我们对人类教育乃至文明传承的观念和做法。我们对技术工具论的反思绝对不是为了拒斥现代技术的合理使用。相反，从整体上看，外语教育技术的应用实践，既没有达到"过多"的地步，更没有达到"合理"的期待，许多教师至今还缺乏对技术应用的研究热情和实践探索。我们在对外语教育技术本质的思考中，需要深刻反省的是极端的"唯工具主义"、片面的"工具理性主义"，唯有此，教育技术的应用才能做到"科学"与"人文"并重。

第十章 外语教育技术称"学"的思考

外语教育技术的范式探讨与学科构建是在我国教育技术学学科争论的背景下产生的。

学术的争鸣不应该成为正确与否的讨伐，而应提倡实事求是、创新求真的讨论。一直以来，学术批评的生态并非尽如人意。正统与非正统、主流与非主流、师承与"野路子"、学院派与民间派，加上学科分类与专业设置的行政壁垒和实际问题研究的"老死不相往来"，学术会议和学术社团活动均以"学术单位"或"学术圈"而非"学术问题"为界域来组织。类似混合式学习、慕课微课应用、在线教育功能等极具共性的教育改革话题，若无主管部门牵头组织，不同学科的教学科研人员就很少有机会在一起研究探讨。所以，高校外语教育技术的应用研究是在外语教学，尤其是大学外语教学的圈内进行的。只是在很长一段时间内，由于其学科"杂交"的身份，这种研究与探讨并不处于外语学科的核心学术圈内，而是一直徘徊在学科的边缘。

10.1 外语教育技术的学科归属

10.1.1 学科定位与专业设置问题

在教育技术学的学科与领域之争中，论述者多从学科概念出发，参照学科构成要素，以理论成熟度为标准划分领域（前学科）和学科。虽然学科功能具有多重性，如知识生产、科学研究、人才培养、社会服务等，但学校的教育活动通常是知识本位的，如知识以分科的形式而存在（知识生产）、知识以科研的方式而创新（科学研究）、知识以课程为媒介来传承（人才培养）、知识以应用为目的而发展（社会需求）。所以，学科定位的起点往往是知识分类，而学科的本义也就是学术分科，即按照一定的标准将知识体系分门别类。

但是，有学者认为，知识分类只是学科的认识论前提，即"学科形成的前提是对知识（科学）加以分类，但又不仅仅指知识（科学）分类"（陈兴德2018）。早期的科学研究以个体的知识追求为目的，这使学科概念最初只具有知识形态的单一意涵。但随着学校教育的普及，知识生产与传播越来越呈现出职业化、体制化的特征。尤其是在大学出现以后，学科概念日益具有知识形态与组织形态的双重意涵。自中世纪以来，"大学逐渐按照学科分门别类地设立教职、规划课程、开展教学、颁发学位。长此以往，学科的组织形态受到越来越多的关注，其知识分类属性反而被忽视了"（陈兴德2018：47）。所以，在某种程度上，教育技术学姓"教"还是姓"技"的名谓之争，与其说是学科类属的划分问题，倒不如说是组织身份的归属问题。前者的"划分"是动态发展、相对可交叉的；后者的"归属"则是静态稳定、相对固定的。在实际的纷争中，这两种属性同时存在，造成了"剪不断，理还乱"的现状。外语教育的学科属性也是如此，对于具有交叉学科属性的外语教育技术学而言，就更是如此了。

从某种意义上来说，学科类教育[1]的学科归属问题是我国高校专业设置与研究生学位点设置的不尽周延造成的。问题的源头首先要在职前师范教育体系中寻找。我国高校各基础学科专业均设有同专业的师范类本科，如语文教育、外语教育、数学教育、物理教育、化学教育、生物教育、体育教育、音乐教育、美术教育等，旨在培养中小学学科教师。但是，到了研究生教育阶段，几乎所有学科类教育专业都归入了教育学二级学科（即学科教学论）中，唯独外语教育出现了模棱两可的状态：它既可以顺理成章地归入教育学下属的学科教学论，也可以名正言顺地投入外国语言学及应用语言学的怀抱。此等"网开一面"的做法源出何处已无从查考，但由此而带来的"两头不着实"的后果却是让人始料未及的。

1996年以前，外语本专科是作为特殊类专业招生的，录取批次在所有普通本专科之前。和艺术类考生参加专业测试类似，当时的外语类考生要加试口

1　指各基础学科（语文、数学、外语、音乐、体育、美术等）的教育，而不是指该学科本身。

语面试才具备录取资格。本专科层次的专业设置，无论是师范外语，还是其他外语，都属于外语类专业。但是，外语类专业（包括公共外语）的教学与其他所有学科专业的教学，却都是高校默认的施教行为，并无学科定位之说；师范类外语也只会增设三门课：教育学、心理学、英语教学法。笔者对普通高校英语师范、学科教学论和教育技术学专业本科、硕士、博士研究生阶段的培养方案和课程设置进行了检索调查。结果显示，本科专业与外语教育技术相关的课程，大多呈现"外语归外语（二语习得）、教育归教育（教育技术）、技术归技术（计算机应用）"的状态，几乎所有的课程都脱胎于原属专业。如果说能找到专业核心课程的话，那就是外语教学法、外语课程论、教育技术学。也就是说，从学术训练的前职业时期（pre-service training）开始，就是"三家三层皮"（外语、教育、技术），很难融合到一起。从研究生学位点的课程设置来看，外语应用语言学方向的课程偏外语；学科教学论方向的课程偏教育及教育技术，但几乎没有围绕外语教育技术开设的课程群。所以，外语教育技术学能否发展为独立的学科或专业，目前仍是一个应然的问题，其必要性、重要性代替不了现实性。

关于外语教育研究（外语教育学）的学科定位问题，近年来不断有专家强调外语教育学科构建的紧迫性，并力陈学科构建的国家发展之需、社会发展之需、分科统合之需、专业调整之需（王文斌、李民 2018）。毋庸置疑，随着我国国际地位的上升和参与全球治理战略的推进，国民外语教育水平会成为国家软实力的重要组成部分。但从教育管理者的角度看，似乎只要加大投入力度、扩大招生规模、调整课程设置就可以在现有体制条件下解决发展之需。而外语教育研究的学科归属（语言或教育）、有无必要设置专属的外语教育学科，与外语教育本身并无逻辑上的辖属关系，因为外语教育学不等于外语教育，就如同教育学不等于教育、语言学不等于语言一样。外语教育研究有利于外语教育的健康发展、科学发展，但是其学科构建的逻辑不在于"必要""重要"等价值断言，也不在于外语教育"体量"之大的客观事实，而在于其研究领域的不可替代性。若以此作为学科构建的起点，目前是不乐观的，因为语言习得研究有二语习得、语言教学研究有学科教学论、语言教学的技术应用有 CALL、课程设置研究有课程论。我们几乎找不到独立而不可替代的研究领域，因为现有的学科虽然"散见"，但却"显见"，还非常成熟。外语教育学的学科构建，其意义在于学科的统合能力。至于外语教育学的理论基础，可以列见的有"语言学、语言学及应用语言学、教育学、心理学"（王文斌、李民 2017：736），但若进一步追问外语教育技术的学科理论基础，是不是还应加上教育技术学（本身还不成熟）或技术学呢？

笔者以为，从专业设置的角度看，外语教育学应该是后专业训练，是研究生层次的教育（类似学科教学论）；外语专业则是外语教育专业的先修专业。在欧美国家的高校，外语 / 二语教育均设在教育学院，而语言学系的建制与心理学一样，属于理科，并不设在人文学院。但是，我国两步并作一步走，将外语和教育糅在了一起。20 世纪 90 年代，在本科甚至专科阶段，普通高校外语专业几乎都设置了师范类外语专业，或者，师范院校都设置了外语（英语）专业。只不过，当时的师范仅仅是增加了教育学、心理学和外语教学法三门课程和八周的教育实习，学制并未改变。这不可避免地导致了外语专业课时的压缩，在一定程度上削弱了外语训练本身的专业性，造成了外语类师范生（又称师范类外语生）职业培养的亚规格标准。到了 20 世纪 90 年代末，教育部虽然提高了中学教师的培养层次，将高等师范专科学校升格为本科，但学科类师范生标准的专业"缩水"[1] 现象一直没有得到很好的解决，师范类课程的设置也难以适应教育技术的发展速度，结果便是浮光掠影，学生越学越杂，却又越学越浅。

遗憾的是："外语教育的学科归属问题一直没有引起学界足够的重视，更没有达成共识（张玉华 1998；夏纪梅 1999；苏俊波、袁海霞 2007；夏纪梅 2012；王文斌、李民 2017）。"（转引自周燕 2019：12）外语教育属教育还是属语言是一个比教育技术属教育还是属技术更难解决的问题。胡加圣（2015）认为外语教育技术应该是外语教育学与教育技术学的交叉学科。但如果上位学科

---

1 "缩水"现象指外语专业类课程的课时削减和语言训练学时的不足，学生因此无法得到语言学习应有的充分训练机会。

身份未定或定位模糊，怎能指望外语教育技术有可能设置专业呢？如今，"外语教育学"终于明晰了姓"外"姓"教"的学科定位，并与外国语言学与应用语言学同属外国语言文学名下的二级学科，这给孕育之中的外语教育技术学带来了希望。不过，寻求身份属性认定的学术路向并非做大做强的唯一出路，某种程度上，其意义不过是在现有条件下争取获取更多的行政资源而已。任何一门学问的树大成荫，都是从无到有、持之以恒、辛勤耕耘的结果。外语教育学学科地位的确定只是在名义上为外语教育技术的研究与实践进一步顺了关系，但外语教育技术学自身的体系构建仍任重道远。

10.1.2 高校学科本位的管理机制

其实，一直以来高校内部学科本位的学术管理体制没有为外语教育技术应用研究提供足够的学术空间和土壤。教育技术学是在教育学的学科框架下进行学科评估、职称评审、科研项目申报的，但外语教育技术研究却没有相应的学术认定框架。很长一段时间内，它甚至都不能成为外语学科评估和职称评审的充要条件。某种程度上讲，就连外语教育（教学）本身都一直存在类似的尴尬。外语教学研究、外语教育技术应用研究的论文可能会被学校科研处定义为教学论文，而非科研论文。在一些高校的科研管理中，凡是以"教学"二字冠名的文章，均不在科研的谱系之列。在多数情况下，教学、教改立项校级由教务处负责，院系级由教学院长管辖；学术科研项目校级归科研处负责，院系级由科研院长管辖；学科建设则由学校学科处和学院院长亲自负责。所以，学科类教育技术研究在大多数高校"居无定所"。随着信息化技术的发展和教育数字化转型的加速，教育技术学逐渐成为显学，但作为其派生领域的外语教育技术学，却仍然还是尚在开发中的"利基"（niche）。

首先，只有当外语教育技术获得学位点研究方向的身份认定时，它才可能成为科研管理、学科管理的对象；在此之前，无论是它的应用、研究、建设、评估等等，都属于教学改革范畴，难以进入科研问题的领域。外语教育学二级学科的确定，有望使外语教育技术研究方向的确定、研究生招生、科研项目申报、学术论文评审等都可以所依有据。而原先，不少学校的外语学院为了使外语教育技术的应用研究"名正言顺"，只能将其勉为其难地列为外国语言学及应用语言学的研究方向之一，或纷纷成立院属外语教育技术实验研究所或研究中心，冠以"多模态语言认知研究""语言与人工智能实验研究""语言与语言教育研究""语言智能研究""语言与新媒体研究"等名称，尽量提炼拔高，对标学科建设，淡化教学色彩，深化科研意涵。其结果可能是挖空心思地靠拢科研，但却与一线教学实践渐行渐远。

其实，就教学研究而言，首要的研究问题应当来自教学实践。教学应用中与技术相关的问题很多，简单的如人人都在使用的 PowerPoint，就牵涉到美学设计、视觉原理、认知负荷、模态优化、语篇文类、表意特征、智慧策展、受众体验等诸多研究课题。但遗憾的是国内高校很少有人关注这一教学常态中的微观科研问题，自然也很少出现设计到位的教学作品和令人信服的研究成果。教学、科研"两张皮"的学术政策一直难以改观。也许有一天，洗净教学之"铅华"，外语教育技术学终于"登堂入室"，但却只能与课堂教学实践遥遥相望了。这些情况是那些不在教学一线和管理前沿的"书斋型"学者无法体悟的，也是外语学科主流研究领域选择性忽略的，更是潜心外语教学技术应用研究而不得其"宗"的老师所困惑的。长期以来，高校学术管理重科研不重教学、重教学不重教研、重教研不重技术，从而导致外语教育技术的应用研究长期徘徊在较低的实用水平线上，难以产生重大的学术影响。外语教育学学科地位的确立可望终结这种不堪。

平心而论，学校管理的方方面面都会对教育活动产生影响，而教学管理和科研管理是产生直接影响的两大要素。从高校的教学组织形式来看，学科本位的超稳态结构有利于经典传承的一面，但对于培养人才的创新活动可能会具有反作用。变通的做法通常是在不触动基本架构的前提下要求专业院系不断开设选修课、系列讲座以更新知识生产；有条件的院系设立各种研究中心、重点实验室，进行跨系跨专业、跨学科领域的合作研究。只是，前者往往演变成教师的自发行为；后者又常在学科建设的体制性驱动下，产生更多的细分学科（更多的二级学科和研究方向）。然而，实际问题的交叉研究在体制上往往难觅栖息之所，要么"自生自灭"，要么被现有学科收编，有时即便做大，也难企望独立门户。现在，外语教育技术不必再"蛰伏"于应用语言学、学科教学论之下，而可以顺理成章地从"外语教育学"、教育技术学获取足够的学养资源，并发展成为方向、领域乃至学科。

诚然，就外语学科而言，可以交叉的有文学研究、语言学研究、跨文化研究、语言政策研究、国别国情研究等。其中，最实用的交叉也许就是外语教育技术研究。其学科归属（属外语，还是属教育、技术，抑或是教育技术）既有内部建设问题（学理认定），也有外部建设问题（学科认定）。学科交叉看起来好像纯粹是学术问题，但其实，它与现有的高校学术管理机制并非毫无关联。教学与科研的孰轻孰重、学术管理与绩效的评价认定、教师学术活动的理性与志趣、不同学科组织间的隐性阻隔、课题申报时的类别归属、职业晋升的裁量与选择等都与之相关。一句话，教育场域中诸要素的间性互动，其境脉与驱动力，就学校而言，是规范与效率；就教师而言，是投入与回报。两者皆有功利考虑和时限紧迫性。

学科归属看起来是学术问题，其实也是一个社会经济学的成本与效益问题。影响教育技术应用研究定位的关键因素不仅受制于教育技术、教学需求本身，同时也与教育技术应用的外部环境和互动因素密切相关。胡加圣博士曾不无感慨："中国的外语教学实践存在着这样一个吊诡：一方面它是一个不得不面对的宏大的学科实践，另一方面却又没有形成一个完整的学科理论体系。"（胡加圣 2015：19）形成如此格局的原因固然是多方面的，但学科管理的体制性规约和惯性带来的行政性羁绊也都是重要因素。如今政策性羁绊已然解开，但各高校的政策落地和学科建设本身并不可能一蹴而就，如学位点设置、招生指标落实、培养方案制定、就业登记入库、教研队伍建设、理论体系构建等各个方面的实际运作都面临着挑战与变革。

10.1.3　外语教师的学科归属意识

外语教育与外语教育技术的定位问题，除了有显在的体制性影响外，还有潜在的观念性根源：我们的教育文化认知中并没有真正把"会教"这件事当成科学来看待，而是"想当然"地认为会什么就能教什么，所谓"学无前后，达者为师"。外语不好会丢人，一张口就露馅；书教不好，却一时看不出，可以慢慢来。殊不知，作为外语教师，会教外语比会说外语复杂得多，而教好教不好背后的社会机制和文化心理等因素就更加复杂了。这种可能出现的认知窄化、认知错位甚至缺位，也反映在外语教师本身的专业认知上，并会直接影响他一生的职业定位和学术成就（体现在道法术器、学问与技能、专家与工匠的差别上）。中国外语教师如此庞大的专门职业群体，其出生大多来自外语专业，所属学科都为语言文学、应用语言学，部分来自师范类外语专业，但几乎所有的外语教师都会默认自己为"外语人"。

一直以来，人们对外语教师的职业期待以外语教学为主，但学界亦将外语教师的学科归属定为应用语言学，即一级学科外国语言文学之下的二级学科（周燕 2019）。外语属于语言类人文学科，外语教师当属语言学大家庭的一员。但外语教育的本质属性是教育，只是这种教育需要掌握外语的人来实施，这就牵涉到外语教师的学科意识和培养问题了。由于外语教育的"外语"属性，它被划分在外国语言文学学科下，而被排除在教育学二级学科之外。外语教育的教育本质也因此没有引起学术界的足够重视，造成了外语教师教育与发展研究上的偏差以及外语教师在专业发展上的极大困惑（吴一安 2008）。

外语作为专业也好，学科也罢，都是没有问题的。但是要把**外语教学**或**外语教育技术**作为专业或学科去论证的话就会出现"问题"。原因何在？倾向于认可外语教学教育属性的，主张外语教育应归入教育学；倾向于认可外语教育语言属性的，则主张外语教育仍留在语言学；也有学者认为，按学科交叉的临近原则，"将外语教育学归入语言学当无不可"（王文斌、李民 2018：48）。虽然语言学涵盖不了外语教学的教育属性，但将类似外语教学的众多学科教学研究都归入教育学，却又是"教育学不能承受之重"（王文斌、李民 2018：48）。外语教育的这种超学科性（trans-disciplinary）（王文斌、李民 2017），恰恰是构建独立的外语教育学的必然选择。我国外语教育史上不乏有为了外语教育成为独立学科而努力耕耘者，如外语教学论（张振东）、外语教育学（张振东、章兼中、王文斌、李民）、外语教育语言学（胡春洞、张国扬）、外语教育技术学（胡加圣、陈坚林）等。他们的研究成果与学术贡献有目共睹。如今，长期以来关于学科归属的学术论争终于撬动了体制和观念铸成的学科壁垒，将外语教育学升格为二级学科的决定，不但确立了其学科地位的相对独立性，同时也一举解决了"属外""属教"的去留问题，加之外语教育的数字化转型亦方兴未艾，"待字闺中"的外语教育技术学的成形恐怕也来日可期了。

10.2　外语教育技术的学科性质

很久以来，人们很少从技术语境的角度看待信息化外语教学过程中出现的问题，只是想当然地将技术与教学的关系看成是工具手段之于主体活动的从属关系，并认为方法是连接两者的桥梁。这从认识论的角度看似乎没有问题。但从技术应用的现状来看，"教育理论工作者（包括教育技术学者和教育学者）仍有不少人既没有意识到从技术视角考察教育问题的重要意义，也没有将教育中的技术问题真正当作教育问题来对待。从这种意义上说，教育领域至今还未曾经历过与之合宜的技术视角的考察，因此，我们说在多元视角构成的教育理论中存在着技术视角的缺席"（李美凤、李艺 2008：6）。至于从技术的视角考察具体学科（如外语）的教育教学问题，并把由此而产生的技术问题真正当成教育问题来对待，那就更不多见了。

那如何在技术语境中考察信息技术与外语教学的关系，又如何看待两者交互过程中产生的种种问题呢？这应该就是**外语教育技术学**所要关注的问题了。

有学者从本体论的视角，以信息技术中的"信息"与外语教学中"语言"同为信息载体和信息的表述者为出发点，论证外语教学与信息技术的本质关联（胡加圣 2015：57-60）。但是，信息是关涉所有学科知识内容的，任何学科内容的信息载体和表述者都必然离不开语言。这就让外语教学与信息技术的所谓本质关联失去了独特性，难以将信息化外语教学区别于其他学科的信息化教学。

还有学者从工具论的角度，基于信息技术丰富的表现力，认为信息技术能为外语教学创设丰富的目标语文化语境，提供真实地道的目标语多模态语料，因此是外语教学与学习的最佳的学媒工具。但是，媒体表现力并非唯独青睐外语教学，它对所有学科的内容表征都具有丰富的表现力，有的甚至远甚于外语，如音体美、数理化等。媒体表现力之于教育教学而言，具有广谱适应性，它并不与任何学科存在专门而独特的必然联系。所以，仅从技术的某些功能特征出发，论证其与某一学科的本质关联，理据既不充分，也不科学。当然，不同学科的教学因需求特点而各有不同，确实可以发展出独特的技术应用。

信息技术与外语教学的关系还是应该从外语教学特有的学科性质中去寻找，即外语教学中语言文化习得的实践性、交际性、异域性（跨文化）特点以及多媒体表征和多模态学习方法。这些特点衍生的教学需求不但历来就与传统的电子音像技术"结缘"，更与现在的智能语音技术、数字媒体技术、AI 多模态技术、沉浸式虚拟仿真等技术形成独特的应用场景和研究领域。现代信息技术具有无处不在、无所不能的泛在性和通用性，因此，本质上讲，并没有不同的教育技术（冠以不同的学科之名），只有不同的教学应用（探究独特的学科之用）。外语的口笔头语言技能练习、语言应用多模态实践、异域文化的沉浸式体验，都需要相应的信息技术的支持。

所以，外语教学与信息技术的关系是体用关系，外语教学的内容体系、方法体系与活动体系对技术应用的要求与期待，是这种体用关系的连接点。就技术的本质而言，事物的本质谓之体，事物的功能谓之用；就技术的应用而言，静态是体，动态是用，因为同一技术物件可有不同之用；而就教学与技术的关系而言，能发生作用的事物本身谓之体，因事物本身而产生的作用谓之用。所以，技术为教学而用，才形成差异性、独特性。当然，在实际的技术化教学运作中，常出现你中有我、我中有你的相互映射，**就如当我们纠结教学中的技术因素时，表现出的却是不断叩问技术的教学效用**。诚如朱子所言："在阴阳言，则用在阳而体在阴，然动静无端，阴阳无始，不可分先后。"（黎靖德 2020）但无论如何，外语教育技术学这一概念中，教学为体，技术为用，体用关系不能颠倒。而技术之"用"的关键是外语教学的语言性学习这一学科性、专业性主线。仅仅在通用的信息技术前冠以学科名称，是难以成为真正的外语教育技术学的。

20 世纪，随着计算机的面世及其在外语教学领域的广泛使用，应用语言学（包括外语教学）形成了一个全新的学科分支：CALL。CALL 现在已成为外语教学研究领域一个重要且稳定的方向，每年有数十本相关的学术专著面世，4~5 次重要的国际会议召开，计算机辅助语言教学联合会（Computer-Assisted Language Instruction Consortium，简称 CALICO）、国际语言学习技术协会（International Association for Language Learning Technology，简称 IALLT）、欧洲计算机辅助语言学习协会（European Association of Computer Assisted Language Learning，简称 EUROCALL）、亚太计算机辅助语言学习协会（Asia-Pacific Association for Computer-Assisted Language Learning，简称 APACALL）等国际学术组织频繁活动，大量的最新研究成果刊登在 *Computer Assisted Language Learning*（简称 CALL）、*Language Learning & Technology*（简称 LLT）、*ReCALL*、*System* 等国际学术刊物上。20 世纪 90 年代以后，随着互联网的普及，CALL 进入了技术改良的语言教学（Technology-Enhanced Language Learning，简称 TELL）阶段。近年来随着移动终端的异军突起，还出现了移动辅助语言学习（Mobile Assisted Language Learning，简称 MALL）等新的研究范畴。

从逻辑上讲，外语教育技术的内生性研究指的是针对外语教育技术本身的研究，包括技术的设计研发、实施和评估等方面。这类研究主要关注技术本身的特性和内在机理，探究技术的有效性、可靠性、可操作性等问题。例如，一项内生性研究可能会探究如何优化语音识别技术以提高外语口语能力训练的效果。历史上，电化教学就有类似的技术特征。

同理，外语教育技术的借用式研究则是指将其他领域已经成熟的技术、理论或方法借用到外语教育技术应用中，以期得到更好的教学效果。这种研究方法主要关注技术的外部关联性和交叉性应用，将其他领域（如教育心理学、认知心理学、计算机科学等）的研究成果引入外语教育技术应用中。具体的方向包括：将虚拟现实技术应用于外语教育中，以提高学生的沉浸式学习体验；应用游戏化教学策略来提高学生的学习积极性和学习效果，如开发一个以角色扮演为基础的外语学习游戏等。

然而，站在外语语言文学的学科立场上，外语界学者往往将涉及技术，但主要由语言学、应用语言学、二语习得乃至翻译学等理论派生出来的研究视为内生性研究（语言相关），如计算语言学、语料库语言学、多模态语言学、机辅翻译等领域的研究；将应用于外语教学的教育技术本身，以及由此而带来的课程改革、教学模式、学习范式、学媒效用等等看作是外语学科的衍生型研究，或借用式研究。

外语教育技术是从外语教育学和教育技术学派生而来的。鉴于外语教育技术的服务指向与研究旨归，笔者倾向于将与外语和外语教学相关的研究看作是内生性研究，将与技术相关的研究看作是借用性研究。经过多年研究，脱胎于外语教学研究、相对成熟的 CALL 研究可看作是外语教育技术的本体性研究，它与外语在线教育、外语智能教育、外语实验室教学等一起，构成外语教育技术学的核心成分。

外语教育技术研究的核心是以技术服务于外语教学，并揭示其原理与作用机制。对于外语教育教学研究，既不回避，也不僭越，其契合点在于为外语教育教学中出现的问题提供恰切性技术解决方案，包括合适的技术手段、方法路径和多模态内容资源。笔者不主张将教育技术应用与外语教学研究“一锅烩”，甚至将外语教学研究纳入外语教育技术学的框架（尽管它们密切相关）。外语教育技术只能是外语教育体系的一部分，即便这一部分会随着技术的泛在化渗透不断扩大，乃至与外语教育学完全融合，但体用关系永远也不会颠倒（见图 10.1）。

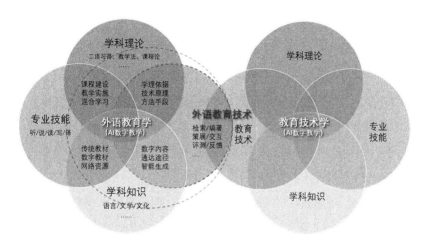

图 10.1　外语教育技术的学科定位示意

外语教育学的内生性研究可以包括但不限于以下几个方面，它们可以从技术应用中获益，但不以技术应用为前提：

语言教学方法的研究：探究不同的语言教学法对学习者语言学习的影响，包括传统的语法翻译法、直接法、听说法等行为主义教学方法以及认知法、交际法、基于任务、基于项目、基于内容的功能主义、建构主义和社会建构主义教学方法等等。

课堂教学设计与实施：研究不同的课程设置、教学设计与实施方式对学生语言学习成效的影响，包括教学材料的选择、教学方法的运用、学生活动的组织和绩效评估等方面。

语言学习策略的研究：探究学习者在学习语言的过程中采用的策略，如记忆策略、交际策略、推测策略、注意力策略等，以及这些策略对学习成效的影响。

语言能力测试与评估：研究不同的语言能力测试与评估方法，包括标准化测试、非标准化测试、自我评估等，以及测试与评估结果对学习者学习成效的影响。

跨文化交际与教学：研究语言和文化的关系，探究如何在教学中提高学生跨文化交际能力，以及不同文化背景学生之间的交际效果。

除了具体的教学研究，外语教育学的内生性研究可以涉及语言教育政策与规划、课程设计与教材开发、教学授导与学习研究、语言认知与测评研究、师资建设与教师发展研究等诸多方面。若所有这些方面与技术无涉，那就不应该属于外语教育技术研究的范围；但若这些方面一旦涉及技术（无论是借用、还是融入），那就进入了外语教育技术的研究视野。所以，**借用性（派生性）研究才是构成外语教育技术研究的前提**。

如此看来，外语教育技术的研究包括了内生性研究和借用性研究两个方面的内容，且以借用式研究为主，探究如何在教学中借鉴其他领域的技术和理念，以提高外语教育教学的实际效果和质量。具体来说，借用性研究可以包括以下方面：

计算机、AI 技术：研究如何在外语教学中借鉴计算机技术、AI 技术、多媒体技术、虚拟现实技术、语音识别技术、自然语言处理技术、AI 大语言模型等在知识策展、活动交互、绩效评测等方面的应用，以提高外语教学的技术水平和教学效率。诚然，这些技术本身并非研究对象，但这些技术的应用，如新形态教材开发、外语课件制作、沉浸式外语学习、自动化口语测试、辅助写作与自动评分等是学者们所关注的。

互联网信息技术：研究如何在外语教学中借鉴互联网技术，如开发网络课程（如慕课 [MOOC]、校本在线课程 [SPOC]）、开展在线教学、开展混合式教学、使用在线资源、构建虚拟教研室、开设网络语言实验室、搭建网络学术论坛等，以拓展学习的深度、广度，增强学生的学习自主性。

社交媒体技术：研究如何在外语教学中借鉴和应用社交媒体的相关技术和理念，如使用微博、微信等社交媒体技术嵌入学习平台，构建网络学习社区，拓展外语学习的空间和语言实践机会，以增强学生的实际交际能力和外语口笔头表达能力。

游戏化技术：研究如何在外语教学中借鉴游戏化教学的理念和方法，包括设计教学游戏、使用虚拟角色扮演等。亦可利用心流原理（flow theory）[1]设计学习软件，以提高学生的参与度和学习效果。

其他的还有语料库技术、多模态技术、机器翻译技术等，这些技术从内生性研究的角度看，是语言与技术深度融合的研究与实践领域。它们本身已经是独立的研究方向，但也都可以对外语教学有所贡献，因此可以同时被看作是语言的内生性研究和技术的借用性研究，具体取决于研究侧重点是语言技术，还是教学应用。如语料库技术和多模态技术既可以看作是语言的研究，衍生出语料库语言学、多模态话语分析等领域；也可以看作是语言教学方法和教学设计的一部分，旨在提高学生的语言学习效果和能力，为外语教学提供更地道真实的语言素材和语境线索，帮助学生更好地理解语言使用的实际情况。多模态技术还可以通过音频、视频、图像等多种形式呈现话语语境，提高学生的语言理解能力和交流参与度。机器翻译虽然是相对独立的应用研究领域，但借助机器翻译技术，外语学习者在原著阅读、写作练习、翻译进阶上也获益多多，因此也不妨将它看作是外语教学的借用性技术应用范畴。

所以，从借用性研究的角度来看，语料库技术、多模态技术、机器翻译技术显然也可以被看作是借鉴其他领域的技术和理念来改进外语教学的。语料库技术源于语言学和计算机技术的交叉领域；多模态技术则涉及音视频处理、计算机视觉、人机交互等；机器翻译与语料库技术、机器学习、自然语言处理、多模态 AI 内容生成等密不可分。将这些技术应用于外语教学，可以开拓教学的新领域，提高教学效果和质量。因此，这些技术的教学应用，视其侧重，都可以看作是外语教育技术的借用性研究范畴。

正是由于外语教学的语言内生性和技术借用性（派生性）才成就了外语教育技术独特的研究对象：基于技术的外语教学活动。没有技术的外语教学活动

---

1 心流理论是指人们在进行某种活动时，当挑战和技能之间的平衡达到最佳状态时，会出现一种高度专注和沉浸的心流状态。该理论由美国心理学家米哈里·契克森米哈赖（Mihaly Csikszentmihalyi）发展而来，被广泛应用于教育、工作和其他领域，以帮助人们提高工作效率和生活质量。

不是外语教育技术研究的主要对象。正如美国教育传播与技术协会（Association for Educational Communications and Technology，简称 AECT）1994 年定义的那样，"教学技术是对学习过程和资源进行设计、开发、利用、管理和评估的理论和实践"（Seels & Richey 1994：1）。此间的设计、开发、利用、管理和评估的理论与实践，均指基于技术的教与学的活动。仅止于技术应用本身，或将其泛化至非技术语境的教学研究，其结果不是窄化了教育技术的研究范围，就是模糊了教育技术研究领域的边界。

10.3　外语教育技术的学科构建

教育技术专家都倾向于认为教育技术带来了教育革命。确实，技术的进步为各行各业带来了革命性进步，教育行业也不例外。但实际上，无论是印刷术、造纸术还是录音、录像、电影、电视甚至计算机、互联网、人工智能等技术，都不是为了教育而发明的，连教师们日常使用的 PowerPoint 都不是。最为确凿的、专门为了教学而发明的可视化教具之一，反而是并不起眼、饱受诟病，却一直使用至今的黑板。"许多可用于教育目的的技术并不是专门为学习和教学而设计的，因此教育工作者需要分析这些技术的能供性和限制性，以便创造性地将其重新用于教育环境。"（Mishra & Koehler 2006）教育技术学作为专门知识领域的定位之所以难以厘定，正是缘于技术本身的通用性特性。所以，无论是以技术名称冠名的学科教学（如 ICT 外语教学、多媒体外语教学、网络外语教学等），还是以学科名称冠名的技术应用（如外语教育技术、数学教育技术、物理教育技术等），均不足以清晰地勾勒出独立的学科边界。

集媒介、通信、网络、计算于一身的 ICT 教育应用，并不专门服务于某一特定的学科专业领域，相反，它具有很强的通用性和跨界特点，可广泛适用于各行各业的业务活动。正是由于信息技术的这种特点，我们很难具体精确地将其绑定于某一特定学科的专属研究领域或某一专业的专门应用，并想当然地将其命名为某某学科教育技术学（尽管不乏类似的学术探究）。然而，某一特定的专业领域在应用信息技术服务于本身的教学实践时，却又必然地发展出有其自身特点的教学应用，如化学物理较之于文学艺术、数学机械较之于语言文字等。所以，将教育技术冠之于数学、物理、外语等学科类属名称看起来似乎顺理成章。只是问题的关键在于，当我们将其作为学科研究的独特领域看待时，首先必须明确这种差异的独特性是源自学科，还是源自技术，抑或两者兼而有之。

在各科教学的研究实践中，人们不难发现，决定技术应用方式差异的是学科知识的表意特征、授受方式的特定要求（比如具象较之于抽象、推演较之于归纳、陈述较之于图示、逻辑较之于形象、科学实验较之于社会实践等等），而不是某项技术只能"匹配于某一门学科的教学应用"的专门化条件。也就是说，同一技术（可视化技术、多媒体技术、网络交互技术等），只要设计合理，完全可以应用于各个专业领域的教学操作。所以，"技术不是某种其他活动之外的活动，而是每一项活动都拥有其技术，技术可以为多种不同活动所共有。技术存在于每一项活动之中，技术与活动是同时存在的，二者的共存是无穷尽的。令投身一项活动的人感兴趣的是这项活动的成果，而手段对他们来说只是第二位的"（戈菲 2000）。

换言之，技术可以是泛在、通用的，只有不同的教学应用，没有不同的教育技术。仅以学科冠名的教育技术学缺少本体性源头，理据不够充分。计算机应用普及的当下，以学科冠名的教育技术研究论文层出不穷，但假如替换掉学科名谓，文章所论似乎仍然成立。这足以证明，迄今为止，隶属于学科的教育技术研究还尚未形成边界清晰的知识体系、长久稳定的研究对象、专一独特的研究思路和方法。虽然，因跨界和交叉而产生的交叉学科并不少见，但大多这类学科均发展出自身专门的研究领域和独特的研究方法，并产生了专门的行业应用（如仿生学、医学影像学、物理化学、生物化学、计算语言学、神经心理学等）。学科交叉不等于交叉学科，国务院学位委员会办公室负责人就《交叉学科设置与管理办法（试行）》答记者问中提到，"交叉学科是在学科交叉的基础上，通过深入交融，创造一系列新的概念、理论、方法，展示出一种新的认识论，构架出新的知识结构，形成一个新的更丰富的知识范畴，已经具备成熟学科的各种特征"。就外语教学的技术应用而言，有专门研究的需要，也有交叉研究的必要，但要成为专门的学科，目前条件似乎并不充分。

那能否发展出外语教育技术学这一学科呢？答案是肯定的。只是目前是否已然形成了成熟的外语教育技术研究的学科范式，答案还不够明晰。诚如南国农先生所言，"基于信息技术的外语教学理论的深入系统研究，中国没有……基于范式转换学说的外语教育技术学，世界少见"（胡加圣 2015：i-ii）。这种"没有"和"少见"的现状，正是可供探究和创新的领域，但也说明了现有研究的不成熟。从理论创新的视角看，任何研究领域都有可能成为一门学科；任何行业应用，只要有必要，都有可能为其设置一个专业。在海量知识的今天，这样的情况并不少见。只是，专业的设置可应需求而人为确定，但学科的确立却必定是某一研究领域逐步成熟（或是具有可资验证的发现）的结果。就目前而言，外语教育技术的研究，应用热点很多、教学需求很大、研究范围很广，这些方面研究的历史积累本身就是学科构成的前期基础。但研究的系统性和所涉问题的专深度和持续性目前还远远不够，理论也远不能称之为完整成熟。

就教育技术学本身而言，学科专业的设置仍面对难以言喻的尴尬：一方面，由于信息化教育变革的到来，它似乎恰逢其时，是适应各科教学的"超级"专业；另一方面，由于其专业定位的对口泛化造成部分毕业生无处适从：论教育，不如教育学专业；论技术，不如计算机专业；论媒体，不如传媒影视专业；论学科知识技能，又不如具体的学科专业。从电化教育专业脱胎而来的教育技术专业如今虽然已经家大业大，俨然是一门显学，但仍然没有走出姓"教"姓"技"、专业设置与学科建设定位难以自恰的怪圈。不过，平心而论，这不是专业设置的尴尬，而是学科建设的彷徨。集教育领域之大成、学科边界模糊的学科范式化思路，对专业设置界域的泛化难辞其咎。由此，我们是否可以认为："知识形态的教育技术学与客观存在的教育技术在边界上具有一致性，教育技术学对教育技术的解释和预测'失效'的地方，即是教育技术学边界的所在之处。"（安涛、李艺 2021：32）

"知识社会学主张的'所有知识都包含着某个社会维度，而且这种影响永远无法消除或被超越'等观点具有相当的启发性。为此，在关注教育技术学知识生产时既要考察社会建制对其的影响，更要留意其所隐含的认识论前提、文化背景因素以及学术管理体制等方面的差异。"（陈兴德 2018：47）教育技术、外语教育技术的许多智化产品和应用集成并非直接产生于高校课堂，而是来源于校外教育机构和信息技术教育企业，如早期流行的《空中英语教室》《疯狂英语》《走遍美国》《洪恩英语》等多媒体影视作品，一直到现今的在线课程、直播平台、软件和各类教学管理系统。这些应用设计所隐含的认识论前提、文化背景以及操作运营逻辑，都与高校内部管理制度和学习文化不尽一致。有的看起来是专门用于外语教学领域的技术，其本身也并不是为教育而生的技术，如语料库技术、机器翻译技术、智能语音技术、文本分析技术等。所以，外语教育技术学的定位应该以外语学科本身的技术需求为逻辑起点，而不是从技术的功能特征中寻求理据。

构建外语教育技术学的学科理论是一项极富挑战的议题。沿用外语教育学的理论框架？外语教育技术本身就是该体系的一个组成部分；沿用教育技术学理论框架？难免包罗万象却大而无当，与外语教育失之毫厘，差之千里；借鉴学科教学论的框架？似有换汤不换药之嫌，最多也只是穿了技术"马甲"的学科教学论。也许，我们应该在找准问题上下手，而不是"王顾左右而言他"。任何一个学科的构建，都必须有其需要解决且其他学科难以解决的核心问题（即学科理论和方法的不可替代性——至少是难以比肩的优越性）。刚刚获得体制性、政策性确认的外语教育学二级学科，在学科建设过程中必然会面临语言与教育双重属性的挑战，其理论体系与学科建制还须进一步完善。在此之前，外语教育技术学的学科构建，似乎还缺少一些内生性基础。

第十一章 外语教育技术的范式研究

"一个新的科学真理不是通过说服它的对手并使他们幡然醒悟而取得胜利的，而是因为它的反对者最终会消亡，而熟悉它的新一代人长大了。[1]"从历史的角度看，范式的更替与变化大体上也是如此。那究竟什么是范式（paradigm）？从个体来看，范式可以比作一个安装在潜意识中的程序，是一个几乎能够完全控制我们行为习惯的心理装置。具体而言，它控制着知觉、思维方式、时间观念、绩效意识、创造力、谋生能力等诸多领域。范式在每个领域的周围都设置了一个框，无论我们多么努力，都难以突破框的限制，除非我们改变思维程序。这个类似心理装置的范式并非个体所创，而是源自遗传和环境条件。父母和祖先的 DNA、世代以来的信仰、赖以栖身的社会环境和生存博弈，无一不在为我们编程。我们反复接触的各种想法都像是在肥沃土壤中播下的种子，在我们心中扎根，并逐渐成为控制我们生活各个方面的范式。一旦我们进入语言、思想和人类交流的世界，就必须采取一些特定的范式和观点。

科学史家托马斯·库恩（Thomas Kuhn）将范式定义为一种观察世界的方式（或类似于一副眼镜的"分析透镜"）和一个理解人类经验的框架（Kuhn 1962）。无论是看山、看海，还是看问题，"镜片"的颜色、像差、清洁度、透光率、折射率等都会影响视网膜成像质量，进而影响大脑的"建构性感知"（constructive perception）。所以，诚如后现代主义者所言：没有人能够合法地宣称看到世界的真实面貌。人们很难摘下自己的镜片，看到真实的世界。在生活

---

1 摘译自马克斯·普朗克（Max Planck）的《科学自传等论文》（*Scientific Autobiography and Other Papers*）。英文原文为："A new scientific truth does not triumph by convincing its opponents and making them see the light, but rather because its opponents eventually die, and a new generation grows up that is familiar with it." 马克斯·普朗克是德国理论物理学家，创立了量子理论，并于 1918 年获得诺贝尔物理学奖。

中，每个人都有自己的思维视角、过往经历和信仰体系，对世界诸事万物的看法很难完全一致。在学术领域同样如此。于是，为了减少偏见和错误，防止研究人员将个人观点注入数据收集、数据分析和结论推断中，学者需要遵守学术圈公认的方法体系，即"研究范式"，也就是某一领域内渐趋一致、广受遵循的一般模式与框架协议。人类是社会性存在，这使得我们倾向于理解世界、发现模式，并形成一个共同的信仰结构。在学校教育中，同样存在类似的结构范式。它是施教群体共同遵守的行为规范和价值理念，可以驱动教学模式、评价模式、管理模式的制定和执行。

在深入讨论技术的"范式研究"之前，有必要说明"范式研究"与"研究范式"的区别。前者是针对科学范式问题的研究，即针对既存理论体系的考问、分析和比对，是"应然"领域的探索，回答"是否应该如此"的问题；后者指的是日常科研工作中普遍采用的规则体系的集合，包括建制环境、研究路径、评价体系、研究方法、研究工具与研究模式等，是"实然"领域的研究，属于"何以如此"的问题，受到社会、经济、文化、规范环境以及个体偏好等影响。两者的共通之处是对"范式"本身的描述或定义。

在以求真为目的的自然科学中，范式是公理、定律，是"当代科学共同体所共同信奉与接受的理论体系，并以此作为常规科学工作的理论预设[1]"。但人文科学、教育科学是"求优"的科学，其范式是累积性的，不存在绝对的优与劣、对与错。比如，在认同建构主义的同时，也不能否认行为主义和认知主义的合理性，只是它们在不同的场合有着各自的优势罢了（张文兰、刘俊生 2007）。然而，自然科学和人文科学在范式领域的讨论与争鸣并不像看起来那样泾渭分明。玛斯特曼批评库恩的范式在科学上清晰明了，但在哲学上晦涩难懂，这是不无道理的（伊姆雷、艾兰 1987）。

教育技术兼具科学学科与人文学科的特征，外语教育技术更是如此。人文科学没有类似常规科学那样的"范式研究"，但这并不意味着它没有必要的"研

1　参见李侠发表在《中国科学报》2021 年 9 月 1 日第 1 版要闻的《科研范式变革了，科技界怎么做》。

究范式"。学术的表述与讨论，不仅要有观点、论点，还要有证据、论据；不仅要有清晰的描述，还要有充分的理据；虽然不必要求理论体系完备，但至少在逻辑上应该自洽。虽然可以独树一帜、自圆其说，但少不了引经据典、批驳考证。人文科学研究的多元特质只能说明该领域问题的复杂性、内隐性，却并不能证明其没有规律可言。人文科学领域的哲学思辨产生了诸如实证主义、人本主义、认知主义、信息主义、综合多元等许多研究范式，每种范式之下又可能出现不同的学说。但从本质上说，不同的范式只是源于不同的学科背景、思想信念和研究方法，并不必然存在科学上的所谓"不可通约性"。随着科学技术的进步与发展，不同的范式最终可以殊途同归，共同揭示出该领域的奥秘。要理解库恩的"范式观"，应更多地关注其学说的来龙去脉以及由此而引起的长达半个多世纪的学界争鸣。"随着不可通约性论点受到的批评越来越强烈，以及对不可通约性论点的讨论的日益深入，完全赞同不可通约性的最初论点的科学哲学家几乎没有了。"（陈方 1997：16）库恩也在后期著作中对不可通约性的论点进行修正。然而，这种修正并没有从根本上解决不可通约性问题，争论仍然在继续。

11.1　技术范式与教学现象的本质

早在 20 世纪 40 年代，著名社会学家罗伯特·默顿（Robert Merton）就在科学哲学或科学社会学的意义上直接使用了"范式"这一术语（李醒民 2005）。库恩在使用该词定义科学学科的概念和实践时，赋予了范式当代含义。库恩将科学范式定义为："普遍公认的科学成就，在一段时间内，为从业者群体提供了典型问题和解决方案。"（Kuhn 1996：10）通俗地讲，范式就是指常规科学的运作所依赖的理论基础和实践规范。范式转变则被定义为"当思考或做某事的常规方式被一种新的、不同的方式所取代时发生的重要变化"（Kuhn 1996：10）。

1982 年，创新经济学家乔瓦尼·多西（Giovanni Dosi）将范式概念引入技术创新中，提出了技术范式（technological paradigm）的概念，并将其定义为："解决所选择的技术经济问题的一种模式，而这些解决问题的办法立足于自然科学的原理。"（Dosi 1982：152）多西开创性地将技术范式与技术的经济功能联系起来，并肯定了技术范式在产业经济发展中的重要作用。但是，任何事物的存在都有一个逐渐演进的过程，解决技术经济问题的技术范式也是在相应的动力推动下逐渐演进而成的。市场需求和产业技术竞争是推动技术范式演进的两股主要力量。

教育工作者使用技术的方式与具体的教育现象有一定的对应关系，如使用录音设备表征语音信息、使用幻灯投影设备呈现视觉信息、利用网络手段传递教学资料等等。但是，技术范式与技术的使用方式并不是一回事：前者指实现技术功能的工作原理，与特定的科学原理与工程方式绑定；后者指的是人们利用技术产品达成目的的方法与效果，它与教育教学的现象相对应。但就像食品工业、烹饪技术的变化改变不了一日三餐的进食现象一样，教育技术的范式转换同样不能改变教学授导这一知识传承现象的本质。教育技术的进步只能改变它的方式、效率、成本和体验。所以，教师中心、学生中心也好，认知主义、建构主义也罢，都可以在不同的技术支持下得以实现，只是实现的成本、方法、效果有所差异而已。

从教育技术发展的历史向度来看，外语教育技术前后经历了机械技术范式、模拟电子范式、数字技术范式，以及人工智能范式。但从技术应用的方式来看，外语教学的技术应用经历了实验室听说、计算机辅助、数智化网络，直到迎来了 AI 虚拟现实技术、AI 大语言模型阶段。计算机辅助、数字网络和 AI 技术其实都可以归入数字范式。换句话说，同一技术范式演化出了许多新技术形态。这些形态都基于比特运算。

我国外语教育技术发展大致可分为以下几个阶段：语言实验室电化教学（1999 年以前）、计算机辅助教学（2000—2011 年）、混合式实验教学（2012—2023 年）。这与胡杰辉、胡加圣（2020）的三阶段划分在时间上大致相符，但对各个阶段含义的诠释有所不同。他们二人将三个阶段分别称之为：外语电化教学阶段（1949—1997 年）、计算机网络辅助教学阶段（1998—2011 年）、信息技术与外语教育深度融合阶段（2012—2019 年）。可以看出，胡杰辉、胡加圣（2020）的划分方式侧重于技术形态的不同，而笔者的方式则着眼于各阶段技术范式对教学形态的实际影响。我们可以从以下几个方面验证笔者划分方式的可行性：

首先，电子音像技术与产品用于外语教学的起点和旨归就是视听说教学。原国家教委（现教育部）曾经对普通高校外语类教学语音实验室的面积、机位数、技术标准、设备完好率等都有明文规定（南国农 2013），教育部依据《普通高等学校本科教学工作水平评估方案（试行）》[1] 进行的每五年一次的教学评估对此也均有相关要求。因此，在语音实验室进行的外语教学因使用电子电气设备，被称为"电化教学"；因只服务于视听说教学环节，别称"视听说教学"；因只能在实验室环境进行，又称"实验室教学"。由此可见，当时的教育技术应用是局部意义上的"电化教学"，其范围较小，规定性极高，主要局限在各语种专业的语音课、听力课、口语课、视听课，基本不涉及其他任何课程，如精读（综合英语）、泛读、选读、文学、翻译、语法、教学法课程等。换句话说，大多数外语老师的教学是不涉及技术的，这是因为无论他们本身是否关心技术、懂得技术、需要技术，当时的教学理念和管理体制都"默认"了除"听说"以外的课程无须使用实验室。这种状况持续了很长时间，直到 20 世纪末才有所缓解。其间，虽然语言实验室的功能不断丰富、底层技术架构发生很大转变（程控数字交换机变成了计算机，模拟信号变成了数字信号）、家用电脑开始普及、多媒体教学产品日渐丰富，但学校内的外语教育技术应用仍是一种课程对口模式，而不是全方位的教学辅助模式。将此阶段冠以"外语电化教学"之名，听起来似乎表明所有的外语教学都经历过"电化"阶段，但这并不符合外语视听教学的历史实际。所以，本书将该阶段称之为"语言实验室教学阶段"。另外，"电化教学"一词是与"教育技术"并列的概念，在两者存在名谓

---

1 《普通高等学校本科教学工作水平评估方案（试行）》已废止。

之争的情况下，不宜将"电化"作为外语教育技术发展中某一阶段的称谓。况且，无论是数字还是网络，在汉语传统观念中都仍然是"电化设备"。

计算机辅助外语教学在国内初露端倪是在 20 世纪末和 21 世纪初，但课堂上成建制的应用出现在 2002 年以后。在此之前，计算机的配置很低[1]，多媒体教室在学校中也尚不普及，多媒体辅助教学主要还在语言实验室进行。在一些学校，因实验室机位限制、多媒体教室不够，大学英语老师甚至只能提着便携式录放机在普通教室给学生播放课文录音。2003 年，随着第二代互联网（Web 2.0）时代的到来，各校开始建设多媒体网络教室，即为普通教室配备连接互联网的电脑主控台和屏幕投影仪（但设备数量仍然较少）。语言实验室也加速迭代更新，多功能语言实验室、多媒体网络语音室、同声传译实验室、机辅翻译实验室等应运而生。这一阶段，原先的听力、口语、视听说等课程仍得天独厚地享有使用实验室的优先权，但越来越多其他课程也开始采用多媒体教室或走进实验室。值得特别说明的是，由于各个学校出口带宽的限制，此阶段的机辅教学多数为单机演示或局域网应用模式，主要体现在教师授课时知识表征手段的变化和本地资源的接入。这一时期，PowerPoint 的制作应用和多媒体演示成为主旋律。2004 年，教育部办公厅印发《大学英语课程教学要求（试行）》，明确提出了听说能力的指标，各校开始普遍采用大班上机、小班上课的教学模式。实质性的网络教学建设主要依赖局域网本地部署服务器、资源镜像站等方式。

此阶段的外语教育技术应用看似仍以语言实验室为主要阵地，但是，语言实验室已完成了从电子技术范式到数字技术范式的转型，计算机纳管了多数语言实验室、多媒体教室的影视音响设备和控制技术。技术应用的范围也从实验室视听说课程扩展到全系列外语课程，从部分教师扩展到全员采用技术辅助外语教学。无论是单机应用还是网络应用，通过计算机实现交互（包括人机、人

---

1 1998 年电脑主流配置为：CPU 奔腾 II 266，内存 32M，缓存 256K，显卡 512K，硬盘 3.2G，光驱 4 倍速，操作系统 win98，通用办公软件 office97（不支持 PowerPoint 视频插入）。

际、人与知识的交互）是教学应用的主要形式。这一时期各高校还批量建设了配备联通互联网的多媒体计算机机房，用于外语自主学习。这一阶段产生了大量借用式实践研究，大都以"某工具软件在外语某方面（如听、说、读、写、语音、语法、词汇等）教学中的应用"为主题。这类研究与工具软件的流行程度密不可分，具有很强的时效性，通常在一两年内大量涌现，其后慢慢消退。这些研究一般应用性较强，但深度不够。不过，也有不少内生性研究成果开始引起外语学术圈的关注，如外语多模态学习认知（顾曰国 2007；顾佩娅 2007；谢竞贤、董剑桥 2010；张德禄 2012）、CALL 辅助写作研究（Tang *et al.* 2012；杨鲁新 1999；顾佩娅、朱敏华 2002）、语料库应用研究（李文中 1999；李文中、濮建忠 2001；何安平 2003；王克非 2004；王克非、黄立波 2008），以及后来居上的机辅翻译研究（徐彬 2006，2010；吕立松、穆雷 2007；钱多秀 2009）等。但从教育技术角度切入的课堂外语教学研究的系统性不够、深化不足，尚未触及课程设置、教学模式、教学体系等宏观、深层次问题。

混合式实验教学阶段肇始于网络课程的兴起、网络短视频节目蓬勃发展之时。自美国慕课元年（2012 年）之后，国内在线课程发展迅猛，"清华大学、北京大学、上海交通大学和复旦大学等国内著名高校一方面加强与国外慕课平台的合作，推出自己的慕课课程；另一方面也开始组建本土化慕课平台，推出自己的慕课课程和引进国外的课程[1]。"被称为"微课"的微视频教学课例一度成为教师尝试混合式实验教学的首选形式。多地高校开始尝试翻转课堂实验教学，有条件的学校开始建设校本在线课程（SPOCs）或直接上线慕课平台（如爱课程、大学慕课、学堂在线等），出现了一批优质在线课程。近些年，以 UMOOCs 为代表的外语类专用慕课平台应运而生（UMOOCs 于 2018 年 3 月 23 日上线），大批学习 APP 上线，学习管理系统（Learning Management System，简称 LMS）也陆续诞生，外语教育技术的应用进入了蓬勃发展阶段。

---

1 引用自魏晓燕发表于 2024 年的文章"教育数字化背景下我国慕课的发展历程与总体特征"。

教育技术的应用不再仅仅是课堂上的工具与方法，而是全方位介入了高校外语的教学与管理（包括有条件地区的基础教育）。技术的介入开始触及课程建设、教材建设、教学管理、教学测评以及整体性的教学模式创新。但是，我们似乎仍然很难厘清教育技术发展阶段的技术范式（电子范式、数字范式、网络范式、智能范式）与教学现象之间的对应关系。而且，学校教育在绩效观念的驱使下，对教育技术介入的恰切性问题始终没有建立合适的评估标准。尤其是当技术的智能化程度达到可实际运作时，技术与学习、教学的关系开始出现异化：机器翻译的译后编辑、自动纠错的作文助手、一键生成的组卷系统，甚至大语言模型（例如 ChatGPT）都进入了教育领域。技术在教育中的角色到底是帮助我们提高工作效率、激发创新活力，还是替代我们完成工作，让我们不劳而获、坐享其成？

其实，技术的范式化演进有其自身的规律。随着技术创新的"科学推动"模式被"需求拉动"模式所取代，技术范式概念的使用应运而生。得益于"熊彼特式"的创造性破坏（creative destruction）[1]，多西看到了新技术范式出现的原因。技术范式的形成与演进更多地取决于技术发展的水平、产业竞争程度和商业应用前景。新技术的发展可能源自发明者的奇思妙想或经年科研攻关累积的突破，但原生性动力无疑还是（市场）需求。美国的高德纳咨询公司（Gartner）在 1995 年开发、使用了"技术热度周期曲线"（Hype Cycle for Technology），又译"技术成熟度曲线"，用于表示特定技术的成熟度、采用率和社会应用（见图 11.1）[2]。但笔者认为译作"技术**炒作**热度周期曲线"更合原意，因为"该曲线意在揭示炒作周期和优先级矩阵提供了相对市场推广和创新感知价值的图形化描述。曲线突出宣传过度的领域，估计创新和趋势何时会成熟，并提供可操作

---

1 创造性破坏（creative destruction）是指不断的产品和工艺创新机制，新的生产单位取代过时的生产单位。这个概念通常与奥地利经济学家约瑟夫·熊彼特（Joseph Schumpeter）相提并论，他认为资本主义释放的创造性破坏力最终将导致其作为一个制度的消亡，这是"资本主义的基本事实"。

2 图 11.1 由笔者根据维基百科上高德纳技术热度周期曲线（General hype cycle for technology）的原图重新翻译绘制。

的建议以帮助组织决定何时采用[1]。"技术热度似乎总是沿着萌芽、热炒、冷却、复苏、成熟这样一条曲线发展。

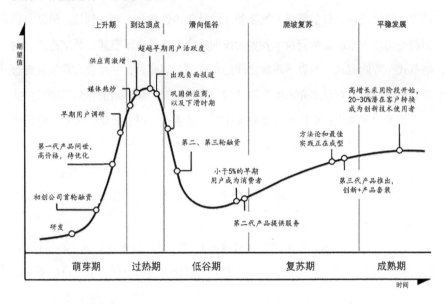

图 11.1　技术炒作热度周期曲线图

技术炒作周期曲线是对每项新技术或其他创新产生的共同模式的图形化描述。尽管高德纳公司每年公布的炒作周期曲线都集中在特定的技术或创新上，但同样的炒作、幻灭、成长、复苏模式也适用于更高层次的概念，如 IT 方法和管理学科，乃至教育信息化模式。在许多情况下，炒作周期也可定位更高层次的趋势和想法，如战略、标准、管理概念、决策能力等。这与描述认知偏差的邓宁 - 克鲁格效应（The Dunning-Kruger Effect）异曲同工。

但也有批评意见认为，该模型并不科学，因为它用主观臆断代替了客观数据，没有提供可靠的证据表明某项技术真正经历了既定的曲线。该模型与有些技术本身的成熟轨迹似乎并不吻合，而且不同技术的半衰期可能不同，例如，新技术的半衰期要短得多。从该曲线可以看出，技术的成熟度只反映在市场响

1　摘译自马库斯·布洛什（Marcus Blosch）和杰基·芬恩（Jackie Fenn）发表于 2018 年的文章 "Understanding Gartner's hype cycles"。

应这个单一维度上。同理，教育技术产品和概念如走马灯般变换，也只是产品热度的"市场反应"，并不能体现新技术条件下的教学范式的更替。所以，尽管市场反应预示了产品更新换代的迹象，但是用技术产品的接受度来评断技术进步与成熟似乎失之偏颇。更何况，技术并不一定会引起教学范式的转变，因为：

（1）**产品不等于技术**，产品兴衰并不意味着技术兴衰。产品可能由大量组件构成，每一个组件都可能进行技术创新。产品创新不是技术创新的简单线性函数。产品生命周期可能非常短，但大多数底层技术的发展速度可能要慢得多。比如，手机每年都更新换代，但核心技术和逻辑并没有太大变化，用户使用习惯更不会有什么变化。

（2）**采用并不是创新**，创新包括工艺创新、产品创新、技术创新等多个维度，而外观、性价比、用户体验都有可能影响用户接受度。技术的教学应用也并不一定意味着创新，只要没有触动教与学的基本模式和本质特征，炒的也只是概念，看的都是热闹。创客教学、STEAM 教育、智慧教学等都不能算作创新。教学范式的转变周期远比技术更替周期要长。

（3）**技术不是商品**，产品中微小的增量变化可能会导致用户体验和实践的明显变化，而技术方面的根本性替代有时反而只会带来服务成本和质量的微小改进。电子产品的数模转换、汽车动力从燃油变成电动、手机从 4G 过渡到 5G、教室的黑板换成触摸屏等，就技术而言都是极大的革新或范式转换，但是对于使用者而言并没有本质的区别。创新的体验不是基于型号和版本的快速更新，而是基于功能和性能对行为模式的颠覆性变化（且这种变化不能过于频繁），如乘坐公交到自驾出行、订阅报刊到手机浏览、图书馆查阅摘抄到互联网搜索下载等。

所以，技术带来的教学范式转变可能悄然而至，它是在缓慢克服某种潜在的习惯性堕距的过程中发生的。也许，技术的迭代已然发生（比如从模拟到数字），但行为模式却并不会同步跟上。座机变成了手机，黑板变成了 PowerPoint，书桌变成了屏幕上的桌面，课本变成了 APP，然而它们的核心功能都没有发生改变。原子时代、电子时代、数字时代、智能时代的技术更替不会一蹴而就，不断迭代才造就了技术范式的转换。但新技术出现之时，旧技术不会立刻退出市场，因为用户群（尤其是体制性教育用户群）的转移是一个缓慢、渐进的过程。而且，一种新技术产品的面世，不一定预示着某种技术范式的转变，更不等于社会应用模式的刷新。在创新面前，总有一部分人会比另外一部分人更具开放思维，更愿意接纳创新。Davis（1989）基于理性行动理论提出过一种技术接受模型（Technology Adoption Model，简称 TAM），用于检查个人对新技术的接受程度。该模型涉及三个关键组成部分，即感知有用性、感知易用性和行为意图。创新技术的采用者通常分为革新者、早期采用者、早期追随者、晚期追随者和落后者。此即埃弗雷特·罗杰斯（2002）的"创新扩散理论"，见图 11.2[1]。任何一次新技术问世，人们总是要重复上演从"炒作跟风""怀疑抵制""动员鼓动"一直到"姗姗来迟""不得已而为之"的戏码。

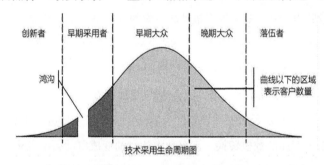

图 11.2　创新技术扩散与接受（译自 Kumbar 2017）

技术应用与教学模式转变

技术范式的转移与教学范式的变化并不同步，也无法一一对应，而且，前者并不一定总能带来后者的变化。外语教育技术虽然从电子模式、数字模式、网络模式一直发展到方兴未艾的智能模式，但学校教学却未必能同步产生对应的教学范式。语言实验室从模拟技术到数字技术的变化，可以看作是一次技术

1　图 11.2 译绘自施瓦约吉·库姆巴尔（Shivayogi Kumbar）发表于 2017 年的"What is technology adoption life cycle and chasm?"笔者对图片略有微调，但尽量保持了原样。

范式的转换，且旧技术淘汰的速度很快，但语言实验室教学模式却依然如故。录音机、录像机、投影机等电子教学设备都经历过类似的"数模"技术范式转换，但这些设备的应用方式并没有发生变化，其迭代更新的动力在于技术进步和市场规则，与教学变革并没有内在联系。转型后的语言实验室几乎照搬原来的全套功能，只是主控台换成了电脑界面，硬件控制换成了软件控制（或软硬控制结合）。即便是互联网数智时代的 MOOCs，其教学授导的基本样态仍然是以教师为核心的传统课堂讲解模式。

教学范式转换的滞怠是教育落后于社会变迁和技术发展、无法适应社会要求的普遍现象。这种滞怠现象的原因在于教育活动具有十分强韧的稳定性与滞后性。有学者论证各个技术阶段与教学理论范式的对应关系，用助教期、助学期、生态期分别对应多媒体技术、网络技术和人工智能发展的各个阶段（胡杰辉、胡加圣 2020），其合理性在于阐明各技术阶段赋能教育的物化特征和功能特点，并用媒体技术观、认知工具观、技术生态观分别对应技术发展各阶段教育工作者的技术认知与应用理念。但这样划分的不足之处在于，它不能真实地反映教育技术应用发展与外语教育教学改革间性互动的内在逻辑和实践史实。

论及教育技术发展与外语教育改革的关系时，学者常带有明显的经院派色彩。从"教"的角度看待技术发展与外语教育的关系，似乎存在一个技术应用的助教期。但是，实际情况却是自从进入个人电脑（personal computer，简称 PC）时代，尤其是进入网络时代，学生的"学"比教师的"教"更大程度上得益于技术发展。磁带、光盘、随身听、复读机、点读机，一直到无处不在的上网本、平板电脑和智能手机都逐渐推动着学习方式的变化。与之形成反差的是：一些教师仍然固守三尺讲台，或勉强将教案转换成了 PowerPoint，形成了学生需求"倒逼"课堂改革的态势。所以，将技术应用分为助教期与助学期不仅不符合技术应用的历史事实，也与技术发展的初衷不相一致。事实上，即使到了生态期，助教与助学仍然是技术应用的一体两面。我们在努力探究技术语境下以学习为中心的教育变革时，恰恰忽视了技术范式之于学习方式变化的机理研究了。

传统的教学本质论认为，教学是教师的"教"和学生的"学"所组成的一种人类特有的知识递授和文化养成活动，是文明存续的基本形式。通过这种活动，教师有目的、有计划、有组织地引导学生学习和掌握文化科学知识和社会生存技能，提高学生综合素质，使他们成为社会所需要的人。这是典型的以"教"为中心的教学范式。在此观念的引导下，教者会利用任何可用的技术（无论先进与否）服务于教学目的。换言之，单机也好，网络、智能也罢，"任凭弱水三千，我只取一瓢饮"。反过来说，技术是服务于目的的，教学应得益于技术功能，而不必囿于技术功能。

课堂教学通过课堂教学活动实现教与学的统一。但由于教育现象非常复杂，关于教学本质的描述并不统一，因此我们对教学本质的认识是一个逐步深化的过程。处于不同阶段，抱有不同目的、不同观点的人会得出不同的说法，即便是同一时期的人对此认识也不尽相同：有人将教学看作为学生答疑解惑，有人将教学看作是传授学生知识，也有人认为教学是促进学生智能发展的活动，还有人把教学视为教师"教"与学生"学"的简单相加，等等。

知识递授是一种客观主义的描述。无论教育教学的功能、目的是什么，教学的本质特征就是传授知识。教学是教师和学生共同参与的双向活动，旨在传授知识和掌握社会经验。在这个活动中，教师引导学生进行学习，学生掌握一定的知识技能，同时获得身心发展，形成良好的思想品德。本质上，传授知识是一个"教"与"学"的过程，也是教学的逻辑旨归。当然，除了知识递授说，还有许多其他的教学本质说，例如：

文化养成说，这种观点侧重于教育本质的拷问以及教学的终极意义；

人格发展说，这是人本主义的教学观，关注的是教学活动对学生人格发展的影响；

人才培养说，这是典型的社会功利主义的教育观，立足于教育的社会功能；

特殊交往说，认为教学的本质是一种特殊的社会交往，即与知识世界、人际社会、自身灵魂进行交往。该理论来源于尤尔根·哈贝马斯（Jürgen

Habermas）的交往行为理论（哈贝马斯 1999b），是一种主体间性视角。技术语境下的教学关系是一种典型的主体间性关系，由于技术的介导，学习者与周围世界和**交往人群**互为主体。

不同的教学本质观发展出不同的教学范式。但不管教学的现象如何纷繁复杂，其本质都具有相对的稳定性和滞后性，因为它遵循学科内在的运行逻辑与规律，并受制于社会文化的规约。技术范式的转移虽然符合但并不等同于库恩的范式转移，其驱动力主要来源于市场需求和技术可能；但教学范式的转变源于社会变革对人才需求的变化、教育理念的进步，以及教育从业群体的观念响应和职业实践。技术之于教育，可以是顺应、支持、推动教学范式进程的"助推剂"，但若处之不当，它亦可能成为妨碍教学范式转变的阻力。这种情况不仅体现在由技术与资本的逐利性质导致的教育产品的加速迭代上，也反映在教育产品的设计思路中和教学采用时的恰切性把握上。

教学过程中技术的过度介入会挤压学生的思维活动空间。例如，主控台模式的语言实验室、多媒体教室、智慧教室设计，过度以"教"为中心，而忽略了学习者的需求。为了节约有限的课堂时间，自主体验、合作探究、课堂讨论等主体性学习活动被有意无意地忽视，甚至干脆省略了，取而代之的是教师将知识"和盘托出"，甚至自问自答。这在讲座式、观影式的课堂中最为常见，教师成了"读稿机""放映员"。其实，这与许多课堂技术的架构与流程设计有关。这些设计沿袭甚至强化了传统教学范式，但并没有引发产品宣称的"跨越式"变革。

由于受到技术加持带来的便利，备与教的环节都极有可能忽略教学授导的节奏。课堂教学程序与活动环节的设计有时会显得太过饱满，丰富、多样、时尚的设计挤占了思维空间。与传统板演讲解的慢节奏不同，PowerPoint、微课、慕课视频等预制性内容的呈现极易造成信息过载，计时做题、击鼓传花、弹幕抢答等也不利于学生深入思考。类似的强交互、快节奏机械式问答填空甚至没给学生留下独立思考的余地：教师急于导出标准答案，学生则在"低层次牵引"和"接龙式助推"下，迅速而顺利地找出教师期待的回答。由此可见，技术应用并非越多越好，简简单单地教，才能扎扎实实地学。过度的技术介入反而无形中占据了学生主动学习的机会和时间。

教学范式的形成与创新传承

从古至今，学校教育教学都基本遵循教师传授范式。该范式以教师、教材、教室为中心，其本质是以书本知识传递为核心，以教师讲授为中心。自20 世纪以来，学生中心（student-centered learning，简称 SCL）范式开始流行。SCL 以学生发展、学生学习、学习效果为中心，本质是促进学生大脑和心智的健康发展，为学生进入社会做好准备。外语教学的流派众多，包括认知主义的语法翻译法、自觉对比法、认知法，行为主义的直接法、听说法、全身反应法，人本主义的建构主义教学和交际教学法，还有基于任务、项目、内容、主题的功能主义教学法等等。然而，这些方法诉诸课堂以后大多没有脱离以教为中心或以学为中心的教学运行轨迹。

在这一历史轨迹中，教育技术本身并不会，也不能直接催生或规制某种教学范式，而只是为特定的教学方法提供了更多的便利性、选择性和可能性。此外，教育技术会针对特定的教育教学范式提供对应的技术解决方案，比如课堂面授适用于语法翻译法、语言实验室适用于听说法、多媒体技术适用于直接法、VR 和 AR 技术适用于沉浸式教学法，等等。这其实是技术使用的选择和基本理路。教学的范式往往产生于特定时期的社会要求，来源于我们对教学本质的认识和理性操作，而不会产生于特定的技术方式，也不会受限于技术发展的水平。教师中心的教学模式产生于工业革命时代，是一种批量化、标准化人才培养需求催生的群体教学模式，而印刷术和广播电视等电子视听技术只是为此提供了相应的技术环境和操作支持（或者说，这些技术必须满足群体教学模式的操作要求）；学生中心的教学模式是因为现代社会多样化、个性化、专门化的人才需求所致，而不是信息时代的技术特征所导致的必然结果。此外，外语的机械听说操练源于战时人员交流的迫切需求，而交际法则与战后经济复苏、大量移民的外语需求有关。各种方法的不断推陈出新，都源于社会需求和对实际教学效果的期待及反思。从教学的主体行为来看，教师总是会根据自己的教学理念、教学内容、教学目的以及实际能力选择合适的技术手段。技术的作用就是提供更多的可予性和可选性。

如今，混合式学习之所以成为一种常态的教学模式，是因为班级授课制在现阶段仍然是需要保留的群体课堂授受、批量人才培养的有效手段和社会化过程，但它缺少个别化教学、针对性教育的灵活性，不能适应当今社会的多元化需求。于是，在线自主学习、课堂翻转、跨时空传播就成了可供选择的教学补偿方式。这是技术带来的便利，是教育需求催生了技术的教学应用，而非相反。没有技术支持的教学，策略采用往往是出于无奈；有了技术支持的教学，策略采用多半是出于选择。翻转课堂、混合式教学的理念和实践早在20世纪90年代初期就已经出现了（胡加圣2015），个别化教学更是可以追溯到前技术时代，是已有数千年历史的教学范式。凡是在大学读过书的人，都要预习课文、讲义，以防课堂抽查；谁都要复习课堂笔记、阅读课外资料，以防考试挂科。只是当时没有网络、电脑和手机，只能跑图书馆；也没有平板电脑、笔记本，只能啃书本。信息技术被夸大为催生了具有移动性和泛在性的新学习模式，殊不知，书本也同样具备移动性和泛在性，而且还没有电子设备的续航焦虑。智能设备和网络环境的发展的确使得资源的获取更为方便，但我们学习的仍然是相同的书本和知识。只要社会需要，电脑、网络、人工智能仍然可以成为批量化教育的最佳控制手段。而学生只要想读书，就算书再厚、包再沉，照样会四处奔波寻找自习教室。教学范式的嫩芽，萌生于智者精神的种子和社会需求的土壤，技术则犹如精耕细作、培土灌溉的器具。

近年来，随着教育技术的发展，专业人士开始讨论领域内的范式和范式转换问题，时常提及电子范式、数字范式、网络范式、智能范式等（胡加圣2015）。但是，这些范式的产生标志是什么？催生这些范式的条件是什么？范式仅仅是技术的代际更替吗？这些范式与教学变革的关系是什么？范式转换的依据是什么？转换是渐进的，还是突变的？是过渡交替的，还是共存可选的？发生转变的临界条件又是什么？

技术随着时间的推移而不断进步，相互竞争的技术范式可能会交替出现，导致一种范式被抛弃，另一种范式取而代之。技术进步的总体趋势是不可逆转的。但从本质上看，技术进步的原生驱动力是经济利益。人类社会运作的经济原则总是追求以最低的成本获取最大的收益。面临新技术应用，人们采取的行动可能截然不同：有些人可能表现得谨慎、守旧，有些人则会跟风、冒进，还有一部分人会选择创新、变革。范式的转变取决于改革成本与可能收益之间的平衡，一种情况是技术的成熟已经使成本可以忽略不计，另一种则是新技术造成的既得利益损失能够得到足够补偿。按照库恩的观察，范式转变总是革命性的：相互竞争的范式之间的转换并不能在逻辑和中立经验的驱使下一步一个脚印地进行。它就像格式塔转换一样，必须同时发生（虽然不一定是瞬间发生），或者根本不发生（Kuhn 1970）。

这就产生了一个问题：教育技术与自然科学不一样，它属于人工科学，研究的中心是生产实用的人工制品来支持教学，而不是发现关于自然世界的新原理（Simon 1996）。那么，将库恩对自然科学的描述推广到人工科学的技术范式中是否合适呢？

其次，教育教学活动属于社会科学。尽管历史上出现了一些引人注目的社会科学概念转变，如心理学从行为主义转向认知解释方法，但它们不同于自然科学中发生的革命性转变。社会科学从来就未能产生任何可与牛顿力学或达尔文自然选择说相媲美的理论，因此这些领域过往研究中的概念转变"与其说是对解释连贯性的评价，不如说是方法论考虑的结果"（Thagard 1993：225）。

将库恩的理论应用于教育技术还带来了另一些潜在的问题。从技术赋能教育的角度（即教育范式转换和映射的角度）看，我们可以认为教育技术正在从"教学支持范式"向"学习支持范式"转变。但是，在技术媒体之于教学的有效性问题上，迄今为止都没有产生可资验证的假说。由理查德·克拉克（Richard Clark）与罗伯特·科兹马（Robert Kozma）引发的学媒效用之争持续了三十多年，最后无疾而终，无法形成公认的科学成果，最多也就是参与者聊以自慰的"真理越辩越明"。在教育人文领域，甚至连接近于科学范式的人类认知研究都还停留在前范式阶段，没有形成科学家社群的共识。

我们需要清楚地认识到,虽然特定时期的技术范式在技术原理、生产方式、功能特点和先进程度上存在本质差异(如电子时代的广播、电视、电影较之于数字时代的多媒体影视技术),但是在其使用方式以及对教学模式的影响和效用方面,差异可能并不明显。外语教学史上的听说教学模式几乎跨越了视听技术发展所有的范式阶段,电子时代的集体观影模式可能会被数字网络时代的桌面观影体验所取代,这就是其中的一例。我们不必强调影视技术的范式变化导致了观影模式由"群体范式"向"个体范式"的转变。所以,并不是特定的技术范式引发了教育教学革命,而是当时的社会文化需求和教育教学理念决定了人们怎样去发现 / 发明技术、接纳和应用技术。但只要人们的观念和环境标准不到位,范式就不会发生变化。从剧场到家庭影院,从桌面、手机观影到基于穿戴设备的沉浸式观影,这些变化是消费娱乐方式的选择。技术提供了多种可予性,但行为取决于经济能力、价值观念、环境条件。

第三次工业革命始于计算机化、数字化、网络互连,人们获得知识的渠道畅通了。尽管 MOOC 过度渲染了高等教育普及的神话,但校园外人们获得系统性知识的机会还是增加了。只是,人们究竟追求是系统的经院式知识体系,还是实用的职场谋生技能,往往取决于个体的实际需求和功利性考虑。大众知识学习的需求并不像教育者设计的那样高端、经典。一般人想要释疑解难时,几乎会毫无例外地使用谷歌或百度搜索,而不太可能会去爱课程、Coursera 或 Udacity 等教育平台。那些为了学术目的或一纸证书认定而设置的课程与日常生活关系不大。如今多家人工智能大模型已经陆续问世,具体的场景应用工具也纷纷出炉,但是,如果职场不优化薪酬机制、社会不开放上升通道,我们就仍然难以消除内卷、遏制"躺平";学校教育若继续沿袭现有教学模式和考试方法,我们就不能期待学生会勤学苦读、批判创新。慕课再多也仍然不会有市场,ChatGPT 再聪明也不过是聊天对象。人们使用人工智能主要是因为其极高的性价比带来的经济效益,并有可能为自己带来福祉,所以关键还是在于社会机制。在线课程、网络资源、智能助理等都只是形成了学习型社会的知识环境,但若要真正为社会公众所接受,还需要相应社会机制的完善,例如产业结构调整，工作技能需要、入职晋升门槛、学习绩效认定、用人机制改革、薪酬制度激励等等。得不到体制性认可和功利性回报的系统性学习是鲜有人问津的。这就是知识短视频款款火爆，而慕课网站的课程大多门可罗雀的原因所在。因此，众多国外慕课机构纷纷转向职场培训，相继推出切分式、微认证课程。慕课取代大学课堂、颠覆高等教育范式的炒作也渐渐消退。所以，任何技术的进步与范式转移需要与社会变革相向而行，而不会在人类历史的进程中一意孤行地狂奔。

11.2　外语教育技术的基本研究路向

从 2000 年以来知网学术论文发表的数据来看，在各学科教学研究中，外语教育技术研究的数量名列前茅，这造成了外语教育技术研究繁荣昌盛、蓬勃发展的表象。但面广量大的数据也许只是反映了学者对教育技术应用研究的兴趣以及其对存在问题的广泛关注。虽然在众多的研究之中，确实出现了颇具影响力的成果，但从外语教育技术学的学科视角看，还没有形成标志性学科成果。

由于语言专业背景的原因，外语教育技术领域的资深学者大多以内生性研究为主要方向，专攻语料库语言学、计算语言学、多模态语篇分析、机器翻译研究、计算机辅助语言学习等方向。这些内生性研究主要解决语言问题，而非语言教学问题，更非语言教学中的技术应用问题。这些研究的受众群体相对较小，研究成果获益范围有限。目前，外语教育技术圈的中坚力量以年轻的博士为主，而参与研究的普通教师群体虽然数量更多，但质量却参差不齐。从引用率和影响因子看，数量甚巨的论文，学术影响力反而较小。

11.2.1　研究的队伍构成与选题方向

外语教育技术（学）的研究队伍具有"体制性"特征，其来源主要有三个途径：一是修读教育学名下的外语学科教学论方向的硕士、博士研究生。二是外国语言学及应用语言学名下的外语教育技术研究方向的硕博研究生。前者的第一学位如果是外语专业的话，在技术化外语教学中可堪大用，但缺点在于技术素养和应用研发能力显得稍有不足；第一学位若是非外语专业的话，尽管具有较强的跨学科背景，但在外语学科性教学中就难有扛鼎之力，通常也不易成为外语学术研究的主流。三是本硕博学位皆为外语学科的毕业生，他们的研究志趣大都是语言学、文学或翻译学。偶有选择外语教学或外语教育技术作为学术发展方向的，但往往以内生性研究领域为主。他们的特点是在外语学科方面基础深厚，但教育理论与教育技术素养相对偏弱，大多数属于典型的文科类学者型教师。

除了以上三部分来源，其余多数老师是未接受研究生教育的外语专业本科毕业生。尽管他们也是教育技术的常规用户，但大多数人是因为教学需求或职业兴趣而潜心钻研教育技术，没有受过系统的训练。因此，技术方面存在先天不足是常态。原先的外语电化教育主流队伍大多因年龄自然减员，后续力量是作为教辅人员入编的技术员工。模拟技术范式完成数字化转型至今，他们的工作性质并没有发生实质性改变，除了教学服务以外基本不参与教学研究工作。

所以，外语教育技术应用的主体是一线外语教师。从专业背景上看，这支队伍的主要来源包括外语专业的本科、硕士和博士生，本科为外语专业的学科教学论硕士、博士生，以及其他专业本科期间转为外语专业后，再修教育学技术学的硕士、博士生。不论来源如何，大部分外语教师都缺乏教育技术的专业训练和必要的技术积淀，这给外语教育技术的推广应用和深入发展带来了很大的挑战。

就外语专业背景的教师而言，他们通常拥有良好的外语能力和语言学基础，并具有丰富的教学经验。他们在教育技术应用方面也有一定实践经验，颇具心得。然而，他们普遍缺乏对教育技术研究的兴趣，也没有接受过技术应用方面的专门训练，尤其欠缺教育学理论素养。所以，他们的研究主要限于二语习得、外语教学理论，或对教学问题、教学经验和技术应用的具体探讨上，与教育技术深度结合的应用研究和技术研发并不多，研究视野不够开阔，理论深度也有所欠缺。

对于外语专业本科加教育技术学专业硕士、博士学位的教师来说，他们在外语教育技术应用方面具备一定的专业素养和技术能力，同时还拥有扎实的外语基本功，因此是外语教育技术研究的主力军。得益于硕博课题的钻研与系统训练，这些教师在一些专题领域耕耘颇深。但也正是由于其研究选题的专一性与理论性，他们的研究成果在辐射与推广范围方面反而相对狭窄，有时与日常教学中的技术应用问题相去甚远。因此，对于这部分研究力量来说，更需要组织规划、委以重任，让他们在外语教学数字化转型中为解决疑难重点问题发挥关键性作用。

由此可见，外语教育技术应用研究的主体是一线外语教师。虽然他们的学缘结构[1]、学历结构并不单一，但大多数属于典型的语言型文科教师，普遍存在技术素养和教育理论素养较为欠缺的问题。他们在教育技术应用方面的研究即便颇具心得、偶有小成，但大多是无师自通的探索。这支队伍中，技术和外语均出自科班背景的是极少数，基于教学需求而转向教育技术应用研究的也寥寥无几，大多数人都以内生性研究为主要方向。此外，真正潜心于挖掘技术功能、研发教学产品、创新技术化教学模式的专家型教师少之又少。可见，从学缘结构上看，这支队伍的专业背景是影响外语教育技术应用研究向纵深发展的主要原因之一。

所以，外语教育技术应用研究的队伍虽然人数众多，但整体力量相对薄弱，研究的方向和选题上也存在个体化、随机化、跟风化等功利现象。大多数应用研究内容零散，低水平重复，缺少领域聚焦、持久深耕、团队攻坚。就外语教育技术的专门应用而言，无论是研究问题的导向和规模效应，还是基础

---

1 学缘结构通常泛指某个教育单位（多指高等院校中的院系、教研室、研究所）中，全体人员完成某一级学历的学校的构成状态，即从不同学校或科研单位取得相同（或相近）学历（或学位）的人的比例。学缘结构包括毕业高校院所、所学专业等在类型、层次、分布等方面的构成情况。合理的学缘结构是衡量教师队伍质量的重要指标之一。

理论的精耕细作，抑或是教育教学的创新实践和研究方法的应用，目前均缺少持续稳定的队伍和厚积薄发的成果。但在外语教育技术的内生性、共生性研究方面，如语料库技术、多模态分析、技术生态化、混合式学习等方面的研究显现出较明显的集群优势，具有代表性的有北京外国语大学的顾曰国、梁茂成[1]、许家金，上海外国语大学的胡开宝、陈坚林，同济大学的张德禄，以及新生代的唐锦兰、李颖、胡杰辉、胡加圣、马武林、邹斌、金檀等。然而，常态教学领域的技术落地应用研究和持续性的实践专题探索仍然不多，形成规模的院校级应用研究更加少见。外语教育技术的借用性研究，如语言技术的智能化、交互技术的人本化、机辅教学的类人化、人机协作的智慧化、语言类课程的在线化（如语言慕课开发）等等，尽管研究的面更广、量更大，甚至需求更迫切，但绝大多数呈"散兵游勇"状，缺少院校层面和学科层面的团队协作和联合攻关。

从体制层面看，研究选题的规划与驱动力主要源于国家级、省部级基金项目课题指南和重点实验室建设等；从研究的个体来看，研究选题的内驱力一方面源于学者的专业志趣和学术训练的传承，另一方面则源于日常教学中的典型问题和教改冲动。但是在具体的操作过程中，还往往受制于许多非专业因素，如项目申报的成功率、论文发表的命中率、理论创新的想象力等；有时会产生对"冷门问题"的过度挖掘和对"热门问题"的盲目跟风等非理性现象。比如，笔者曾于 2023 年 4 月 28 日以 ChatGPT 为主题词检索中国知网，此时离 ChatGPT 问世不足半年，行业尚无任何应用，国内用户甚至还不能注册登录的情况下，知网上竟能查到冠以"ChatGPT"应用相关文章 943 篇，各种展望、挑战、应变、求变层出不穷。相比之下，更多亟待探究的教育教学实际问题反而较少有人关注，普遍性问题和疑难问题也缺少持续跟踪和深度挖掘，一些不能立竿见影的长效研究则往往被选择性忽视。科研管理制度中规定项目时长和成果计数的做法往往鼓励"急功近利"，而非厚积薄发。不过，令人欣慰

---

1 梁茂成现为北京航空航天大学教授。

的是，虽然面向外语教育技术研究的学术园地（如《中国外语教育》《外语电化教学》等期刊）一直僧多粥少，但其在坚持学术引导、培养学术新人方面功不可没。以中国英汉语比较研究会英语教学研究分会（China English Language Education Association，简称 CELEA）、中国英汉语比较研究会语言智能教学专业委员会（Computer-Assisted Language Learning Association，China Association for Comparative Studies of English and Chinese，简称 ChinaCALL）等为代表的外语教育学术组织通过举办年会、发布项目等方式，在研究方向的聚焦与引领方面发挥着重要的作用。

笔者还以"英语""教学模式"为主题词交叉查询 1983 年至 2022 年 2 月的知网数据，共找到 160,894 条结果，其中期刊论文 7.5 万篇，学位论文 1.04 万篇，会议论文 2,614 篇。若仅以"教学模式"作为主题词检索，结果显示期刊论文达 406,368 篇，硕博士学位论文达 37,393 篇，其中，尚未入职或入职不久的硕士生的学位论文竟达 36,691 篇。"教学模式"几乎是所有关于教育教学的主题词中词频最高的。也许是从"模式"入手容易出理论，或者是指导教师深感传统教学模式改革的必要性，但如此大规模的重复性模式研究，非但没有创生出可供参考的模式，反而浪费了大量的学术资源，造成了研究选题脱离具体问题的困境，助长了热衷于宏大叙事的学术风气。

其实，教学模式改革（包括课程设置、授导模式、学习方式、评价机制等方面）既是政策性、操作性实践研究，也是规模性社会调查研究。教学模式是教育教学系统的核心运作方式，是一种复合的、各部分互相依赖的社会体系。无论是传统意义上的教学改革，还是全方位引入新技术的数字化教学转型，其效应在性质上都是机构的、生态的，有从整体上改变社会体系的潜在可能。所以，此类选题应该属于集体性、机构性项目，理应在一定的规模层面上，有组织、有计划、有团队地持续进行。但是，我们看到的绝大多数论文，甚至包括硕博士论文和资深专家的论文，大多是理论层面的思辨剖析、学理探讨。这类论文往往止步于必要性、重要性的论述，或者仅限于学理探究，又或者是政策性解读、假设性展望等宏观叙事。真正触及教育体制弊端、直达教学根本问题的理论建树、改革举措和实证研究还十分少见。尽管教师是教学模式操作层的实施者之一，但作为个体，他们其实并不具备决策、管理、评估的角色身份。选择此类课题，大多只能是感同身受的当事者言说和批评者观点，所探讨的内容很少具有规模层面的实际可操作性。至于教育技术在何种层面、以何种方式、基于何种目的介入教学模式，以及关于其运行方式和评价机制的研究，大多都是自证式、预言式的评说，甚至是断言式的批评和妄议。

个体的、功利主义的选题倾向可能在某种程度上具有一定的社会合理性，因为人本身就具有功利性存在的社会属性。但是，个体的功利驱动若在规范性环境的诱导下形成了群体性功利趋同，学术发展就会偏离健康轨道，甚至违背高等教育存在的合法性前提。

教育数字化研究应该鼓励来自教学实践中的问题研究、解决问题的实验研究、验证实验的实证研究。学术管理应提倡百花齐放的学术争鸣，保障教师自主的学术创新。科研经费投入应保障每一位教师的科研条件，而不是少数学者独占竞争性资源。应当改革计划性、垄断性的选题指南模式，尤其要进行有组织、有团队、有领域的集体攻关和持续深耕。教育技术领域的应用实践及研究成功与否，很大程度上取决于系统效应，个体应用的效果极其有限。理论研究领域也是如此，只依靠闭门造车、苦读内省、旁征博引的书斋式文科科研范式，顶多也就是多出几位"学者"而已。

外语教育技术应用面临诸多问题，重要的方面包括：技术语境下的学习认知研究、外语教师的技术适应性研究、语言学习产品的研发与评估、数字化转型中的管理模式变革、AI教育介入与教学目标重构等等。这些问题既有学校教育教学的共性，也有外语学科教育教学的特殊性。

我们现在的研究方法，无论是量化还是质性，都带有强烈的先验色彩：过于关注技术应用的因果探究和效益确认。这其实多少有点儿"钻牛角尖"，因为因果往往并不单一，效益也非必然。教育上的任何成果都是诸多因素的生态化结果，外语教学也不例外。外语教育技术是整个教育大系统的一部分，它改变的是外语教育生态的格局和教学改革路向，其作用是长远的，但并非显见。短期效益可大可小、可有可无，关键在于学习者自身，技术环境等皆为外因。

执拗于技术使用效果和效益的研究，有时会成为伪命题。技术应用的过度内卷有时会令人想到教育技术与烹饪技术的类比：极致的烹饪技术既满足了各种口味，也让人饱足了眼福，可谓色香味俱全。但极致的菜肴烹制方法并不能增加，甚至保留食品的营养成分，反而给人留下了不良饮食习惯的后患。教育技术应用是一个道理：教学的媒介技术手段并不一定能改善认知效益，更不可能改变知识道理（类似营养，可称为精神食粮）本身，它改变的可能只是知识的表征形式、承载方式、授导方式乃至整个知识的生产方式（犹如菜品的色、香、味和厨艺加工工艺）。它带来的影响可能是普遍性、范式化、生态性的，如教学模式、学习模式的改变（即累积而至的行为习惯和规范文化的改变），也可能仅仅是局部化、细节化、泛在化的，如激发学习兴趣、改善学习体验等。

所以，我们完全可以变化教育技术应用的研究思路，跳出**验证技术效用**的研究框架，选用一些不同的研究方法。例如，我们可以借鉴人机工效学（ergonomics）的方法，将心理学和生理学原理应用于教学产品、过程和系统的工程和设计中。这样的方法注重考查人为因素，"目标是减少人为错误，提高生产力和系统可用性，并特别关注人与设备之间的交互，从而提高安全性、健康和舒适性。"（Wickens *et.al.* 1997）。在外语教育技术应用研究中，人机工效学可以帮助教育技术研究者设计更适合外语学习者使用的技术工具，从而提高学习效率和用户体验。此外，人机工效学还可以帮助研究者评估不同技术工具和应用程序的使用效果和用户体验，以便进行优化和改进。这是语言与工程结合的应用性研究。这些研究的目的更多是生态的、伦理的、人性的，而不仅仅是人为的、效率的、功利的。

11.2.2　学媒研究的传统与现代意义

教育技术应用研究关注最多的是技术媒体在学习中的有效性问题。这是一个复杂的学术性话题，但看起来却像是一个常识性问题。那真相到底如何呢？

如果让我们在媒体技术和教学方法之间做出选择，我们一定选择方法；但如果让我们在有媒体环境和无媒体环境中二选其一，我们多半会选择有媒体环境。可我们是否仔细想过，这种看似矛盾却符合常情的现象背后，隐含着什么样的哲理和认识论根源呢？如果我们进一步追问，一个你认为不那么重要的东西，却又不舍得丢弃；一个不舍得丢弃的东西，又不认为那么重要，这又是为何呢？当然可以说，我们需要技术是因为它有用，能带来便利；而认为技术不如方法重要，是因为离开了方法，技术可能根本没用。而有了方法，有技术就比没技术更好，这就是很多外语教师对待媒体技术的态度。

技术媒体的应用对于学习到底有何效用，这是教育技术和学习研究领域此消彼长、争论不休了几十年的话题。令人诧异的是，尽管技术的发展已达到相当高的水平，应用普及的范围也非常广泛，但其对教育的实质性影响却一直乏善可陈，以至于出现了令人扼腕的"乔布斯之问"：为什么 IT 改变了几乎所有领域，却唯独对教育的影响小得令人吃惊？

有学者认为，该问题的答案在于"教育没有发生结构性的改变"（朱永新 2016：41）。信息技术在教育领域的应用可分为三个层次：工具与技术的改变、教学模式的改变和学校形态的改变。电化教学、PowerPoint 课件等都是工具与技术层面的变革，慕课、翻转课堂等是教学模式的变革。然而，如果学校形态不发生深刻的变革，教育结构不发生相应的变化，教育的彻底变革仍然是非常困难的。令人遗憾的是，即便在工具与技术的应用层面，信息媒体技术带来的改变也没有达到人们的预期。**目前还没有可靠的证据表明，从任何媒介或媒介组合中学习的好处是其他非多媒体因素无法解释的**（Mielke 1968；Clark & Salomon 1986；Clark 2001）。即便是这一结论的批评者科兹马，也承认在过去的研究中没有证据支持媒体影响了学习（Kozma 1994）。熟悉"媒体无关论"观点的批评家们希望多媒体能为未来的学习提供独特的影响，然而，这种乐观的期望似乎与过去 70 多年来的大量证据相矛盾（Clark & Salomon 1986）。

教学媒体效用的比较研究几乎贯穿了整个教育技术发展的历史，即使是在 AI 技术介入的当下也不例外。之所以如此，也是因为与网络、计算机等硬件设备相比，只有媒体技术（即承载内容符号的表征系统）直接作用于认知学习。教学研究者总是试图证明媒体技术的进步改善了学习绩效，使用媒体的教学优于不使用媒体的教学。但是，大量的研究结果并不支持上述预期。始于 20世纪 90 年代初的学媒效用之争旷日持久，至今尚无定论。有学者认为，这是因为辩论双方所依据的研究范式存在差异，导致了对话的困难（闫志明 2009）。也有学者认为，学媒之争具有明显的历史局限性，因为如今的媒体技术今非昔比，当时的论证已无现实意义（Hasting & Tracey 2005；Becker 2010；程薇等 2019）。当然，也有学者从更广阔的视野看待学习科学的发展和教育技术的进步，认为两者尽管各自具有独立的学科特点，但它们的研究成果可以互为借鉴，教育技术应用的前景是值得期待的（Carr-Chelleman 2004；Kolodner 2004；Merrill 2004；Spector 2004）。然而，媒体技术发展至今，对这个问题的研究仍然没有形成共识。而且，在现代信息技术发展和应用普及的情况下，学媒效用比较仍是教育技术研究的基本路向之一，如何认识和处理媒体和学习间的关系显得更加迫切与重要。

克拉克和科兹马之间的争论引发了许多关于技术媒体是否影响学习的讨论，也促使我们思考技术对学习影响的方式。克拉克首先提出了自己的观点："使用不同的媒体并不能影响学习，媒体仅仅是传递知识信息的一种工具，本身对信息没有任何影响，就像运送食品的卡车不会改变食品对于我们的营养价值一样。"（Clark 1983：445）十年之后，他仍坚称技术不仅不会影响学习，而且永远不会影响学习，媒体对学习既不充分，也非必要（Clark 1994a, 1994b）。

克拉克的这些观点并非在新的学媒比较研究中找到了证据，而是主要引用了 Kulik 团队发表的一系列元分析研究结果作为证据，克拉克搜集对比了历年公开发表的有代表性的媒介比较研究（Kulik *et al.* 1979；Kulik *et al.* 1980；Kulik *et al.* 1983）。通过元分析研究，克拉克发现这些比较研究声称的显著性差异与实验控制之间存在负相关性：实验控制越严格，电子媒介教学的优势就越小（Clark 1983）。这等于说，显著性差异是由教学手段、教学投入、新奇效应等无关变量导致的，而不是由教学媒介这一自变量导致的。基于这一发现，克拉克推导出完全不同的结论："有显著差异"不一定是由两种不同的教学媒介引起的，"无显著差异"也不能说明传统教学和电子媒介教学效果相同。而实质上，这些都表明采用何种媒介技术进行教学对学习效果其实没有影响（Clark 1983，1991，1994b）。Winn（1990）也指出，目前的证据尚不支持媒体或媒体属性影响学习的说法。这也是大多数媒体研究人员分析这一问题后得出的结论。

反对者科兹马承认了克拉克指出的事实，即在过去 70 多年中进行的数千项媒体研究中，人们未能找到令人信服的因果证据证明媒体或媒体属性以任何基本或结构性的方式影响学习。但是科兹马指出："'没有证明'不等于'不存在'"，并认为"如果我们能找到媒体和学习之间的关系，那么我们将能够看到技术如何影响学习"（Kozma 1994：7）。言下之意，当时的研究虽尚未找到媒体促进学习的足够证据，但并不意味着两者之间真的没有关系。科兹马主张用技术、符号系统和处理能力三种属性来定义媒体。其中，技术是指媒体在机械和电子方面的特征（当时数字技术尚未普及）；符号系统是指媒体的呈现方式，即各种信息元素（如言语和图像等）的集合；而处理能力是指媒体在信息加工和处理方面的性能。在科兹马看来，媒体本身并不直接对学习产生影响，它们主要是作为媒体所支持的符号系统和处理能力的"使能者"（enhancer），"而媒体的符号系统和处理能力会影响学习者的心理表征方式和认知加工过程，进而影响学习效果"（Kozma 1991：179）。这与 Mayer 对媒体的观察角度非常类似[1]。乔纳森扩展了科兹马的立场，提出了"我们如何才能从多重表征中获得最好的学习"的疑问（Jonassen 2001）。乔纳森认为，我们不应该过于关注使用多重表征来传递信息，而应该更多地关注如何使用表征来帮助学习者进行知识构建和理解。科兹马及其支持者的辩驳听起来不无道理，但当时缺乏证据支

---

1 梅耶认为，媒体或多媒体一词可以用三种方式来看待——基于用于传递教学信息的设备、用于呈现教学信息的代表性格式，或者学习者用于接收教学信息的感觉方式，这正好对应了技术设备、信息性状和加工处理。

撑，而且对信息元素和加工处理与学习之间的关系也语焉不详。2001年，梅耶的《多媒体学习》一书正式出版。梅耶从信息呈现与认知匹配的角度解释了多媒体对学习的影响机制，这可以看作是对学媒相关派的一种呼应。2009年，该书第二版问世，其中"涉及研究基础的拓展、原则数量的增加、原则的理论重组和原则的边界条件"（Mayer 2009：xi），尤其是最初的个体差异原则被重新定义为一种边界条件（即个体差异条件是对初学者有效的设计原则，但对更有经验的学习者可能无效）。这反映了对媒体有效性原则更客观的审视和考察。

其实，学媒无关论者并不是否定媒体技术的意义，而是坚持在评估媒体效用时要区分学习效益与经济效益，也就是将影响教学成本与获取便利的**交付技术**和可能影响学生成绩的信息与**设计技术**加以区分。他们认为学习更多地受媒体内容和教学策略的影响，而不是受媒体类型的影响（Clark 1994b）。克拉克也描述了许多评估多媒体教学程序的策略，这些策略将媒体的好处与所用教学方法的好处区分开来（Clark 2000）。他认为，多媒体的好处体现在教学成本中，包括为学生和教师节省时间（尤其是当教学设计和开发的投资分摊到越来越多的学生身上时），以及增加弱势或农村学生群体获得优质教学的机会。克拉克认为，所有教学方法、感官模式和教学的信息组成部分都可以在多种媒体上呈现，它们在不同媒体上具有同等的学习效果，只是成本和获取结果截然不同而已（Clark 2001）。克拉克始终认为，如果媒体或媒体属性可以在学习结果没有任何差异的情况下被替换，那么成功便不在于媒体，而在于教学方法。由此可以看出，克拉克的观点在当时更贴近现实、更具说服力，但是他的结论却不免有些武断。克拉克曾连用五个"任何"来强调学媒无关论的主张："在任何情况下，对于任何学习者来说，用于任何教学目的的任何媒介都不会产生任何学习收益。"（Clark 2012：xiii）这就显然有些过犹不及了，且不说此处的"学习收益"定义有歧义，"任何"这一措辞也已经限制了进一步探讨的可能性。殊不知，真理和谬误往往只有一步之差。

科兹马主导的学媒相关派则坚持认为，媒体应用是教学设计的一部分，两者不可分割。这一点在逻辑上固然合理，但是将学习收益"打包"归因于媒体效应，似乎仍缺少理据。克拉克并不认为多媒体技术的发展会影响他对学媒相关论持批判态度的基本立场，并持续质疑那些看似通行，但实质上问题重重的多媒体学习原则（Clark & Feldon 2005，2014）。克拉克再次重申了他的观点：没有可信的证据表明，任何源于媒体或媒体组合（包括多媒体）的学习收益是其他非媒体因素不能解释的。

从学媒关系的辩论中可以看出，媒体技术本身只是工具，其效用取决于使用的方法、目的、环境条件和使用者水平。较之于传统媒体或非媒体因素，现代媒体技术的优势更多体现在使用成本和操作便利上。任何媒体的使用效益均需满足一定的边界条件。多媒体教学设计对脑力劳动的直接影响尚不明确，新近的研究并不乐观。约翰·斯威勒（John Sweller）等人的研究表明（Sweller & Chandler 1994；Mousavi et al. 1995；Clark et al. 2006），许多媒体教学策略和复杂的屏幕显示可能会导致工作记忆超载，并引起"自动"认知缺陷（automatic cognitive deficits）。在这种情况下，学习者的智力努力会减少，并导向非学习目标。

所以，PowerPoint、平板电脑、网络等技术手段对于学习而言不一定会比黑板、书本等更有效。我们不能无视媒体与教学设计的匹配，仅在不同的媒体之间或有无媒体之间进行所谓的比较研究。同样是黑板，不同的教学设计效果不一样；同样用PowerPoint，糟糕的内容设计既可能造成信息过载，也可能导致学习幼稚化。所以，验证内容、方法（包括媒体使用方法）的有用性比验证媒体的有用性更具教学意义。因为从理论上说，只要媒体与其他方式（比如口述）具有同样的效果，我们就没有理由不选择成本更低、更省力的方法和手段。

由于历史的原因，我国学者早期没有关注到当年的学媒效用之争，但这并不意味着我国教育技术领域不存在类似的问题和讨论。现代教育技术的功能之于学习的影响一直是教育研究领域关注的重要主题。

我国教育技术界的研究具有注重宏观问题的学术传统，注重政策研究、学科研究、教学模式研究、范式研究、转型研究、趋势研究等等。早期的教育技术专家主要有明显的电化教育的技术背景，对认知研究、学媒关系研究相对着力不深，一贯以来的学术传统也不容易形成对某一问题的持续集中的论争。自21世纪初以来，陆续有学者开始关注学媒之争之于教育技术应用的意义（如郑旭东 2008；朱银、张义兵 2008；闫志明 2009；严莉、郑旭东 2009；王华英 2011）。近年来，又有学者开始探讨学媒之争的现代意义（如程薇等 2019；张建桥、万金花 2022），对数字媒体技术如何作用于学习的考问又成为了学术关注的中心问题。

媒体对比研究的另一类结果是无显著差异现象。许多信息化教育文献表明，在线教学和面对面教学在对学生总体学习成绩的影响方面不存在显著差异。对研究文献的"消费者"[1]来说，一个重要的概念是：当一项研究中的两种干预措施之间没有统计学上的显著差异时，并不意味着两种方法同样有效，也可能证明了两种方法同样无效。那为什么有如此多的研究假设一定要证实或证伪媒体比传统教学更加有效呢？其潜在的学理逻辑在于：若能证伪，方为科学，但在观念常理上无非是认为工具要更好、更有效才值得采用，这可能是朴素的经济原则，也是简单的生活常识。

教育领域内媒体比较研究的传统反映了人类深刻的认识论根源和思辨基础。然而，优劣之分似乎不应该成为我们对技术化教学研究设计的唯一着眼点。除了我们关心的效率、功能以外，技术或媒体还给我们带来了丰富的文化赋值，如更多的个性化选择、更便利的操作、更好的用户体验、更多的具身自由度，甚至更加体面等等。技术赋能首先应该用来解决人所不能，而不是替代人之所能。微波炉、电饭煲、智能烹饪机很难说比传统炊具更有效，煮出的饭菜也不一定更香、更富营养；智能电视和传统电视观看起来没有区别，都是同样的频道、同样的节目；高配轿车和电动助力车都是代步工具，拥堵时前者甚

---

1 "消费者"涵盖教育工作者、研究人员、政策制定者等，强调一个更主动、参与度更高的角色，他们对文献的研究成果作进一步使用、引用、批评或基于这些文献进行新的研究工作。

至还不如后者。教育技术与媒体的使用也一样，如果方法不变、内容不变、目的要求不变，我们就不能期待技术带来太多的学习变化。

自托马斯·拉塞尔（Thomas Russell）出版了 *The No Significant Difference Phenomenon*（Russell 1999）一书以来，"无显著差异"这一术语开始流行。大量实证研究报告表明，参加在线课程的学生的最终课程成绩与参加面对面课程的学生基本相同。无显著差异假设的一个含义是，如果两种情况下的学习结果相同，那么就学习而言，选择传统形式还是在线形式的课程并不重要。然而，许多类似的研究设计都是在控制个别因素后，比较每个班级使用常用评估工具的平均成绩。这些研究结果的一个很大的局限性是，个人绩效的潜在差异可能在总体上被抵消了。比如说，受到认知风格差异和专长逆转效应（expertise reversal effect）（Kalyuga *et al.* 2003）的影响，媒体可能在某些情况下对某些人是有用（或无用）的。所以，连坚定的学媒相关派领军人物科兹马，在面对 Kuntz *et al.*（1992）的图文研究数据时也不得不解释："先前知识很少的学生从图片和树状图中受益最多。另一方面，具有足够先验领域知识的学生可以依靠他们自己发展完善的心理模型来帮助理解。事实上，这项研究中使用的树状图可能与这些学生构建领域知识的特殊方式相冲突，并且可能实际上干扰了他们的理解。"（Kozma 1991：188）可见，媒体之于学习的效果受诸多边界条件的影响，并非是一种水涨船高的线性关系。

11.3　媒体及其属性如何影响学习

媒体属性指的是媒体可承载的符号（符号是信息内容的表征方式）类型：纸媒体的符号主要是文字和图像；广播媒体的符号主要是声音；而影视媒体的符号主要是动态影像、声音及少量的文字；基于计算机的网络媒体则是一个集多种媒体符号的"大成者"。但是，人类在使用符号时，并不会特意将其绑定在单一的媒体介质和技术方式上，而是会根据交际目的、场景、条件和效能，选择使用不同的媒介物体。比如，同样是文字和图画，我们可以诉诸印刷，但也可以在纸张上书写、在木石上篆刻、在布帛上描绘、在黑板上演绎、在键盘上键入等。同样，原本只能通过电视、广播才能视听的声音和影像现在也可以出现在电脑、手机和微型激光投影（简称"微投"）系统上。在课堂上，到底是口耳相传、板书简画，还是 PowerPoint 演示、录音播放，抑或是 AR、VR，全取决于教师理念、教学需求和实际条件。绝大多数初始应用都是基于新颖性、趣味性或感知有用性（perceived usefulness，简称 PU）设计的，并没有经过深思熟虑的效用考证。

随着表征技术的不断发展，媒体表意的功能越来越强大，人类表意行为越来越恣意挥洒、快捷便当。原子、电子、数字等表意媒介的功能屏障正在不断被突破，触摸屏、墨水屏、折叠屏、类纸护眼屏、有声书、智能眼镜、全息投影等相继问世。将来的学习场所可能更加智能化，手势一挥、手指一点就能唤出影像或文本已经不再是天方夜谭。但是，到底是先进的设备、流畅的功能，还是信息内容（经由符号传递）本身才能引发学习呢？在笔者看来，**设备提升了效率，功能改善了体验，但唯有与内容的有效互动才能产生学习**。物化的媒体与智化的功能提高了信息加工和再现的效率，但是并没有改变内容的性质与结构：文字还是那个文字，声音还是那个声音，视像还是那个视像。20 世纪30 年代的电影和今天的电影相比，尽管拍摄设备与制作技术天差地别，表现方式也会因此而花样翻新，但故事内容与叙事逻辑本身并不会有特别明显的改变。教学（包括教学设计）的操作对象是内容以及接受内容的学习者，对于按需改变内容与方法的教师来说，媒体不过是改变过程中用到的效率工具之一。所以，克拉克坚持认为媒体与方法虽然不可分离，但并不是一回事。难怪在他提出学媒无关论的十年以后，仍不无调侃地说："媒体研究是热情的胜利，而不是学习和教学中结构过程的实质性检查。媒体及其属性对学习的成本或速度有重要影响，但只有使用适当的教学方法才能影响学习。"（Clark 1994b：26）他将方法定义为提供学习所必需的认知过程或策略，并声称任何必要的教学方法都可以通过混合两种或多种媒体的属性向学生提供，并且具有类似的学习效果。

那同一内容使用不同的表征（载媒）真的不会对心理认知产生影响吗？教学设计难道不包括知识表征吗？教学设计和表征媒体真的互不相关吗？克拉克和科兹马指的媒体到底是什么？双方对媒体的理解一样吗？

从克拉克的经典隐喻来看："媒体只是传递教学的工具，但不会影响学生的成绩，就像运送食品的卡车不会改变食品对我们的营养一样。"（Clark 1983：445）该隐喻的逻辑是运输工具不会影响食品营养，所以，媒体作为内容载体也不影响内容的学习效益。该隐喻不但简单明了，而且十分传神。但问题在于运输工具和食品是属性完全不同的两类物质，但媒体与知识内容的关系却并非泾渭分明。

实际课堂中的教学包括教学内容、教学方法、教学手段；实际应用中的媒体包括承载知识内容的物化载体，如书本、磁带、胶片、光盘等，也包括显示内容的教学工具，如黑板、幻灯片、投影仪、屏幕等，还包括描述内容的表征媒体，如文本、图像、语音、视频等。就物化媒介来看，它们确实只有操作效率，而没有认知效率；但就内容性的表征媒介来看，它们不仅具有操作效率，同时还具有程度不同的认知效率。由于内容所包含的媒介符号不同，其作用于人脑而产生的感官刺激也就不同，对心理的影响程度便会存在差异。不同的技术和工具在不断地塑造着我们的大脑，甚至影响我们的肌肉记忆。

比如，承载于纸媒（print media）的文字、图像具有滞留性和离散性，既可一目十行，也可反复阅读、深度思考，不受时空的限制，还可以长期保存。其内容具有线性和静态特征，在表达上具有确定性和逻辑性。因此，线性阅读有助于培养读者逻辑思维能力，锻炼读者归纳总结的能力，提高逻辑的严密性和思维的深度。

相比之下，声音不像文字那样具有滞留性，也不似影像符号那么具体、生动，其信号同时具有线性和时序性的特点，稍纵即逝，难以回听（利用录音技术可以重播），加工时的工作记忆负担较大。但其优势在于：除了话语内容以外，语音、语调、语气等副语言信息也都在传递某种情感表示，或严肃庄重，或幽默诙谐，或温馨可人，较之于阅读更具有感染力。其次，听觉信号无方向性，与看、读需要定向专注不一样，听具有"一心二用""边听边做"之效。因此，在听的同时可合理安排其他活动，充分提高效率。

影像内容是多模态信号，可以同时刺激人的视觉、听觉，甚至动觉，并使人产生"深度错觉"和"触觉感受"，即所谓身临其境之感（就文化场景、交流语境等而言），因此有利于提高受众的感受性和形象思维能力。但是该表征手段的经济性、能产性、逻辑性却远不如文字性材料。至于集多种表征符号于一身的网络化多媒体内容，本质上并没有超出以上三类媒介的认知特性，但却兼具知识组织的集成性、超链性和交互性特点，因而大大增加了使用者的选择空间，提供了更为丰富的互文体验。

所以，各种媒介可以通过符号系统和处理能力的特征簇或轮廓来定义和区分，但符号系统和处理能力并不会自然而然地作用于学习。比如说，只有"说话头像"（talking head）的慕课视频，和广播讲话没什么差别；把光盘视频直接播放一遍，这和电视也基本一样；PowerPoint满屏皆是文字，这和黑板更是毫无二致。因此，媒体的属性和功能本身并不影响学习，只有利用媒体的属性和功能对内容材料进行合理的重构（如图文、音画、影视字幕、超链结构等），并进行针对性、适配性授导才可能影响学习。之所以说"合理重构""针对性授导"，是因为未经**教学化处理**的多媒体信号并不总是有益于特定目标的学习。比如，"去除电视的独特可予性将电视讲座与课堂讲座进行比较，并不能说明通过电视可以比传统的课堂互动更好地完成什么"（Bates 2016：241）。

多媒体教学并不总是能带来预期的效果。相反，受直观和快速的影视镜头影响，伴随着数媒产品成长的孩子注意力集中的时间越来越短，缺乏归纳总结的能力。他们更具备图像处理的能力，但缺乏文字欣赏和创作能力；他们更追求快速的变化和行动，但不再有意于沉静的思考。也就是说，当代观影方式（影像短视频）可能培养了人的惰性。泛在观影真正实现了"媒介即身体的延伸"（足不出户观天下），但习惯于通过视讯方式获取知识，过度倚赖乃至沉溺于观影体验会不会伤害心智呢？毕竟，读《红楼梦》原著和看《红楼梦》电视剧，对心智能力和读解能力要求的程度是不一样的，由此而获取的文学价值和语言知识显然也有云泥之别。

克拉克将教学技术分为两种，一种是交付技术（delivery technology），相当于教学媒介，它影响教学和信息的操作成本和获取方式；另一种是设计技术（design technology），即教学设计，它能影响学生的学习成绩。他认为："这两种技术之间存在长期的基本混淆，这阻碍了我们对媒体作用的研究。"（Clark 1994b：23）笔者认为，交付技术属于物化的技术，是各种在课堂中用来展示信息内容的硬件设备和软件技术；设计技术属于智化的技术，是基于教学原理、认知规律、实践经验和个性审美的专业性心智操作，俗称教学设计（包括媒体设计）。这种智化的技术是内隐的，但能够以知识的表征形式在授导过程中得以显现。其实，克拉克和科兹马都承认教学设计（教学方法）是影响学习的关键，而用以实施教学的媒体并不能影响学习绩效。那么他们究竟是在哪一点上争论了那么多年呢？

克拉克和他的支持者们坚持认为，媒体本身和支持教学方法的媒体属性不是一回事，没有了教学方法，媒体就是空壳。科兹马则宣称，"克拉克制造了媒体与方法间不必要的分裂"（Kozma 1991：205），媒体与方法是一个整体，他们都是教学设计的一部分，他们共同作用影响学习结果。"如果说媒体对学习结果还没有什么影响的话，是因为我们还没有那么做。"（Kozma 1991：205）一种媒介可以通过其使用特定符号系统的能力来描述，并与其他媒介区分开来。

笔者倾向于克拉克的观点，因为方法与媒体是动态适配关系而不是对应绑定关系（同一方法可诉诸不同媒体，同一媒体也可用于不同方法）。教学方法是形成信息的任何方式，是信息激活、取代或补偿成就和动机所必需的认知过程（Salomon 1979）。例如，可视化教学示例有助于将学习任务中的新信息与学生先前经验中的信息联系起来。但对于任何一个学生来说，无论是语言描述、动画图示，还是视频演播，不同类型的示例以及不同媒体呈现的不同属性都可能具有**相似**的认知功能。虽然基于多媒体计算机的演示是呈现综合视听信息的一种非常有效的工具，但其他媒体（包括无声电影、电视、幻灯和现场教员）

也可以提供同样的可视化教学。由于许多不同的媒体都能呈现视觉和听觉模式的信息，这样的教学方法便不能被视为是多媒体独有的潜在学习益处。因此，学习效益来自方法，而不是媒体。媒体只是提供了操作便利（即媒体具有成本效益，而非认知效益）。媒体的属性本身并不"产出"或"表征"任何符号信息，它们只是具有产出和表征的功能。此处"产出"等于处理能力，但它并不会自动处理；"表征"等于格式支持，但它仍需教师的创意。

克拉克对支持多媒体学习认知的多媒体优势原理、动机性质、认知偏好、积极加工和有利学习者控制等理据进行了批判性分析，他指出：人们虽然对梅耶的多媒体学习理论推崇备至，但却对他担忧的过度设计和不当使用带来的负面效应关注不够（Clark 2005）。虽然许多学习者似乎都喜爱视听娱乐，但相关证据表明，学习者往往被诱人但无关的信息分散注意力，或花费大量精力处理多余的信息，从而降低了他们的学习效果（Moreno & Mayer 2000；Mayer 2001）。

虽然，学媒效用之争至今尚无定论，但其对教育技术应用研究的启示却是深刻而久远的。在技术进步如此迅猛的当下，如果我们仍说媒体与学习无关，听起来似乎是违反常识的。生动有趣、图文并茂的多媒体演示，怎么可能不对学习产生影响呢？难以描述的、极其宏观或细微的、不可触摸甚至难以企及的，我们不都可以用数字多媒体手段栩栩如生地呈现在学习者眼前吗？

然而，我们应该扪心自问，在没有数字媒体手段以前，人类是如何学习这一切的呢？答案是用实物、图绘、模型、板书等直观的方法；用比喻、例举、推理、叙事等口笔述说的方式；用命题、计算、公式等数理逻辑的手段；当然，还包括各种复杂而昂贵的实验手段和现场观摩。也就是说，数字媒体技术是一种替代工具，但并不是非它不可。它的优势在于功能更强大、使用更方便、效率更高、成本更低（有时视具体情况而定）。只是，教学操作效用并不直接等于认知学习效用，有用并不等于有效，有效率不等于有效果。影响学习效果的因素远比媒体效用复杂得多。

我们有必要介绍一项超大范围的跨世纪教育研究。在 2008 年的一项元研究报告中，约翰·海蒂（John Hattie）推广了"可见学习"（visible learning）的概念。海蒂比较了影响学校学习成果的多方面的影响因素，并指出在教育中大多数事情（包括技术）都是有效的。问题的关键是搞清楚哪些策略和创新更有效，以及在哪里集中精力更能提高学生的学习绩效。

Visible Learning: A Synthesis of Over 800 Meta-Analyses Relating to Achievement（1st edition）（Hattie 2008）这本独特而开创性的著作是海蒂历经 15 年研究的结果。在本书中，他使用统计测量效应量大小来比较众多影响学生成绩的因素，对 5 万多项研究进行梳理，综合了 800 多个关于学龄学生成绩影响的元分析。该书构建了一个关于教师能力、反馈以及学习和理解模式的故事。这项研究涉及 8,000 多万学生，是教育领域有史以来规模最大的一项以证据为基础的荟萃研究（又称元分析研究）。如图 11.3 所示，该研究的目的是探索什么因素在学校教育中真正起到了改善学习的作用，涵盖的领域包括学生、家庭、学校、课程、教师和教学策略等。《泰晤士报教育副刊》（Times Educational Supplement，缩写为 TES）将海蒂的元分析研究描述为"教学的圣杯"（teaching's holy grail）[1]。该研究直到现在仍在继续，数据也在不断更新。

1　出自沃维克·曼塞尔（Warwick Mansell）发表于 2013 年的文章"Research reveals teaching's Holy Grail"。

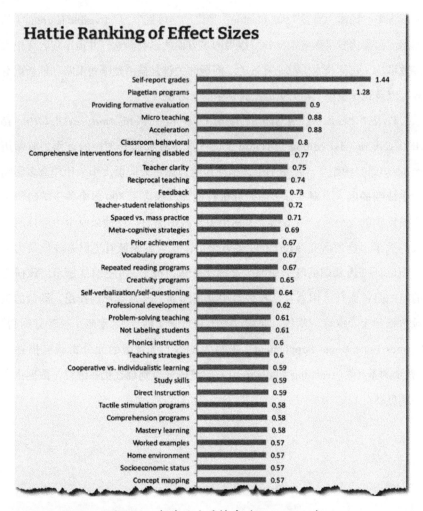

图 11.3　成绩效应量排序（Hattie 2009）

根据海蒂的发现，当教师透过学生的眼睛分析他们的学习情况，并帮助其成为自己的老师时，可见学习（Visible Learning）就会发生。海蒂发现，与学生成绩最为相关的十个影响因素是：

1. 学生自我评估（d=1.44）

2. 皮亚杰模式（d=1.28）

3. 形成性评价（d=0.9）

4.　微型教学（d=0.88）

5.　加速学习（d=0.88）

6.　课堂行为（d=0.8）

7.　学习障碍针对性干预（0.77）

8.　教师清晰度（d=0.75）

9.　互惠教学（d=0.74）

10.　学习反馈（d=0.73）

起初，海蒂研究了有助于学习的六个领域：学生、家庭、学校、课程、教师以及教学方法（Hattie 2008），此后，研究还更新了列表，包括教室等。海蒂不仅列出了不同影响因素对学生成绩的相对影响，还讲述了数据背后的故事。他发现，改变现状的关键是让学习变得可见。三年后，海蒂在 *Visible Learning for Teachers: Maximizing Impact on Learning*（Hattie 2012）中将最初的 138 项影响更新为 150 项，又在 "The applicability of visible learning to higher education"（Hattie 2015）一文中将其更新为 195 项。新的研究是在近 1,200 项元分析的基础上产生的，而 *Visible Learning: A Synthesis of Over 800 Meta-Analyses Relating to Achievement* (1st edition)（Hattie 2008）问世之初只有 800 项元分析。2018 年，海蒂又将学习影响项目更新为 252 项[1]，见图 11.4。虽然分析项目不断调整增加，但海蒂发现，尽管一些效应量大小已经更新，但数据背后的故事却几乎没有随着时间的推移而改变。

1　参见约翰·海蒂（John Hattie）发表于 2018 年的文章 "Hattie ranking: 252 influences and effect sizes related to student achievement"。

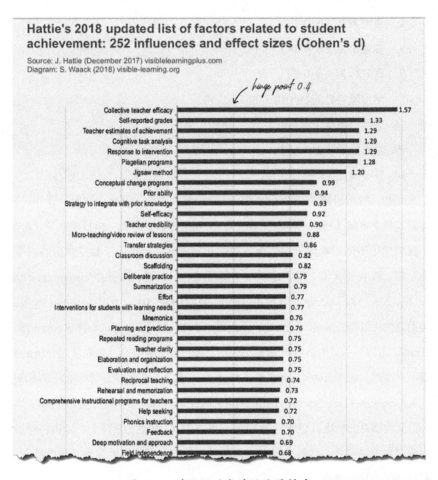

图 11.4 升级后的成绩效应量排序

研究发现，对学生最有效的方法与对教师最有效的方法相似，那就是**注意设定具有挑战性的学习意图、明确成功的含义、注意学习策略，以培养对教师和学生所知所悟的概念性理解（即可见的学习）**。然而，与此形成对比的是，学媒技术的应用对学生成绩的影响并没有太多的证据支持。从海蒂 2008 年的报告开始一直到 2018 年，几次效应量更新，技术因素的影响都不显著，绝大多数情况下都没有达到 d=0.4 的平均效应量[1]。无论是在最初的 138 项影响中，还是在数次调整后的 252 项影响中，各项学媒技术的效应量（除微教学视频以外）都没有进入前 50 名。在所有列表中，一般要数到 70 名之后才能找到技术相关的影响因素。教育技术或学媒应用对学习影响的效应量大都介于 0.01 和 0.47 之间，且"影响大小与研究年份没有相关性，这与计算机效应随着技术的成熟而增加的典型说法相反"（Hattie 2008：221）。

不过，通过仔细阅读效应量列表，我们或许会发现，当学媒技术与教学内容和方法深度融合时（如微型教学、交互视频、学科技术等），或者技术日益成为学习不可或缺的日常学具时（如写作、辅助学习系统等），它们对学习的影响相对比较明显（均通过了 d=0.4 的检验）。但是如果技术手段只是作为教学工具或条件配置，则无论其先进与否，都未超过 d=0.4 的平均效应量（见图 11.5）。所以，技术的关键影响不在用与不用，而在如何使用、为何使用。

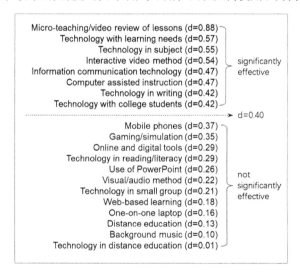

图 11.5　技术对学习影响的效应量（汇总）

1　通过研究，海蒂确定他研究的所有干预措施的平均效应量大小为 0.4，他称之为"转折点"。这意味着效果大于 0.4 的干预措施比平均水平要好。"效应大小"通常用于研究两件事之间的关系——在海蒂的研究中，指正在研究特定干预/影响与学生成绩之间的关系。

虽然计算机的不同的潜在用途使许多人对教育的未来充满激情，甚至有人声称，计算机辅助教学将彻底改变我们的教学方式。然而，即便是视频媒体教育专家德里克·穆勒（Derek Muller）也仍然强调，如果活动的目标和内容相同，则格式没有区别。这似乎是典型的学媒无关论调。他的总结提醒我们：教育的目的不是为了从学生那里获得特定的输出，也不是简单地传递信息，更不是引入新的输入和输出方式。教育的目的是激发、挑战和激励人们学习，笔者对此观点深以为然。就像教育中的许多结构性创新一样，计算机可以增加学习的可能性，计算机的使用有助于提高学生的参与度，培养对学习和学校的积极态度，但拥有计算机、使用计算机和学习结果之间没有必然的联系。那么，技术是否就成了可有可无的东西呢？答案显然是否定的。

我们可以跳出教育技术应用狭隘的工具观和功能论框架，不必执拗于工具效能与学业成绩的因果关系，从更广泛的角度看待技术之于教育的可予性。"因为学业成绩是多种因素共同作用的结果，媒介技术只是影响学业成绩的外部因素之一，它能够发挥的作用主要是为教学活动提供交互工具和资源载体。"（张建桥、万金花 2022）在探索媒介技术对学习的影响时，必须立足于更深层的本体论范畴才可能获得合理的解释：使用媒介技术的意义不在于它能否改变学习成绩，而在于它能否改变学习本身，如学习的性质（自主建构）、学习的内容（海量捷达）、学习的方式（协作交互）和学习的体验（富媒多态），等等。所以，将媒体对学习的影响称为革命性影响也不为过。但具体到学习效果时，仍然还要考虑教师与学习者的主观因素。媒介影响的是学习范式，而不是学习成绩。我们可以将媒介作用理解为殊途同归，这是有待发掘的广阔天地。

在国内，关于教育技术效用综合荟萃分析的实证报告较为少见。学者大都采取文献综述或者文献计量分析等方法描述教育技术话题的总体趋势，更多的则是技术应用的教学实验实证研究。研究者往往不遗余力地试图证明先进教育技术对学习的积极影响、学媒应用与学习成绩之间的因果关系、信息化教学改革是必由之路，等等。"用数据说话"的学术导向、以 p 值（衡量统计显著性的指标）一锤定音的量化科研一度主导，甚至把控着严肃的学术话语权，以至于**操纵 *p* 值、拼凑数据**等造假现象时有发生，甚至学术腐败也不鲜见。

程薇等（2019）曾介绍海蒂团队的元分析研究，并仿照海蒂的研究对教育技术与学习的关系进行综合元分析。该研究是国内为数不多的学媒效用元分析研究，但是，他们的样本文献数量不大且过于分散，仅筛选采纳了从 2005 年到 2017 年间集中在美国、加拿大、中国台湾和荷兰的 112 篇文献，相当于平均每年每地区仅有 2.4 篇，但纳入分析的对象却关涉"小学、中学和大学……多个学段"，覆盖"语言、数学、科学、统计、医学、计算机等"多个学科（程薇等 2019：38）。虽然效应量本身不受样本大小影响，但综合荟萃分析是对同课题的诸多研究结果进行综合的一类统计方法，应该具有足够的代表性和普遍性。该研究存在明显的抽样偏差（发表偏见、样本来源偏差），作者也并没有列出具体的效应量，技术以何种方式影响学习成绩语焉不详。该研究的初衷和方法值得肯定，但研究的结论，即技术已经成为影响学习的显著因素，似乎并不具备充分的说服力。与海蒂强调的基于适配应用的技术效应观显然不符。

海蒂的整合元分析表明，计算机等媒体技术无疑在课堂上使用范围广泛。但目前，大多数研究都关注的是教师如何在教学中使用计算机或数字媒体，关于学生在学习中如何使用计算机的研究较少。也就是说，研究经常比较有无计算机（或计算机的某种变体）的课堂教学，而不是比较学生使用计算机时的不同学习方式。海蒂强调，对学校计算机进行元分析的数据表明，在以下情况下计算机的使用是有效的：（1）当教学策略多样化时；（2）在使用计算机作为教学工具方面进行预培训时；（3）当有多个学习机会时（如深思熟虑地练习、增加完成任务的时间等）；（4）当学生而不是老师"控制"学习时；（5）当同伴学习得到优化时；（6）当反馈优化时（Hattie 2008：220-232）。换句话说，当计算机应用与教学方法相互适配、与教学和学习的活动有机整合时，就能充分体现其助教、助学的效用。这在海蒂历年的效应量排序中均有所体现：无论是 ICT 作为资源环境、计算机辅助教学（computer-aided instruction，简称 CAI）作为

辅助手段，还是微教学视频与复习相结合，效应量均超 d=0.4 的均值。图 11.6[1]
所示的四种学习模式表明（Hattie 2008：44，112，210，227），仅仅将技术作
为工具或环境条件时，其促进学习的效果并不显著。无论是基于计算机辅助的
课堂讲解，还是基于网络环境的在线学习，结果都差强人意。这与人们对计算
机网络技术赋能教育教学的普遍认知和期待相去甚远。

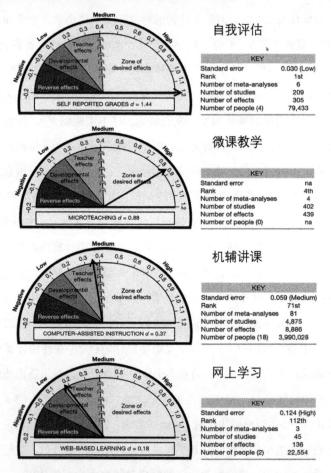

图 11.6　四种学习模式效应量大小对比（Hattie 2008：44，112，220，227）

1　图 11.6 系笔者集成了 Hattie（2008）第 44、112、220、227 页与本主题相关的四幅模
　　拟仪表盘图，以比较四种模式的学习效果。

　　遗憾的是，我们在看待技术对于教学的影响时，总是在笃信和怀疑这两个极端中摇摆，这让技术化教学看起来像是"一个典型的不成熟的职业，缺乏坚实的科学基础，对证据的尊重不如对观点和意识形态的尊重"（Hattie 2008：263）。海蒂给我们的启示是，要使教学从一个不成熟的专业转变为成熟的专业，关键在于教学工作者能否从强调观点转变为重视证据，从依靠主观判断和个人接触转变为对判断进行批判。

　　用量化方法探究学习媒介是否影响学习，主要是检测实验对象（即因变量）的 p 值大小。但平心而论，实验数据是否具有显著差异，仅表明观察变量（指实验对象）小概率因素的可能性大小，却无法直接告诉我们导致这种可能性的原因。教师们运用自己熟知且笃信的理论来研究什么对他们有用、什么"无关大用"，这往往是非常"特定于上下文的"。结果可能是他们中的许多人倾向于据此来修改课程、改变教学模式，以适应特定的学生和教学方法。但这样的"创新"大多只能见诸项目报告和研究论文，而很少被学生或同行认可，因为其实际效果乏善可陈、难以为继。难怪海蒂特别转引了 Tyack & Cuban（1997）（转引自 Hattie 2008）的历史性质疑：为什么有那么多发表的文章，那么多提供方向的报告，那么多提倡这种或那种方法的专业发展会议，那么多家长和政治家发明了新的、更好的答案，然而课堂却与 200 年前几乎没有什么不同。为什么这些研究成果的影响力也如此之小？这样的质疑对我们来说并不陌生，浩如烟海的教育技术研究论文并没有带来课堂教学的实质性改变。一个可能的原因是：我们在总结和比较有关课堂教学效果的各种证据时遇到了困难，或者我们提出的假设本身就已经偏离了正常的轨道。

第五部分

外语课堂教学中的媒介应用问题

我们无法用我们造成问题时的思维水平来解决这些问题[1]。

——阿尔伯特·爱因斯坦（Albert Einstein）

---

[1] 英文原文为："We cannot solve our problems with the same level of thinking we used when we created them."

导言：媒介认识与操作实践

　　课堂教学的技术化介导程度是所有教育技术应用的集中体现。从基础设施的完备与技术支持、资源环境的丰富和可及程度，一直到教师的课演操作和师生互动，最终都汇集到教师身后、学生面前的那方投影屏幕上。然而，所有这一切都不会自然而然地导向我们心向往之的线性结果：教学质量的提高。无论我们如何努力，期待的收获与实际的付出似乎总是不成正比。我们虽然可以从种种外部因素（如学生惰性）中找到宽慰自己的原因，但是职业的自律和学术的自觉迫使我们不断地反省真正的问题之源究竟在什么地方。

　　外语课堂教学中的媒介应用主要包括课程内容的多媒体制备与课堂演示、语言学习的多模态认知以及数媒技术介导下的人际交互等。这些问题属于教育技术应用的微观问题，是外语教学的日常操作，或者说是教师完全可控的个体技术素养的核心要素。从深入了解媒介的表意功能、提高媒介技术的操作技巧、加强媒介手段的介导设计等方面入手，能极大地提高教师的技术应用自觉性，为提高教学质量创造有利条件。

　　当然，周遭世界的任何事物都具有两面性，教学媒介应用过程中也会面临各种问题，如对传统方式的矫枉过正、对新技术采用的过犹不及、对出现问题的简单归因等等。真正重要的是了解媒介技术这枚"硬币"的一体两面：技术的利好中存在着隐患，技术的隐患中蕴含着创新改革的契机。

　　比如，教育数字化基础设施和有些技术的前期投入可能非常昂贵，日后的运行维护也不便宜，常常被人诟病为"烧钱"，但它们可以在效率、生产力和有效性方面提供长期成本节约，不使用教育技术可能反而意味着更多的投入。又如，数字媒体技术是解放生产力的高效率工具，但它并不是所有教育挑战的解决方案，只有在深思熟虑的教学策略下，恰当适时地融入技术、因人而异地创设学习空间，才能有效改善教学效果、增强学习体验。再如，数智化学习的技术依赖性很强，掌控不当反而会阻碍学习，但只要进行适当的规划和管理，让技术能够无缝集成到学习过程中而不至于造成干扰或障碍，学习效果就会事半功倍。又比如，信息技术可以促进更有效的沟通和协作，但它不该，也不能取代教师和学生之间以及学生与同龄人之间宝贵的面对面互动，只有当这种互动陷入困境（如课外、远程或人数太多）时，技术介入才具有意义。再比如，多模态交互技术具有鼓励参与的潜力，但它并不能自动保证参与，认真设计和实施有意义地融入适当技术的学习活动仍然很重要。"数字原住民"（digital natives）的说法让人误以为年轻一代天生就擅长数字媒体技术，但事实上，许多学生在如何有效利用技术的问题上仍然需要进行学习、接受指导。凡此种种，都可以看出媒介技术应用的一体两面。教学应用中应探究所以然，防止过犹不及，恰到好处才是正道。

教育技术应用中的许多问题，都源于单一维度的技术效率观念和对技术利好的线性期待，而技术效用中的人为因素的影响，反而在不经意间被忽略了。一个最典型的例子就是，许多人误认为技术**赋能**可以帮助平庸的教师取得好成绩。然而，事实却与之不符。其内情是，好教师本来就是好教师，用不用技术都能教好书。而且，优秀的教师往往并不抵制技术，他们会利用技术，做到精益求精、锦上添花；与此相反，倒是不够优秀的教师，才更容易抱残守缺，生怕被技术（尤其是 AI 技术）取代。他们很难学好技术，也很难用好技术，甚至有时会拷贝别人的课件来上课。所以，技术培训本身并不能有效提高师资水平，也不能神奇地将平庸的教师一下子变成优秀教师。这就像同一作用力加持在不同方向上，好的会更好，糟的会更糟。因此，技术只对好教师有用，它可以提高教师对学生给予个别关注的能力，并帮助教师更好地提供内容。在目前的教育形态下，技术既不能改变教师，更不能取代教师。技术只是改变了教师的工作方式，并为新的工作方式提供了便利而已。

数智技术环境下的外语教学，教师的工作内容和关注对象都有不同程度的延展。大如资源整合、课程开发、平台管理等超越课堂教学的范畴领域；小如学生自带设备的电池续航、数据线接口规格、软件的兼容性、设备的可靠性等细节问题，因为在课堂上，老师和学生不能总是承受由于不确定因素造成的停机或重启。教师甚至还会遇到以往从未遇到过的由于不当技术应用而造成的学生问题，如手机成瘾、网络沉迷、"数字痴呆"，甚至抑郁和强迫症等。所有这些都会随着时间的推移严重影响学生身心健康，甚至造成人格障碍和社交逃避。此外，持续使用电脑还会导致一些身体问题，如眼睛疲劳、姿势不良和夜间失眠；过多地暴露在互联网上可能会造成隐私泄露，进而导致网络欺凌；不当使用 AI 工具会带来精神和认知障碍，甚至衍生学术不端和其他网络违规行为（如深度造假等）。这些已经是超出了单一任课教师职责的综合治理问题，也超出了本书讨论的范围，虽然它们确实是教育技术应用可能滋生的不良后果。

本书的这一部分着重探讨教师如何理性科学地认识技术媒介对外语教学的作用，从学理和教学常识两个角度分析语言教学的多媒体应用、多模态认知以及基于媒介的课堂互动问题。这些问题是外语教育技术应用于课堂教学的核心问题，它们关涉外语教与学的知识组织、课堂呈现、语言认知实践和课堂有效互动等环节。虽然它们在某种程度上仍然受制于教学语境、技术环境以及学生背景的影响，但这些问题属于任何单一教师个体完全可以掌控的范畴，是教师个体技术素养与具体教学操作问题。教师若能在学术思考和技术化教学作业中将这些影响纳入考虑范围，是为善智。

第十二章　关于多媒体教学应用的话题

如前所述，任何教育技术的初始应用，首先都是从教学内容的呈现开始的。无论是各种媒体的单品应用，还是多种媒体的综合应用，都围绕"呈现"这一教学现象。但是外语教学的语言性特征决定了其呈现的对象和方法与其他学科既有相同之处，也有差异之处。不同的媒体也各有不同的表意优势和独特的技术禀赋，对不同类型的学习具有不同的潜力或可予性。教学的艺术之一通常是在媒体和期望的学习结果之间找到最佳匹配。在外语教学内容的表征设计中，突出表现为语言主体原则、语音优先原则、语境伴随原则和多模态（多媒体）同步原则。外语教学实践中多媒体应用的盲目性是长期存在且难以纠偏的普遍现象。究其原因，既有内在的，也有外在的。内在的原因如人类认知与生俱来的视觉偏好、认知心理学图像加工优势说，以及不加细究的图文并茂说；外在的原因如多媒体技术应用的从众心理、学生对动画视频等内容形式的喜好，以及并非专业但无处不在的赞羡性驱动等等。但除此以外，作为教师，对多媒体概念本身的认知深度、不同媒体的表意特征和实际效用缺乏专业性了解，才是造成多媒体应用失据甚至失当的主要原因。

12.1　多媒体的界说及其教学意义

其实，多种媒体的教学形式早在数字媒体技术普及应用之前就早已存在：书本教材中有文字、绘画、图表、照片；在录音、录像和广播电视技术发明之后，课堂上还出现了语音、视像节目源。因此，在电脑、网络技术介入学校课堂以前，人类的教育传播活动一直都是**多种媒体共存**的授受格局。一般认为，数字技术之于教育，其最大贡献是改变了人们使用多种媒体的方式。此前，学校使用多种媒体最典型的做法是在教室里摆上电视、投影仪、幻灯机、录音机、放像机、黑板、挂图等等，多种媒体信息的呈现在制作工具、显示设备、存储介质和传输载体等方面各自独立、相互分离；现在，多种媒体只需要一台连接网络的电脑即可完成加工、显示、存储和传输等操作。所以，计算机网络媒体是对传统媒体的综合，是"综合媒体"。但是，这种集成性还只是技术层面的。教育技术变革之所以能够成为教育改革的标志，是因为新的教育技术带来了新的**信息形态**。如果我们只从技术的操作层面理解现代教育技术的应用，那就看不到技术对教育演进带来的实质性变化。这恰恰是当今多媒体教学应用中经常出现的情形。

多媒体（multimedia）这一概念发源于美国。最先使用"多媒体"一词的并不是教育界，而是六十年代在美国盛行的波普艺术（Pop Art）及偶发艺术（happenings）的艺术家鲍勃·戈尔茨坦（Bobb Goldsteinn），用以推广他的多媒体音乐和视觉作品《灯光艺术》（*Lightworks*）。在这之前，立体主义（Cubism）和达达主义（Dadaism）画家迪克·希金斯（Dick Higgins）通过元素及其相互作用的结合创造了他的作品，并以"**媒介物**"（intermedia）这一术语来描述跨学科艺术活动，例如**制图**和**诗**，或**剧院**和**绘画**。所以，多媒体与生俱来地与娱乐和艺术绑在了一起。

现代意义上的多媒体概念产生于 20 世纪 80 年代初。1985 年，美国麻省理工学院（Massachusetts Institute of Technology，简称 MIT）的媒体实验室成立，在其交给国防部的一个项目计划书中出现了多媒体一词，这是一个重要的标志。美国著名多媒体权威泰·沃恩（Tay Vaughan）在他的《多媒体：让它工作》（*Multimedia: Making It Work*）一书中宣称："多媒体是文本、艺术、声音、动画和通过计算机或其他电子或数字操作方式提供给您的视频。"（Vaughan 2011：1-2）"当允许用户（项目的观看者）控制这些元素的内容和交付时间时，就称之为交互式多媒体。当您提供一个链接元素的结构，用户可以通过该结构进行导航时，交互式多媒体将成为超媒体。"(Vaughan 2011：3) 这种对多元信息内容的集成性和操控便利性，使多媒体技术成为教学演示的首选形式，给学校课堂教学带来了广泛而令人兴奋的变化。无论在实验室、阶梯教室，还是在普通教室、报告厅，凡是上课的地方都能见到 PowerPoint，凡是演示就会有多媒体。但平心而论，这种变化虽然面广量大、普及迅速，但其早期应用却十分浅显。一如多媒体的娱乐性本质，它带来的课堂效果，娱乐助兴成分远大于学习认知成分，教师的采用与其说是教育技术创新，不如说是追求新奇效应，更不用说从根子上触动教师中心的讲座课授模式了。

12.1.1 多媒体教学应用的泛化

多媒体作为一种新型信息形态的传播功能和教育价值，一开始就未曾引起充分关注，倒是它的新颖性、娱乐性赚足了人们的眼球。尼古拉斯·尼葛洛庞帝（Nicholas Negroponte）所著的《数字化生存》（尼葛洛庞帝 1996）一书正是意图起一种正本清源的社会化作用，但是该书的多媒体思想没有引起人们足够的重视，导致多媒体概念的使用至今仍然十分混乱。这种混乱不仅在社会大众、商业市场上存在，而且在当前新闻传播、教育实践、学术研究等领域也普遍存在。当然，由于专业背景不同，如何理解多媒体有不同的视角，这是情有可原的。但如果对多媒体作为研究对象的内涵与外延没有清晰的操作性定义，这并不利于多媒体研究的深入开展。在梅耶（Mayer 2009）看来，媒体或多媒体一词可以用三种方式来看待：一、用于传递信息的设备和技术；二、用于呈现信息的格式；三、用于接收信息的感官模式（梅耶此间没有区分媒体与模态）。显然，对于传播和教育领域，第二、三种方式是研究的主要对象。

多媒体概念在中文中的使用远没有在英文中的使用频繁。在我国，多媒体在教育领域的出现并不比英文迟多少，最早见诸教育文献的是汤文经（1985），不过其内涵与现在的多媒体并不一致，指的是区别于文字教材的视听教学节目。此后出现的多媒体教学讨论均以电大视听教材的媒传教学为主，但已经蕴含了现在意义上的多媒体思想，如丁兴富（1988，1990）对主导媒体和辅助媒体的探讨，肖建安（1989）运用录音、录像、明信片、幻灯片、画报和游戏活动的"多媒体"教学尝试，李克东、谢幼如（1990，1991）的"多媒体组合优化"设计思想等等。这一阶段的多媒体教学研究，其实是前计算机时代的多种媒体组合运用的教研探讨，具有典型的电化教学特征。第一篇关于计算机多媒体教学应用的文献出现在 1991 年（谢幼如 1991），但也只是初步介绍与设想，因为当时的计算机尚未普及。直到 1994 年后，计算机多媒体教学才初露端倪，人们的兴趣开始显现，文献数量激增，多媒体计算机真正进入课堂（李克东 1994）。

李克东（1996：5）最早注意到计算机带来的"教学信息的超媒体组织结构方式及其应用，是多媒体教育应用研究的一个重要问题"，指出**新信息形态**对自主学习、发现学习、多层次学习的促进作用，同时也对由此引起的操控受限、认知超荷、学习迷航等负面影响提出了应对策略。何克抗（1997）也对多媒体信息的超文本特性、多媒体提供的交互性和刺激多样性对学习的含义，以及多媒体与仿真技术和人工智能的结合做了前瞻性分析。可惜的是当时的教育界并没有跟进类似的多媒体本体论研究，人们的兴趣中心一下子转到计算机技术手段的潜在利好，而忽略了对多媒体信息形态的深入探究。

作为教师，尤其是外语教师，主要关注的是教学内容的多媒体信息形态，而非多媒体本身的技术形态。信息形态指的是感觉媒体和表现媒体；技术形态则包括显示媒体、存储媒体和传输媒体。遗憾的是绝大多数多媒体技术专著，侧重描述均在技术，不在信息。关注内容性媒体的大多是新闻、传媒、影视领域的从业者，甚至不少多媒体教学应用的专著也大多关注媒体传播的技术形态。只不过，多媒体研究要是只关注媒体的技术融合，不关注多态的信息融合，那么就失去了多媒体研究的意义了。

12.1.2　多媒体是一种信息形态

较之于传媒领域，在多媒体技术研究领域内，多媒体的概念是十分清楚的。中国科学院科普云平台网站在"多媒体"栏目中对多媒体进行了全面而清晰的介绍，其中关于多媒体的概念是这样表述的："从概念上准确地说，多媒体中的'媒体'应该是指一种表达某种信息内容的形式，同理可以知道，我们所指的多媒体，应该是多种信息的表达方式或者是多种信息的类型，自然地，我们就可以用多媒体信息这个概念来表示包含文字信息、图形信息、图像信息和声音信息等不同信息类型的一种综合信息类型[1]。"这一认识对于多媒体的教学应用尤为重要，因为，对多媒体信息表征的认知功能的研究，较之于多媒体技术的操作功能而言，对教学更具价值。

然而，教育教学领域，尤其是外语教学领域，多媒体研究散见于关于教育教学的资源环境、技术装备、方法手段、教学模式、课堂应用、课件制作、技能训练、课程应用、实验室建设等专题，唯独对多媒体信息形态本身的研究并不多见。陈瑜敏（2010）、李华兵（2017）、温小勇（2017）是为数不多的对多模态教材图文关系进行系统研究的学者，但前二者的研究限于印刷形式的图文教科书（静态的平面视觉媒体），并没有涉及视听动态媒体和教师课授内容的多媒体编辑和学习设计上的多模态处理。两位学者对"话语多声与介入"的分析指向教材中存在的编写者、读者与故事角色三种声音以及图文表现手段（如标签、高亮、对话泡、插图等）（陈瑜敏、秦小怡 2007；陈瑜敏、王红阳 2008；陈瑜敏、黄国文 2009），而非真正意义上的多媒体。温小勇（2017）关注的是多媒体画面的认知机制问题，而非聚焦多媒体信息形态本身。此外，顾曰国（2007）从逻辑媒介的视角对多媒体材料的性质进行了界定，并分析了其与多模态学习行为的关系，但是也没有涉及不同媒体材料的表意特征和互补关系。张德禄、王璐（2010）从多模态语篇分析的角度，剖析了典型的课堂话语和板书、PowerPoint 等多种视觉媒体的互补关系，但是在该研究中，作者仍未将多媒体作为"综合信息形态"予以评析，而是将其作为"多模态话语"框架下的组成部分或关系要素之一。龚德英（2009）、孙崇勇（2012）则分析了多媒体学习中认知负荷的测量与控制优化问题，但是他们关注的是材料的呈现方式与认知风格对认知负荷的影响，尤其是材料的难度对学习的影响，而不是作为"综合信息形态"的多媒体材料本身。换句话说，图文音像的表意特征并不是其研究对象，多媒体或多或少地被当成一种图文并茂的先进手段。

1　参见"中国科学院科普云平台"网站中的文章"什么是多媒体"。

造成多媒体教学研究长期失焦，甚至对多媒体概念的混乱使用的原因是复杂的。除了观念的、操作的、管理的、技术的原因之外，还在于"媒体"这一概念本身就比较复杂。

首先，媒体（媒介）一词的概念本身就是比较多义的。在计算机领域，按照国际电信联盟（International Telecommunication Union）的定义，媒体有以下五种分类：感知媒体（perception medium）、表示媒体（representation medium）、显示媒体（presentation medium）、存储媒体（storage medium）和传输媒体（transmission medium）。

"感知媒体"指的是作用于用户感官的信息形态，如经由视觉、听觉和触觉感知到的语言、文字、音乐、视像等信息，是符号性质的。"表示媒体"指的是表征信息的数据类型，它定义了由编码形式描述的信息的性质，主要是对感觉媒体的各种编码，如文档格式、条形码、二维码、计算机编码等。"显示媒体"是指用以表达信息的物理装置，如屏幕、投影仪、扬声器等输出设备，鼠标、键盘、摄像机、麦克风等输入设备。"存储媒体"是存储感觉媒体（信息数据）的物理介质，如磁盘、闪盘、光盘、硬盘等。"传输媒体"是传输感觉媒体的物理介质，如电缆、光缆、电磁波、红外线（无线传播）等。

简单地说，感知媒体就是信息本身，表示媒体就是信息编码，显示媒体就是信息表达设备，而存储和传输媒体相对比较就更好理解了。

其次，定义的明晰程度与语言表征有关。将 media 译为"媒介"要比"媒体"好一些。因为汉语中"媒体"的"媒"是一种中介形式，而"体"则为一种物化的存在，所以，理解媒体时我们会不自觉地统统将其作为一种物化的实在。其实并非所有的媒体都是珠玑可数的实体，这在研究多媒体时是特别需要注意的。上述五种媒体形式有的定义了媒体的载体本身，如存储媒体和传输媒体；有的则定义了信息媒体的表征形式，如文、图、音、像等信息和编码格式；有的则定义了计算机数据的输入与输出手段，如显示媒介；还有的则定义了作用于感官的信息交互的媒介类型，如视、听、说、触摸等感觉媒介，但它们并非是可供度量的实体，而只是不同性质的信号通道。**显然，如果混用感知媒**

体、表示媒体、显示媒体、存储媒体和传输媒体这几个意思，那么多媒体概念也就变得异常混杂了。之所以在尼葛洛庞帝（1996）的《数字化生存》中文版出版多年之后，教育、传播学术领域还存在多媒体概念的混乱与误解，这也是主要原因之一。

那么，多媒体的"媒体"就是取感知媒体（即信息形态）的意思。一方面，从技术上来说，多媒体系统的处理对象主要是各种各样的媒体信息表示，虽然其他媒体类型（显示、存储、传输等）也都要在多媒体系统中研究，而且也具有教学价值（如便捷、经济、高效），但方法相对单一。唯有多媒体信息形态十分复杂，并直接与学习认知相关。

清华大学多媒体计算机专家钟玉琢（1999：1）认为："多媒体技术中的'媒体'一是指存储信息的实体……二是指'信息的载体[1]，如数字、文字、声音、图形和图像等'。"清华大学林福宗（2002：2）亦认为："所谓多媒体，是指信息表示媒体[2]的多样化，常见的多媒体有文字、图形、图像、音乐、视频、动画等多种形式。"其实两位专家所指均为感知媒体，而非载体或表示媒体。所以，将多媒体作为信息形态来指导教学实践、进行研究都更有价值，因为教学的核心因素是信息内容。这样我们就将多媒体纳入了学习认知的研究框架之内，而不是仅仅徘徊于外围的技术描述。教育教学领域的多媒体研究应该关注的是内容信息的形态间性和表意功能，而不是内容信息的物质载体和传输渠道。科兹马对此曾解释："一种媒介可以通过其使用某些符号系统的能力来与其他媒介区分开来……。符号系统和过程可能解释了这些系统的认知效果，而不是技术本身。符号系统和处理能力对学习有许多重要意义。"（Kozma 1991：181）

为了分析多媒体信息的内部结构，还有必要详细分析信息形态的种类。表征信息的感知媒体可以分为三种类型：一、视觉类媒体，包括位图图像、矢量图形、图表、符号、视频、动画；二、听觉类媒体，包括音响、语音、音乐；

---

1 "载体"一词极易引起混淆，用信息的"表征形式"或"符号系统"更准确，以区分用以存储、传输信息的"载体"。

2 此处没有严格区分"感觉媒体"与"表示媒体"，用"信息表征媒体"较好。

三、触觉类媒体，包括指点、位置跟踪、力反馈与运动反馈。触觉类媒体是实现人机交互的手段，视觉和听觉类媒体是信息传播的内容。因此，一般谈论多媒体只涉及视听类媒体，比如弗朗索瓦·弗拉基格（Flancois Fluckiger）将多媒体信息类型分为六类：文本、图形、图像、运动图形、运动图像、声音（弗拉基格 1997）。结合目前课堂教学的实际来分类，教学中实际使用的信息形态包括：文字、绘画、图表、照片、音响、音乐、语音、视频、动画。为了与综合的多媒体信息形态相区别，笔者将它们统称为"多种媒体"（varies media）。多媒体是对多种媒体的综合或融合。

12.1.3　多媒体信息结构的构成

多媒体是对多种媒体的融合，那么融合的方式也就成了研究多媒体信息形态的首要问题。多种媒体融合的方式问题，也就是多媒体信息的结构问题，具体反映在多媒体语篇的结构中，也可以说多媒体文本结构是多媒体信息结构的物化形式。

具有超文本特性的数字文本兼容所有信息形态，是多媒体教学中最典型的文本单元。研究多媒体信息结构最直接有效的方法是研究多媒体超文本结构，如多媒体学习资源网页、数字教材、学习 APP、PowerPoint 文稿，以及微课、慕课等内容界面的结构和信息整合方式。其中网页、教材、APP 为被动媒体，其余则具有自媒体特性。印刷课本的图文结构，严格来讲既非多媒体也非多模态，而是前数字时代的文本范式。多媒体信息的内在结构特征，体现在对多元信息的融合方法和条件上，具体如下：

（1）**多态融合**。一般认为，多种媒体共存就是多媒体，如电视节目包括了视频、音响、音乐和语音多种媒体，它就应该算作是多媒体。这种理解偏离了探讨多媒体意义的目的，因为自有信息传播以来，就一直存在多种媒体，如口述、书籍、报纸、广播、电视等。现代意义的多媒体，是指多种信息形态在同一界面的空间融合，它不但体现在该信息界面"必须能够触动各种不同的人类感官经验"（尼葛洛庞帝 1996），同时还必须体现在信息的加工处理、表征呈现、视听体验的同一性方面，此即多态融合。计算机网络实现了对传统报纸、广播、电视等媒介信息形态的融合，如在线电视、在线报刊杂志等，应该属于多媒体，但是单一形态的分发模式不是多媒体。只是，由于信息技术的发展，现在所有信息生产与传播都已经数字化、网络化了。报纸、广播、电视已逐渐茧化为多媒体信息形态。

多态融合的第二层含义是指信息在时空形态上的融合。文本内容与视听内容最大的区别在于前者是在空间维度上展开的，后者是在时间维度上展开的。我们据此将多种媒体区分为空间媒体（文字、绘画、图表、照片）和时间媒体（视频、音像、音乐、语音、动画）两类。对应于技术领域，它们也分别被称为离散媒体和连续媒体，亦称时序媒体。空间媒体是静态的，也可以称为静媒体；时间媒体是动态的，也可以称为动媒体。这两类媒体联系着迥异的两种"人类感官经验"（详见第十三章 13.1 节的时空体验讨论），Clark & Mayer（2003）称其为多媒体的"模态原则"（modality principle）。纯粹的静媒体或纯粹的动媒体，都不是真正意义上的多媒体。所以，传统课本教材与电子听力教材，都不是多媒体教材。有人认为"图像 + 文字"可以被视为多媒体，这并不准确。多媒体至少应该是一种静媒体与一种动媒体的融合。弗拉基格（1997：3）指出："当专业上用多媒体这一术语时，通常包括至少文本、图形、图像中的一个（以下称为离散媒体），和音频或是运动视频的信息（以下称连续媒体）这两个方面。"同时，多媒体技术发展具有吸纳新的信息形态的能力，对多媒体教学的认识也不应拘泥于现存的信息形态，将来它可能会把嗅觉信息、味觉信息、触觉信息等信息形态也吸纳进来，真正的全息时代也将到来。

（2）**意义相关**。多媒体不是仅指不同形态的媒体信息的堆砌糅合，而是指多种媒体的信息必须围绕某一信息主题而相互关联，同时还是意义相关的不同表征媒体的有机组织，有时就是同一信息的不同形态，如文字、语音和图解，影视、动画和字幕的同步呈现。多媒体的意义相关是超越单一媒体、指向同一信息的意义关联，如文本的多媒体标注、事件的音影文同步播放、概念的图文语音阐述、相关信息源的超链互文等，都是多媒体文本的意义相关原则

（coherence principle）的体现。尼葛洛庞帝（1996）所说的"大杂烩"就是这种情况，只不过它是有组织结构、意义相关的"杂烩"。

（3）**信息互补**。不同的信息形态具有不同的表征事体意义的能力（表意潜能），既存在"一图赛千言"的情况，也存在"一言值千金"的情形。单一媒体对事体意义的表征总是具有局限性的。多媒体的核心价值就在于各种形态的表意特性能从不同的侧面调动不同的感官，充分展示信息全貌。比如人物的姓名、年龄、外貌、声音、行为特征等信息，只用文字描述，就不如综合运用多种信息形态表征来得传神，新闻事件的文字播报若伴随现场直播就更加真实。不同的信息形态被用于传播与之相适应的信息，就能够形成信息互补，这是多媒体的精髓所在。

（4）**交互浏览**。交互性浏览是实现多媒体核心价值的形式环节。如果仅仅将多种媒体信息汇聚到一起，而没有一个有机结合的形式，不便于浏览阅读观看，那么多种媒体信息就会离析为"各自为政"的状况而谈不上融合。数字化界面由于能够以嵌入或链接，甚至以 AR 增强的方式承载内容递受的所有信息形态，成了信息内容理想的形式载体。如今，多媒体信息的载体已不再拘泥于电脑网页。书器、手机、平板电脑、触摸电视、车载终端等智能设备界面都是，但浏览器、搜索引擎仍然是获取多媒体信息的最佳入口。相信技术的发展定能提供更多新的界面选择，如生成式人工智能（GenAI）的自然语言交互。

综上所述，凡是符合这四个基本特征的教学就是采用多媒体信息形态的教学，并且只有在教学中遵循这四个条件才能够充分发挥多媒体信息的整合功能。目前国内所见的多媒体应用，无论是资源网站、教学平台，还是学习软件，或多或少都缺乏完整的多媒体意识，要么把多种媒体信息简单而漂亮地排列在一起，表现出在信息互补和浏览便利上的粗加工，要么把单一的视频或动画视为多媒体，要么把界面中互不相干的多种媒体信息共存视为多媒体。尼葛洛庞帝（1996）曾表示，很重要的一点是，不要只把多媒体视为个人世界的博览会，或是结合了影像、声音和数据的"声光飨宴"，多媒体领域真正的前进方向，是随心所欲地从一种媒介转换到另一种媒介。一条信息可能有多个化身，从相同的数据中自然生成。将来，信息发送者将传送出一连串比特，让接收者以各种不同的方式加以转换，如概念地图、配音文本、影视字幕、动态文字、可视化数据、视图切换等等。

多媒体教学的真正价值绝不止于"博览会"式的浏览，其最大的意义在于随心所欲地从一种媒介转换到另一种媒介，从一条信息中转化出多个化身，让接收者任意选择浏览某一信息内容的多媒体信息形态。显然，当前的外语教学多媒体应用与此要求还有距离。目前教育传播中绝大多数多媒体信息的内部结构是固定的，多种形态的信息以固定的结构关系推向受者，接收者没有将它们进行转换的权利，他能做的就是点击选取。而教与学的信息需求除了丰富性、多态性，还要有交互性和选择性。鉴于此，多媒体形态还可以有另一种分类。

我们可以把目前已经大量使用的以网页为基本框架的多媒体信息称为**静态多媒体**，把"随心所欲地从一种媒介转换到另一种媒介"的多媒体信息称为**动态多媒体**。静态多媒体是多种形态的信息经过发送者预先排版，以固定的时空结构呈现给受众的（也就是业界熟知的仅供浏览的静态网页）。它有固定的版面结构，多种媒体信息被排列在固定的位置，接收者无法改变。动态多媒体是各种形态的信息没有经过预先的排版，或者是留有余地的活络排版，供用户自己增删信息条目和内容链接。它没有固定的空间或时间结构，只为用户提供信息源和排版界面与工具，如一些主页自定义插件（如谷歌浏览器提供的各种插件），或完全供自定义的浏览主页（可以使用 start.me 创建）。越来越多的互联网公司开始采用动态网页技术，部署交互类学习平台、购物平台，推送非定制化用户服务。

动态网页实际上并不是独立存在于服务器上的网页文件，只有当用户请求时，服务器才会返回一个完整的网页，但目前尚不能在用户终端完全根据用户意愿组织、呈现信息内容，因为这牵涉到信息发送端和用户接收端设备的人工智能水平和数据可及性。

理想的动态多媒体要根据受者需求自动分析或者手动设置才会以一定的时空结构呈现出来。信息提供方接到用户请求推送数据流，接收数据后用户电脑根据机主的认知偏好、浏览习惯和知识经历自动检索、筛选填充、整理重组甚至改写信息，自动形成可编可调的内容界面，就像真正为个人服务的编辑部那样工作。尼葛洛庞帝（1996）将其比喻为"老练的英国管家"——它可以阅读地球上每一份报纸、每一家通讯社的消息，掌握所有广播电视的内容，然后把资料组合成个人化的摘要，也就是提供一份完全适应个人情况的日报。这就要求多媒体电脑必须了解受者的个性化需要，并且具有极高的感知受者存在状况的能力（即用户识别能力）和信息分析能力，能够依据给定的数据编译出适应受众需求的版面和内容。其实，现在的网站利用用户 cookie 数据（一种储存在用户本地终端上的数据），向用户显示喜好内容，就是某种程度的"日报"，只是大多数用户没有察觉而已。

静态多媒体相对于单一媒体的传播来说是巨大的进步，它不仅提供了调动全部感官认知的可能，还给受者留下了任意浏览信息的自由。只是这种自由始终被限制在信息提供者设定的范围、版式和形态结构中，受者所有的感官都被信息推送者主导。而动态多媒体则充分适应受者的实际需要，能善解人意地组织安排信息内容、版式结构，而不是被动地在页面上简单点选预设的内容。搭载生成式 AI（Generative Artificial Intelligence，简称 GenAI）的交互界面可以将此秒变为现实。

这无疑是多媒体信息传播，尤其是教育教学传播的美好愿景。由于 AI 数智媒体的迅猛发展，网络传播已从单向推送、被动选择发展到任意信息的双向乃至多点互动。网络直播、远程互动、信息多态、智能检索（字符、图像、语音等）等技术已经渐渐成熟，知识图谱的智能化、多模态化已经大大缩小了知识检索的颗粒度，提升了知识检索的可及性、丰富性，并最终萌生语义网络。网络信息生态从预设推送逐步走向按需索取、共编共享、多模态内容生成（如简易信息聚合 [really simple syndication，简称 RSS] 订阅源、维基百科、GPT、AIGC 等）。各种网络学习平台也利用了动态网页技术和人工智能技术，提供智能资源推荐和学习交互。尼葛洛庞帝（1996）描绘的"英国式管家"和个人"日报"式的传播理想也会在人工智能的应用中变成现实。自适应学习的智能推送、ChatGPT 一类的 AI 内容生成就是例子，人机合作、共生共情已不再是幻想。从技术的发展预测教育传播的愿景，符合一般传播发展的多媒体逻辑。

12.2 PowerPoint 与教学应用

谈及多媒体教学，PowerPoint 的应用是一个绕不开的话题，因为 PowerPoint 是教师用于本地加工处理多媒体教学内容的主要操作界面，也是世界范围内课堂教学的标配。PowerPoint 是可用于课堂演示的多媒体播放器，但本质上它更是一款多媒体信息编辑软件。然而，作为一种可用于教学演示的设计工具，围绕其在课堂教学体验中的作用及其对认知学习的影响，看法褒贬不一、争议一直不断。从 20 世纪 90 年代中期开始，PowerPoint 的教育有效性问题成为众多研究的焦点。普遍的看法是，PowerPoint 演示可能比黑板或投影透明胶片更具吸引力，从而具有更大的教学价值。与老式的教学技术相比，典型的 PowerPoint 演示中的颜色、风格、布局和动画更有可能吸引学生的注意力和情绪。这种参与度的提高将转化为更好的信息保留和更多的学习。这一观点被描述为教育媒体的"激活唤起"观点（Levasseur & Sawyer 2006）。换言之，PowerPoint 演示效果将为枯燥的学术主题注入一些情感生命，从而通过提高学生的兴趣以改善学习效果。相比之下，较旧的技术被认为对学生来说不那么有活力或不那么有趣，因此对学生学习的影响较小。本节将探讨有关该技术能力和局限性的现有文献，提供更佳的实践建议并阐述其理由。

12.2.1 PowerPoint 的本质与开发初衷

PowerPoint 是传统幻灯片与个人电脑结合的第一款商业演示软件，由罗伯特·加斯金斯（Robert Gaskins）和丹尼斯·奥斯丁（Dennis Austin）在 1987年发明，并迅即被微软（Microsoft）、苹果（Apple）、施乐（Xerox）、宝兰（Borland）等数家公司看好招揽。同年六月，经收购谈判，PowerPoint 正式加入微软家族，而加斯金斯本人则成为微软图形业务部（Graphics Business Unit,

简称 GBU）的负责人。加斯金斯很早就意识到传统幻灯片的电脑化将拥有巨大的商业价值，故其设计初衷是通用的商业简报软件，并无特定的专业面向和行业用途，主要用于各种商务场合的信息演示。然而，该软件一经问世就与微软 Office 绑定，因此目标人群大大超出预期。由于各行各业使用者的专业背景、使用软件的目的场合、所需内容的类型等多方面的差异，PowerPoint 文稿类型和风格千差万别，连本该需要按照完整段落思考和写作的孩子们也开始使用 PowerPoint 撰写读书报告了。这让软件发明者始料未及，也让 PowerPoint 成了电脑发展史上最辉煌、最具影响力，也引来最多抱怨的软件之一。这就造成了众口难调的情形。其实，就如同通用的文字处理器可用于各种类型和文体的写作一样，PowerPoint 只是一款多媒体信息处理器和演示软件，它的通用性特征既出于商业性考虑，也出于兼容所有用户需求的技术性呼应。所以，教学用途的 PowerPoint 要用得好、用出专业的学科风格来，关键在于学科素养和教学专长，而不在技术功能本身。

PowerPoint 的初衷是取代传统幻灯片，使其与电脑相结合，免去以往物理设备的操作麻烦，突破多媒体信息集成的硬件壁垒，实现一台设备上同时操控文本、图像、音频和视频展示。通过使用 PowerPoint，演说者可以更加得心应手地操控自己的演讲过程。教师在教学中，无论是物理演示的手段，如板书、简笔画、幻灯机、投影仪、实物教具（如挂图、模型）等，还是电子化演示手段，如录音机、录像机、电视机、放映仪、实物投影仪等，都只能一次一件地使用。在语言实验室条件下，偶尔可以两样一起使用，但难以同步，手忙脚乱、费时费力的手工作业和麻烦的设备操作常常影响有效教学时间。

其次，PowerPoint 是一体化集成的多媒体系统，演示界面尽可能集合了所有可视化元素（如文字、影像、图形、动画、图表等），并提供了面向对象、所见即所得的可视化编辑界面，降低了通过计算机编程实现信息图示化的门槛。20 世纪 70 年代，信息图示化和数据可视化的研究和应用已经日益引起重视，但在融合文本、图形、数据的软件出现在个人电脑上之前，这些都还是相当复杂的工作。文字排版、图形处理、录音剪辑、影像编辑等分别都有专业软件处理，技术门槛较高。PowerPoint 软件从问世开始进化至今，已经可以按用户需求，方便地实现图文、声画、影像信息同步演播的需要了。

应该说，在所有简报类软件中，PowerPoint 是功能最强大、应用最丰富、使用最便捷的演示软件。但也正是这些优点，造成了大众应用中华丽高级和粗制滥造的两极分化。人们已经忘记了该软件发明者的技术初衷，反而把糟糕的文稿和糟糕的演讲归咎于 PowerPoint 本身。实事求是地讲，许多教学演讲的真正问题往往是缺乏沟通技巧，抑或是缺少多媒体设计训练。这是人为的失败，而不是技术上的失败。我们必须对指责技术，但未能更准确地指责演示文稿制作者的批评声音有所警惕（Shwom & Keller 2003；Doumont 2005）。许多教师可能会把 PowerPoint 创作的容易程度和最终产品的质量混为一谈，从而高估了自己的演讲能力。PowerPoint 默认设置的便利和未经培训的应用可能是其悖论的一个重要部分：明明是令人惊叹的技术却导致了质量一般的作品。只是即便如此，也不能归因于 PowerPoint，因为关于教学设计的研究表明，呈现媒体不会创造学习，但呈现方法确实会影响学习。同理，PowerPoint 本身也不会创建学习，但在 PowerPoint 上显示信息的方法确实会影响学习。

然而，有明确意愿或实际能力改变 PowerPoint 文化的学校却并不多。PowerPoint 低级应用的迅速泛滥暴露了这样一个事实，即我们文化中的视觉思辨能力匮乏。在前计算机时代的一个多世纪里，我们被有效地训练成大众媒体的消费者。但在短短二十多年内，数亿 PowerPoint 用户都成为了媒体创作者。撇开社会和商业应用不谈，仅在世界各地的教室里，就通过巨大的投影屏幕和媒体网络传播了数千万场课堂"节目"。但是，当我们掌握这种媒体权力时，绝大多数人几乎都没有接受过起码的视听沟通技能方面的专业培训。

12.2.2 毁誉参半的 PowerPoint 应用

在电脑发展史上，PowerPoint 是最辉煌、最具影响力，同时也是引来最多抱怨的软件之一。PowerPoint 虽然人人都在用，但并不是人人都会用。无论是作为一种文类，还是作为一种媒介，抑或是作为工具软件，都没有得到使用者足够的关注和透彻的研究，大家只是想当然地把它作为一种信息演示的手段。然而，PowerPoint 各种默认设置及功能限制，使大多数出自普通教师之手的作品，常常出现信息超载、内容失真甚至幼稚化、娱乐化现象。在某些需要严谨思维的领域，PowerPoint 更被认为是一种非常不靠谱的工具，因为它稀释了演示者的思维，让受众进入了"要点式"（bullet point）思维模式，严重地简化了学术内容。

在众多对 PowerPoint 的批评挞伐中，耶鲁大学（Yale University）信息设计教授爱德华·塔夫特（Edward Tufte）的批判最为著名。他认为，PowerPoint 鼓励过度简化，要求演讲者用尽可能少的词概括关键概念，例如要点版式，这可能导致粗俗的概括、不精确的逻辑、肤浅的推理，而且往往会产生误导性的结论；同时，PowerPoint 强加了一种权威的演讲者 / 观众关系，而不是促进思想和信息的交换。塔夫特甚至声称，PowerPoint 是叙事的敌人，是语无伦次的朋友，它强加了"一种商业化的态度，把一切都变成了推销"（Tufte 2003）。《演讲杂志》（*Presentation Magazine*）的主编塔德·西蒙斯（Tad Simons）则认为 PowerPoint 不适用于严肃的演示文稿，任何使用它的"严肃的人"都有不被认真对待的风险[1]。Frommer（2012：51）从技术价值的角度指出："PowerPoint 虽然以其易用性和高效性而著称，但它实际上掩盖了人类交流中一个令人深感不安但又鲜为人知的转变。我们想当然地认为幻灯片、项目符号和华而不实的图表催生了一种新的交流方式，这些错误的因果关系、草率松散的逻辑理论、表面数据以及所谓的演讲技巧已经取代了传统的说服和论证工具，导致了语言的退化和社会的低俗。"

显然，塔夫特等人的批评有失公允，甚至言过其实，因为导致 PowerPoint 滥用或惰性使用的是技术素养欠佳的使用者，而不是 PowerPoint 技术本身。然而，他们的批评却并非全无道理，因为 PowerPoint 默认的功能设置的便利性"绑架""驯化"了大多数使用者的行为。实际上，对于 PowerPoint 功能的批评

---

1 参考塔德·西蒙斯（Tad Simons）发表于 2005 年的文章 "Does PowerPoint make you stupid?"

远不止于此，加里·菲斯克（Gary Fisk）在他的《为学生设计的 PowerPoint》一书中列出数十种对 PowerPoint 情绪化、非理性的负面表达（Fisk 2019）。

不过，在笔者看来，这么多的例子反倒清楚地表明，PowerPoint 不会真的那么不堪，否则不会有那么多人去用它；但它带来的广泛不良影响不可轻忽，因为抵制它的人大多不是没事儿找碴，他们都是行业专家。不少业内人士不支持 PowerPoint 演示文稿，主要的担忧是 PowerPoint 技术没有让演示变得更好，而是变得更糟。

鉴于 PowerPoint 的许多缺陷和招致的批评，一些商业组织[1]甚至反对员工不分场合地使用 PowerPoint。类似的情况也发生在教育界，学校管理者对于在课堂上滥用 PowerPoint 存在强烈不安[2]。哥本哈根商学院（Copenhagen Business School）甚至在 2015 年禁止了 PowerPoint。国内高校的 PowerPoint 应用情况一度也很不乐观，文字搬家、多媒体滥用、使用定制成品、依赖现成模板等现象时有出现。总之，PowerPoint 默认配置的技术便利加上缺乏专业应用的培训，课堂教学 PowerPoint 并没有让学生真正获益，甚至还催生了不少花哨而缺乏营养的"水课"。因此，有些高校也一度出台了课堂禁用 PowerPoint 的规定。虽然因噎废食的粗暴管理无法从根本上解决问题，但也足见技术滥用造成的误教误学的程度已流弊甚广了。只是，大家显然都忽略了一个更重要、更相关的内情，即**抑制学习的是内容组织不当且带有不相关信息的 PowerPoint 文稿**。

PowerPoint 并非完美，我们可以换个视角来看待它的优缺点：它确实具有很多技术优点，只不过大都是有利于演示者的；它也一直存在许多缺点，但似乎都是不利于受众的。

首先，PowerPoint 的教学互适性可能并不理想：PowerPoint 演示的节奏、速度和时间设定是由演讲者单方面控制的，受众只能被动跟随；其次，演讲者

---

1 亚马逊创始人杰夫·贝索斯（Jeff Bezos）禁止员工开会用 PowerPoint，而改用叙事文体；乔布斯在产品评估过程中同样禁止使用 PowerPoint，等等。

2 参见伊恩·帕克（Ian Parker）发表于 2001 年的文章 "Absolute PowerPoint: Can a software package edit our thoughts?"

如事先不提供讲义（handout），学生很难形成对同一问题的深度思考和积极参与；再次，PowerPoint将讲课进程锁定在预制的页面流程里（事先准备好的思路伴随动画翻页），一目了然的要点、对下一张页面的期待等，都阻断了听者参与的可能；最后，预设的PowerPoint线性结构会限制听众的理解，一旦偏离预设、临场发挥，PowerPoint就显得非常违和（常出现学生提问，教师找不到具体PowerPoint页面的尴尬情况），这和传统面授时层层推进、丝丝入扣的即兴互动是完全不同的。

总之，预先设定、一厢情愿的PowerPoint演示，界面是主角，它方便了向学生"推销"知识要点，但并没有给学生提出问题、解决问题留下太多空间。而在没有演播界面介入的课堂教学中，教师主要通过师生对话、眼神交流组织教学，学生的表情参与或直接质疑常产生思想碰撞的火花，课授的随机应变、脑洞大开是常有的事，也是教师最期待、最有成就感的事。当然，有经验、有水平的教师仍可选择摆脱界面羁绊，只是如此一来，费心费力的PowerPoint文稿不就显得可有可无了吗？

平心而论，虽然PowerPoint的负面问题主要应归咎于使用者的不当应用，但同其他简报软件一样，PowerPoint的早期版本及其后相当长一段时期的数个版本，确实在技术上，乃至设计思路上都存在缺陷：图形编辑的局限性、超链设置的烦琐性、图层界面的隐蔽性、动画声效的任意性、视频插入的困难性等等，都足以让新手抓狂。这么多年过去后，令人宽慰的是，针对**使用者**（即幻灯片制作及演示者）的技术不断得以改进，这体现在软件功能的丰富性、编辑界面的易用性、多媒体集成的便捷性等方面；但令人遗憾的是，针对**受众体验**的技术支持却一直难有寸进，演示交互性、结构非线性、临场应变性、模态同步性等迟迟没有实现。当然，对于一个技术达人来讲，不论使用PowerPoint的哪一个版本，只要足够努力并恰当设计，都可以在当时的技术条件下制作一个合意且合适的教学演示作品。但这个过程，就是一个不断与其功能缺陷较劲的过程。这还仅仅是技术操作层面的问题，如果加上教学设计、媒介搭配、视觉原理等方面要求的话，恐怕多数人会望而生畏的。这些技术障碍给不少使用者投下了不良体验的阴影：要么成为演示设计专家、PowerPoint 达人；要么屈从于 PowerPoint 的默认设置，满足于简单的应用，然而，真正的"受害者"却是学生受众。

与 PowerPoint 技术缺陷对应的问题是多数用户本身的技术素养问题。尽管微软 Office（PowerPoint 是其中一款产品）套餐的更新速度不慢，PowerPoint 的功能和易用性也越来越好，但是，在老版本中培养的使用习惯以及技术疏离感，使很多老师即便新机在手，也仍然难以发现期盼已久的新功能。更有少数老师囿于守旧的物件使用观念，难以接受数字产品的迭代更新方式，既不更换电脑，也不更新版本，一味坚持"够用即可、凑合就行"，从而失去了唾手可得的新技术支持。至于自觉地将教学设计理念应用于 PowerPoint 技术功能挖掘（又称二次开发）的教师，目前仍是珍稀的少数。

塔夫特和其他 PowerPoint 批评者们的贡献可能不在于批评本身，而在于这些批评引起了对 PowerPoint 应用的严肃讨论。而且，塔夫特等人的批评本身没有错，错的是他们没有找准批评的对象，如同断案放过了作案者，反而盯上了作案工具。诚如唐纳德·诺曼（Donald Norman）所说："塔夫特是正确的，因为大多数演讲很糟糕，大多数 PowerPoint 幻灯片都很糟糕——但这不是 PowerPoint 的错。大多数写作也很糟糕，但我不反对铅笔或粉笔。"（Norman 2002）显然，诺曼的观点具有工具论的色彩。也许塔夫特们完全忽略了一个事实，即幻灯片是在演讲的背景下使用的。演讲的本质是浅显易懂，你不能在其中包含大量密集的信息，因为这样做会使课堂变得极其乏味。PowerPoint 不是像报纸或杂志那样的文本媒体，它是一种面向听众的视觉媒体。Norman（2002）认为文本是人们最不应该放在 PowerPoint 幻灯片上的东西，支持视觉效果的东西——如图表、插图、照片和视频等——才是应该出现在幻灯片上的东西，而塔夫特所谈论的严肃领域内容都应该在讲义中分发。就像我们不能通过黑板读书，我们同样也不能指望通过幕布读书。PowerPoint 不能替代学生的正常阅读。

12.2.3 课堂 PowerPoint 应用的隐忧

PowerPoint 是师生教学互动的主要内容界面，它与商务职场应用的最大区别在于，它不仅具有信息展示功能，还有引导学习认知的功能。理查德·梅耶在接受克里夫·阿特金森（Cliff Atkinson）的采访时坦言：许多滥用 PowerPoint 的例子都发生在幻灯片设计用于呈现信息而不是**指导认知处理**的时候。简言之，与包括书籍在内的任何传播媒介一样，PowerPoint 也可能被误用为呈现信息的工具，而不考虑受众将如何处理呈现的信息[1]。奇怪的是人们只骂作者，不骂书。但在面对 PowerPoint 时，人们就会犯糊涂。

在制作 PowerPoint 演示文稿时，有必要区分两个可能的目标：一个是向学生呈现信息，另一个是认知指导，目标是引导学生处理呈现的信息。当目标是认知引导时，教师要确保学生在他们的记忆中建立适当的知识概念和结构框架。教师要做的是以一种对学生产生预期影响的方式进行交流，因此幻灯片的设计，要尽可能使其与学生的学习方式保持一致。

教学 PowerPoint 要考虑演示过程中的师生交互。专业的 PowerPoint 演示文稿是一种沟通类型，要鼓励观众在演示文稿中的预定点进行互动，例如演示进程中或结束时的问答环节。具有反思能力的人会发现，观众的参与其实很方便，因为演讲者和观众在讨论主题时都可以参考幻灯片上显示的文本或图形。只要设计得当，幻灯片演示可以成为观众和演示者的互动导航，这使得 PowerPoint 视觉辅助的存在实际上增加了观众的参与度。Knoblauch（2012：133）分析了 PowerPoint 的交互问题，并得出"PowerPoint 不会妨碍观众和演示者之间的互动"的结论。Knoblauch（2012）的分析表明，推动师生互动的是课堂的社会结构，而不是演示界面。课堂教学不一定需要从头到尾都是连续的 PowerPoint 演示。教师可以在课堂上安排特定的时间或活动，鼓励师生互动，如插入黑屏将视线引向讲演者、呈现要点以开展问答、播放案例来引发讨论、利用反应技术进行随堂测试等等。幻灯片可以是组织课堂活动的有用框架，但它不一定是决定社交互动的主导力量。

1　参见克里夫·阿特金森（Cliff Atkinson）发表于 2004 年的文章 "The cognitive load of PowerPoint: Q&A with Richard E. Mayer by Cliff Atkinson"。

　　一个更普遍的担忧是，PowerPoint 的要点化、图形化的碎片信息会导致我们认知能力的下降。这种可能性应该让不少教师深感不安，因为它可能违背了教学，尤其是语言性、文学性外语教学的目标。许多批评者已经指出了负面认知效应的可能性。正如我们所看到的，塔夫特们担心 PowerPoint 会培养一种认知风格，其特点是内容轻巧，设计特征不重要。Frommer（2012：14-22）不无担心地指出，PowerPoint 助长了"错误的因果关系、草率的逻辑、非文本化的数据和诱人的表演技巧"。课演 PowerPoint 的目的是导学讲解，而不是详细的文本阅读，其列表格式与传统课堂的要点式板书并无两样。不幸的是，PowerPoint 的诸多不当应用常使其成为招致"技术吐槽"的替罪羊，有时甚至要经受不问青红皂白的质疑。

　　人类教育的技术化演进中总是会出现种种负面批评乃至抵制，但PowerPoint 在教育教学中的泛化应用确实令人担忧。人们正在用大量的小信息片段取代持续集中的认真阅读和批判性分析，而这些小信息片段最终会对集中注意力的能力和思辨能力造成损害。PowerPoint 信息的要点式、碎片化结构方式鼓励简要式记忆。"PowerPoint 列表格式限制了持续思考的能力，并使流畅的论点难以出现。通过歪曲链条中各元素之间的关系和表达，该列表促进了一种争论的神秘化：因果之间的变化和操纵关系。PowerPoint 通过比较项目列表、端到端设置异构信息的能力，助长了错误的相关性。"（Frommer 2012：66）对于长期接触 PowerPoint 课堂文本的学生来说，其文类风格隐性的权力话语构式可能会抑制平等交流，甚至影响认知发展。一些教育观察家提出了这样一种可能性，即 PowerPoint 应用可能会产生意想不到的潜在影响，而这些影响对老师来说可能不会立即显现出来。媒体研究专家马歇尔·麦克卢汉（Marshall McLuhan）曾用"媒体就是信息"（McLuhan 2003）这句话来表达媒体可以向受众传递间接的社会信息的观点。简言之，麦克卢汉的观点是，每种媒体在呈现一个明示信息时，都伴随着一个比较隐秘的信息，即观众应该如何行动、思考或感受。这种隐秘的信息可能会以微妙的方式影响人们。

12.2.4　PowerPoint 应用原则与设计智巧

不同于商业用途的广告宣传、产品营销、工作汇报、调研报告等，教育场域的 PowerPoint 主要用于学术交流（学术报告、专题讲座、项目申报、论文答辩、专题讨论）、课堂教学（课堂讲授、内容展示、讨论答疑、实操演练、活动组织）和竞赛演讲（教学比赛、说课比赛、活动竞赛）等。从列出的用途来看，教学 PowerPoint 制作显然不是以不变应万变的图文拷贝与粘贴。由于演示内容、受众群体、意图目的等方面的差异，PowerPoint 设计制作必须是因人而异、因时制宜的。

从学术目的或使用者意图来看，外语教学的 PowerPoint 可分为演讲型、演示型、演练型等：

（1）**演讲型** PowerPoint 的特点是讲为主，演为辅。PowerPoint 设计极简，具备大图要点、数据可视的特点，视觉冲击力强，界面信息服务于讲，为即兴发挥留有充分余地。所以，这类 PowerPoint 适合于口才好、思路清晰、表现力好的演讲者，通常用于公开课汇报、成果报告、表演竞赛等场合。

（2）**演示型** PowerPoint 以信息内容的组织和细节诠释见长，设计过程极具挑战性。从内容的结构安排、逻辑顺序、演讲思路、示例可视化、概念隐喻化来讲，这类 PowerPoint 的知识整合度要求较高。在讲解时，需要讲者言简意赅，以提点、补充、诠释、概括演示内容为主。这类 PowerPoint 大多辅以详细的笔记，可用于讲解时参考，亦可供课后阅读。

（3）**演练型** PowerPoint 适用于技能训练，大都附有操作流程、动作图解，并配以视频实操。演示过程往往就是练习辅导过程，讲究方法传授的设计。

当然，PowerPoint 类型并没有绝对的区分，尤其是用以课授的 PowerPoint，视目的而定，大都是互补型的。教师应根据教学环节的不同要求采取对应的方式，能讲清楚的，可以讲授为主、演示为辅；不易讲清楚的，应设计可视化演示为主，教师辅以提点、诠释；没法讲、要靠练的技能要求，PowerPoint 就是一个操作指南，且最好可以视频方式言传身教。总之，只要设计时心中有数，讲解时就能收放自如。这是课授式 PowerPoint 有别于一般演讲型 PowerPoint 的主要区别之一。

从活动场合和演示的性质来看，课授型与演讲型的 PowerPoint 的不同之处是现场交互性与单向传播性的区别。受众对表演性、竞赛性、商业性演讲的单向传播性容忍度较高，PowerPoint 文稿只要内容足够"吸睛"就行，并无交互性设计需求。这并不意味着这类演讲不需互动，而是互动主要诉诸演讲者体势语或表情、眼神、语气等副语言沟通技巧，而不会本末倒置地依赖演示文稿。PowerPoint 专门为商业演示提供了自循环播放的功能，以供文稿无人自播，就暗示了其单向性内容传播的意图。然而，课堂教学的授导过程需要频繁的师生互动，教师的具身沟通技巧虽然仍旧十分重要，但必须与 PowerPoint 界面的知识组织和演示环节配合，才能达到完美的教学效果。上课不只是通过界面传递知识，还要通过互动引导认知。完全由教师单向操控的演示（操控的元素包括思路、内容、顺序、详略、速度等）会阻碍学生的主动参与，难以让人产生浓厚的兴趣。因此，交互设计不周，课演时不得不频频中断的 PowerPoint，会让教师捉襟见肘、思路大乱。改进的方法是增加 PowerPoint 文稿的交互设计，即**教师可做临场应变的预案设计**，具体做法是：

（1）**注意力设计**，根据视觉原理，按信息层次和呈现次序将文字逐次高亮消隐、局部放大，并做到声效同步、缩放自如，必要时插入渐隐黑屏和大字幕，将注意力引向自己；

（2）**变翻页为点页**，按内容层次或课演环节需要采用结构式、交互型版式，利用缩放链动的方式指向预定页面，教师操控时可随心所欲不逾矩，跳转往返无痕迹，摆脱线性翻页的束缚和学生诘问时"找不到北"的尴尬；

（3）**预埋热点链接**，利用"超链接＋缩放"进行问题预设、活动预设、随测预设等；或**利用反应技术**嵌入习题、现场反馈。如果能利用手机小程序或 PowerPoint 交互插件（如 ClassPoint）设计现场题测、抢答、询问等与课授界面交互，效果更好。

（4）**热点与结构混合**，在结构式模板的基础上预设提问点、拓展点、检测点等，使教学演示在互动中进行。总之，超链接应用不是技术问题，而是教学理念问题，要充分考虑教学双方的可能心理预动和间性互动。预案设计体现了内容结构的精心组织，链动缩放实现了临场应变，为师生互动创造了可能性。

从教学内容和学习要求来看，还可以设计如下样式的 PowerPoint：

（1）**阅读式** PowerPoint，通常用于个体使用者的屏幕阅读，如教案、导学案、习题、课文解读、案例分析等。这类 PowerPoint 信息内容相对完整，结构性、可读性等要素优先，但最好有互动设计，以方便读者自选路径、自定步调学习。因此，这类 PowerPoint 有较高的内容"策展"要求，常提供关联阅读、深度阅读、拓展阅读的内外部链接和相关注解，相当于自主学习的学件 APP。

（2）**数据式** PowerPoint，这类 PowerPoint 的结构化、可视化要求高，数据翔实、可靠，可用于课堂集体讨论、案例分析时做演示，也可用于个体阅读。这类 PowerPoint 需一目了然，通常有报表、数据视图和简要文字说明，通常与演讲式 PowerPoint 混合使用。

（3）**微课式** PowerPoint，这是指融入教师讲解的视频化作品，通常采用 PowerPoint 录屏方式制作，使用教师出镜时的同期声或后期画外配音均可。此类作品通常一题一议、简明扼要，以知识点讲解为主（详见 12.3 小节）。

从作品形式和技术分类来看，PowerPoint 还可以有如下类型：

（1）**图文式** PowerPoint，这是普遍使用的编著方式，但是少有人真正得法。如何选图、如何用图其实大有讲究。图示、图说、图例、图解等方法各有妙招。

（2）**动画式** PowerPoint，这也是很多外语教师喜爱的模式，常用于故事、场景、图示、情节、关系的动态演示；或利用 PowerPoint 软件自带动画功能设置动感文字、场景转换、元素呈现；或利用第三方软件，插入动画元素。只是由于外语教师的技术素养和 PowerPoint 功能所限，一般很难制作质量上乘的动画作品。加之对视觉原理与语言学习关系缺少深入探究，大多数动画应用仅出于激发学习兴趣的良好愿望，离有效促进认知学习的自觉设计还有不小距离。

（3）**导航式** PowerPoint，用于知识内容、概念文本的结构化展示。通常采用超链接的方式实现章节、知识节点的跳转承接，如页面、摘要缩放，热点热字超链，界面元素的动作设置、标签插入等。设计难点在于清晰的层次逻辑、一目了然的链动指示。

（4）**录屏式** PowerPoint，严格地讲，这是 PowerPoint 的转存方式，即利用屏幕元素、演示过程进行的知识化讲解，转存为视频格式重播，适用于个体学习和课外辅导。大多数教师用此进行微课制作和翻转课堂教学。

总而言之，PowerPoint 的文稿类型应适用于不同课程的不同环节，与课授的目的、场景、学生需求和讲解思路相吻合。这是一个教学上合理的策略，涵盖了从知识传递到认知引导、从学生参与到师生互动，以及从简单识记到知识创新，目标是逐步发展到布鲁姆教学目标分类法的更高层次。我们应该注意到，PowerPoint 并不会自始至终传递不断增加的信息量，其在讲座中的角色和功能可能会随着教学环节的变化而发生变化。

12.2.5 关于 PowerPoint 教学应用的研究

理想情况下，教师应采用最有效的方式向学生传达信息，但对 PowerPoint 技术的效果和有效性的研究并不充分。我们对 PowerPoint 作为一种新的视觉技术的说服力和心理影响的理解还不够深入，对受众如何解释产生这种影响的感知、认知和情感原因缺少关注，对演示者使用的视觉技术如何有助于实现修辞目的的条件也是知之甚少。至于对 PowerPoint 作为工具、语篇、文类、文体（胡壮麟 2007）的功能性区别和之于教学的关系更是缺乏系统性研究。

目前流行的 PowerPoint 培训大多只关注制作技巧，较高层次的培训也仅涉及视觉原理的诠释和美工排版。教师们似乎花费了过多的时间专注于修饰如何展示他们的演讲，对设计模板、配色方案、页面布局和幻灯片转换模式的选择感到苦恼。也就是说，他们全神贯注于执行与 PowerPoint 软件应用程序相关的制作活动，而不是专注于如何设计并参与富有想象力的课堂学习中的师生互动，其不良影响是这种作品制作的努力会透支学科教师的工作时间和精力，从而妨碍了更重要的反思性学术活动。

12.2.5.1　选择性注意与简约问题

很多教师都明白教学的至高境界是大道至简，所谓"真传一句话，假传万卷书"。但是，面对 PowerPoint 演示，往往会搞得很复杂，一句话就能说清的知识，又是图示，又是动演，还要配音。简约风格到底是什么？简约的本质不在于减少了什么元素，而是减轻了认知负担。视觉理论的研究成果表明，我们看到的东西，不是眼睛决定的，而是大脑决定的。大脑作为我们获取信息的接收器，无时无刻不在接收信息，它需要对一切内容进行判断和处理。顺应大脑机制的一些信息比较容易接受，比如说生动的图像、与经验相关的内容、声画同步的讲解、干扰较少的信息等等。反之，则会使人很难保持注意力。

显著的刺激吸引注意力，从而促进联想学习。大脑不断接收复杂的感觉输入，必须将注意力集中在最重要或最显著的刺激上。但刺激的显著性是由物理特性和行为相关性共同决定的，如奖励值或新颖性。尽管物理属性，如亮度或颜色，是刺激的固定属性，但行为相关性是一种相对属性，取决于过去的经验、当前的稳态和行为背景。也就是说，PowerPoint 制作不能光靠酷炫的特效（物理特性）吸引眼球，关键还在于内容是否与学生的知识经验、学习状态相关。"因此，有必要确定重要的解剖学基础以追踪刺激行为相关性的动力机制，理解注意力资源合理分配的神经机制，并直接检查刺激显著性对学习的贡献。"（Zhu *et al.* 2018：423）早期的脑研究主要集中在皮层回路上，并确定了用于行为相关刺激注意选择的额顶注意网络。最近的研究已经开始揭示丘脑在运动准备、工作记忆和规则表征过程中对前额叶皮层活动持续性的贡献。然而，"丘脑中各种形式的行为相关性的编码尚未得到系统的研究，目前尚不清楚丘脑是否能代表与行为相关的语境依赖动态机制。如果是这样的话，那么确定丘脑中的显著性反应如何促进联想学习将是非常重要的"（Zhu *et al.* 2018：423）。

所以说，任何学习材料的表征性状均与认知效应密切相关。简约风格的 PowerPoint 不在于内容的多少，而在于信息处理的合理程度。教学用 PowerPoint 必须充分考虑到演示文稿作为知识存储和学习交流的基本内容，因此在设计时应更加注重可读性和规范性。同时，一定要结合目标受众的需求，确定 PowerPoint 制作的思路和课堂应用。

12.2.5.2 学习认知与社会心理

对于教学 PowerPoint 而言，我们还需要了解观众的"感知、认知和情感能力、期望和习惯"，并以更好的方式探索观众与"视觉技术"和"对该技术的操纵"之间的关系（Feigenson & Dunn 2003）。在这方面，视觉社会符号学方法，包括对符号的研究，会有助于教师理解"文本和图像如何协同工作，为读者 / 用户共同创造意义以及更好地理解 PowerPoint 演示和图像的修辞及意义生成潜力"（Harrison 2003：47），并使其更有效。所有这些都强调了 PowerPoint 演示者和受众的潜在认知风险。人们开始注意到 PowerPoint（及其相关信息技术和互联网工具）所带来的人类注意力结构变化，因为当 PowerPoint 成为课堂默认的话语模式时，教育者和学生的认知世界可能会发生根本性的变化。

PowerPoint 应该被视为一种新的交流媒介，它在很大程度上改变了我们教学演示的性质和相互作用的方式。自教育家扬·阿姆斯·夸美纽斯（Jan Amos Komenský）创导班级授课制的四百多年来，教学环境的特点是两种学习形式之间的良好平衡：口头陈述和印刷文字。按尼尔·波斯曼（Neil Postman）的说法，口述培养了合群性，强调集体学习、合作和社会责任感；印刷文字培养了内省和独立，强调个性化学习、竞争和个人自主。尽管教师们一般倾向于强调印刷品的可视性，但他们"允许口述在课堂上占有一席之地，因此在这两种学习形式之间实现了一种教学上的平衡，从而使每种学习形式中有价值的东西能够最大化"（Postman 1993：17）。而现在，无处不在的 PowerPoint 所做的似乎是扰乱了这种教学授受上的平衡。

口头表达的空间，或者至少是学生创造的口头表达空间，似乎被大多数 PowerPoint 演示文稿所伴随的单向性话语消解了。PowerPoint 话语模式通常具有视觉显示画外音的特点，或是图形化的印刷文字。教师有可能从中心舞台角色退居为放映员，学生则成了观影者。虽然，使用投影来增强教学的可视性有着悠久的传统并为现代教学发扬光大，但 PowerPoint 课堂演示的泛在性似乎假设了一种错误（仍未经验证）的同质性，即 PowerPoint 是一种有效和适宜的教学辅助工具，与学科、学习目标和学习者类型无关。但是，外语教学的常识却告诉我们，对于教授学生用外语交谈和写作的基础语言技能课而言，PowerPoint 的可视性似乎不太适合，它充其量只能用于提供话题和语境，而且不能占据主要的课堂时间。

PowerPoint 对外语的语文教学也有潜在的影响。PowerPoint 幻灯片通常没有段落、代词、标点符号、连词、助动词，更不可能展示整篇文章，是否需要完整句子也要看页面排版的可能性，多音节单词的拼写常被缩略语取代。"世界被浓缩成几张快乐的幻灯片，一行七个字左右，一张幻灯片七行……任何复杂思想都必须被分解成七个词块的世界，其间有五颜六色的斑点。"（Norvig 2003：344）此外，语言使用的精确性和美感也被彩色排版所取代。所有这些也都是老派的修辞学家、文学家、诗人以及一切不愿意**思想被排版**的学者厌恶PowerPoint 的原因，因为 PowerPoint 的功能便利性"赋予了简单内容提供者以权力……但有可能挤出思想过程的提供者[1]"。

12.2.5.3 演示方式与交互对象

PowerPoint 预设的演示方式还影响我们如何让学生接触课程，因为PowerPoint "使演示者和观众之间更难进行公共交流，更难表达不符合要点格式的想法"（Norvig 2003：344）。首先，师生的眼睛都在屏幕上，而不是看着对方，教师可能较少从课堂上得到直接反馈；其次，学生忙于赶在翻页之前记笔记，来不及整合他们所听到的内容；第三，教师关注的重点是演讲的质量，而不是学生的听讲；最后，如果 PowerPoint 可以在课前以讲义的形式分发，或可以在网上下载，学生们就不再需要在课堂上认真听讲。事实上，如果教师只是简单地阅读他们的演示文稿，学生参加讲座似乎毫无意义。

基于 PowerPoint 的课堂交互涉及语类、语用问题（如语类的性质研究、交

---

1 参见伊恩·帕克（Ian Parker）发表于 2001 年的文章 "Absolute PowerPoint: Can a software package edit our thoughts?"

往行为研究、超文本叙事研究等）。从结构的角度来看，语类是社会认可的交际行为类型。我们还可以从语用学视角看待文稿演示与师生交互的关系。在学术、教学领域，PowerPoint 不只是内容传播的信息载体，也是教学交际活动中的话语辅助手段。所以，PowerPoint 的文稿与演示方式的设计必须考虑交际现场的演讲者与受众关系、演讲主题、演讲目的、演讲场合等语用要素。这与言语交际的语用准则是一致的。所以，做好看的 PowerPoint 不见得总能加分，不得要领反而会适得其反。下面我们分析一下 PowerPoint 在不同场合的应用：

课堂授课 vs 学术交流：面对学生，知识结构和思维理路的清晰表达和生动演绎（可视化、结构化、隐喻、示例）都很重要；面对专家，学理依据、学术观点、表达逻辑更为重要，生动趣味是次要甚至不必要的，这既符合对话的量和质的准则，也符合对话的礼貌原则。所以两者在文本取舍与多媒体元素的应用上会有较大差异。

说课交流 vs 模拟授课：说课是与同行切磋交流，所以，不揣陋见的坦荡、不耻下问的真诚、虚怀若谷的探究，效果是最好的。此外，PowerPoint 也不宜过分、刻意地炫耀技术，文案切忌华丽的广告体。模拟授课应尽量再现真实课堂，案例真实、情境真实、过程真实、数据真实、低调平和才更有说服力和示范价值。两者均以话语交流为主，演示文稿为辅（具体内容的可视化设计除外），具身交流是关键。

演讲竞赛 vs 专题报告：两者目的不一样，打动观众的切入点也不同。前者，演讲者本人是关注的焦点，PowerPoint 只是辅助手段，大图要点即可，演讲词与口才发挥才是关键；后者，PowerPoint 内容界面非常重要，需要翔实可视的数据表达、条理清晰的文案提要、平实达意的逻辑推演，舍此，演讲者难以精准有效的传播信息。所以，PowerPoint 内容的详略、样式风格的设计、数据的选择取舍更重要。

工作汇报 vs 课题研讨：讲演目的不一样，内容性质不一样，交流的对象不一样，两者的话语权力结构也不一样。面对上司，进度、成果是主要的，努力、细节是次要的。因此，使用关键数据和故事尤为重要，数据是理性的，故事能打动人，但不要啰唆，简明扼要，点到为止。如要汇报困难，千万要有解决方案，可使用问题解决结构（是什么—为什么—怎么做 [what—why—how]），先说存在问题，再说产生原因，最后提出你认为可行的解决方案，最好有可选方案。总之，话语目的是让人满意、获取赞赏与支持。PowerPoint 设计简洁大方、一目了然、一语中的。课题研讨 PowerPoint 的核心是精准的问题切入点，应当做到聚焦、深入、透彻。在呈现理据支持、数据佐证、学术价值、理论贡献等时，利用思维导图是不错的选择，因为其有助于梳理思路、展现操作路径、交代要素间关系。PowerPoint 话语的目的是以理服人。

产品发布 vs 促销广告：这属于另一大类的 PowerPoint 设计，可称为商务类 PowerPoint，笔者对此既不是特别擅长，也没有浓厚的兴趣。但在这里需要善意提醒大家，绝大多数这类 PowerPoint 样式都不适用于学校课堂教学。主要原因是，这类 PowerPoint 中讲演者与受众的关系，在性质上完全不同于学校的师生关系、同道关系。虽然商务类 PowerPoint 讲演并未超出话语交际的一般性语用准则，但语用目的和实现方式差异较大。课堂上同样需要说服他人，但必须以理服人、以情动人，不能出现夸大其词的情况。教学类 PowerPoint 应用不仅具有信息传播效用，同时还具有认知教化功能。除了知识内容以外，教师通过知识授导的可视化设计、个性化疏导、针对性问答、交互性讨论等所传导的热情、认真、探究、严谨、尊重、挚爱等职业态度和人文情怀是任何类别的 PowerPoint 演播都缺少的。教学类 PowerPoint 是当代教学话语的有机组成部分，是技术化教育叙事的灵魂所在，它依赖学生、课堂和教学场景而酿生旺盛的生命力。

12.2.5.4　PowerPoint 教学设计中的悖论

教师常常不能很好地把握媒体应用在教学设计中的量度（即"多少才算过犹不及。"[How much is too much.]）和目的（即为何使用特定的媒体手段），所以常出现 PowerPoint 演示文稿的认知超载或空载现象。有时甚至会发现，精心设计的教案，效果却差强人意。其间的问题可能是：无关信息是否总是增加外部认知负荷？媒体手段是否只为降低加工难度？学习内容与学习的难易度如何控制才能促使学习真正发生？精心设计、悉心喂养的教学果真都能发展学生的学习兴趣和能力吗？

这是一个值得关注的研究领域，即短期或长期学习任务的认知负荷效应问题。这种在认知负荷框架内对学习者先验知识水平与不同教学技术和程序的有效性之间的相互作用进行的研究，在教育心理学上被称为专业知识反转效应（expertise reversal effect）（Kalyuga 2007），亦称专长逆转效应[1]（Kalyuga *et al.* 2003）。在某些情况下，短期记忆超载可能会改善长期学习，也就是说，从长远来看，学习难度更有利于提高绩效。这是一种被称为"有益难度"（desirable difficulties）的效果（Schweppe & Rummer 2016）。"有益难度"（又译"合意困难"）一词最早由加利福尼亚大学洛杉矶分校（University of California, Los Angeles）的心理学家罗伯特·比约克（Robert Bjork）于1992年提出（Bjork & Bjork 1992），认为这是一种让学习变得更加困难的体验，可以让学习形成更强的联系。其假设是，随着任务难度的增加，学习也会增加，因为它挑战学习者实现最佳表现的方式（Wentzel 2019），这与当下教学改革中提出的"两性一度[2]"要求不谋而合。这种效应被很多严肃的研究所证实，但却与教学实践的常识性理解相悖，也让"技术应用是为了使学习更容易、更有效"的良好期待屡屡落空。类似的效应主要发生在学习者的个体差异上，比如对高能力学生和低能力学生、新手和专家，或者高中生和大学生进行比较。一般来说，新手学习者似乎从多媒体教学中受益更多，而在某些情况下，知识更多的学生可能会在多媒体教学中表现出学习障碍。也就是说，随着学习者在特定领域获得更多知识，教学设计方法需要调整。该领域的领先研究者之一斯拉瓦·卡柳加（Slava Kalyuga）证实：教学指导对新手来说可能至关重要，但对经验丰富的学习者来说可能会产生负面影响（Kalyuga *et al.* 2003）。

---

1 专长逆转效应（expertise reversal effect）是指教学技术与方法对具有不同先前知识水平的学习者的有效性的逆转。

2 两性一度指高阶性、创新性和挑战度，出自2018年11月24日第十一届"中国大学教学论坛"原教育部高等教育司司长吴岩的"建设中国金课"的大会报告。

国内鲜见对专长逆转效应的临床研究，但何毅、陈立华（2019）对样例学习的研究报告了类似的结果。赵婷婷等（2021）也从认知负荷的角度对经验逆转效应在多媒体学习中的表现进行了实验研究，发现多媒体学习的线索原则（signaling principle）对不同先备知识的学习者的敏感度不一样，部分存在经验逆转效应，且部分支持了线索原则经验逆转效应的认知负荷理论解释。众多教育技术应用有效性研究至今难以得出一致结论，其可能原因之一是以往的研究中缺少对被试专长水平的严格划分，因为同年级的学生之间其专长水平也会有显著差异。

总之，这些新近的研究表明多媒体学习的认知设计是颇具挑战性的。正如 Mayer *et al.*（2009）所说，认知研究得出的原则并不是绝对的规则。对这些原则更准确的理解将会成为针对许多敏感条件的有用指南。对于新手或知识水平较低的人来说，帮助学习者创建长期记忆模式的教学技术更为有效，因为他们在处理学习情境或任务时需要依赖这些知识结构。相比之下，对于知识水平更高的学习者，即对任务有更多先备知识的学习者，情况正好相反，因此减少指导往往比指导良好的教学效果更好。这也许应了那句俗话：好学生不用教也行，差学生一直教也不行（也有可能是方法不对）。所以，就 PowerPoint 而言，无论是否在设计时采用了多媒体应用原则，还是自始至终都遵循了视觉认知原理，教师仍无法保证都能达到预期教学目的，其关键仍然是了解学生不够、对症下药不够、真正有效的学习发生不够。

笔者的观点是，一切技术应用的有效性都是在特定的环境和条件下产生的，教师要做的就是了解、分析这些环境和条件，并为学生创造这样的环境和条件，再针对这样的环境和条件进行教学设计，采用相应的技术手段，力争实现教学效益最大化。教师不能指望什么技术最有效就用什么技术。这是因为对某些人有效的技术，未必对人人都有效；此时此处有效的技术，未必时时处处有效。理论、观点也罢，技术、方法也好，学界既没有放之四海而皆准的现成解决方案，也没有一劳永逸的灵药妙法。一般规律必须结合具体情况才能奏效。

12.2.5.5　恰切使用 PowerPoint 的思考

（1）使用 PowerPoint 的态度

教师使用 PowerPoint 的方法和态度可能会对作品设计产生微妙的影响，而这些影响反过来会对学生的学习产生作用。没有哪位教师甘做技术的"奴隶"，但也不必总是指责 PowerPoint 的局限性，而应该专注于分析、理解和接受这些局限性。必要时，教师必须积极寻找创新的方法来克服软件的局限性，以实现教学目标。"意识到幻灯片技术的局限性，并制定周密的计划，将幻灯片用作教学工具，可以避免幻灯片技术的微妙影响。因此，最佳实践是以深思熟虑和熟练的方式使用 PowerPoint，而不是不加批判地遵循软件可能建议的默认设置。"（Vallance & Towndrow 2007）。学生透过教师的 PowerPoint 制作和内容策展，很容易看出教师的能力和对课程的投入程度。若是再不能在讲授的过程中有所调整或弥补，学生基本就不会抬头了。

PowerPoint 实际上并不简单，因为它包含了学习、交流和教学设计的理论。它可以成为智慧用户的一种策略性认知工具，使用者的知识越渊博、思考越深刻、手段越灵活，它的效率就越高。在了解 PowerPoint 的弊端及其最佳实践的基础上做出明智的决策，我们可以为未来的使用提高标准。呈现要点信息是 PowerPoint 最具局限性的功能，但迄今为止也是它最常用的功能。至于 AIGC 生成的 PowerPoint，目前只能是为我们打个草稿、省了美工排版而已，内容的教学化处理还得靠教师自己。我们需要摆脱 PowerPoint 预定义的默认参数约束，更不要去依赖 AI 生成，这样才能学会更有效地使用以实现多样化教学设计。

（2）给不给学生拷贝

这是一个伪问题，因为关键不在于给不给，而在于为什么给、怎样给。若要做出解答，就需要把这些问题作为教学设计的环节来考虑。比如，事先应有讲义，事后可以拷贝缩略版，还可以在有效的课堂讨论参与者、堂前测试表演者，或确有原因的缺课者之间加密发送完整版。教师不用担心学生间互相传递，也不要企图切断或苛责这种友情传播，这是同学之间颇具温情的信任与帮助。如果共享需求甚刚，说明课件很受欢迎。当然，这种拷贝分发的柔性障碍并非"此地无银"，关键是要让学生明白教师这样做的目的、原因，并理解、接纳这种做法。学生和教师同属学术共同体，养成良好的学习习惯和学术行为规范，教师是第一责任人。

此外，有原则地共享课件有利于学生做好课堂笔记。记笔记可以让学生积极地将新信息与他们已经理解的想法联系起来，以形成新的理解水平。这意味着记笔记的活动不仅仅是在纸上存储信息。记笔记实际上有助于在大脑中形成长期记忆和图式（即概念组织）。在认知心理学中，这种现象被称为编码效应或记笔记的生成作用。在教育领域，这种功能可能被称为主动学习，或者说是建构主义的学习。

针对学媒效用无显著差异的结果，我们得到的启示是：教师或研究者不应把注意力集中在 PowerPoint 的工具性效能上，相反，应该研究如何以帮助学生学习的方式来整合其功能。这是因为，教学工具的效能与其固有的功能关系不大，而更多地取决于它的使用方式（James *et al.* 2006；Baker *et al.* 2018）。

（3）服务课授目的

课授型 PowerPoint 的环境、受众变量因素与学校教育教学目的直接相关。它既有演讲的公共属性，也有学习的个体属性，且对受众行为具有某种潜在的规制性胁迫作用（因为课程学习是由教师考核的）。同时，教学课授的目的不是教师演讲"秀"，它要尽最大努力保证信息递受的有效性，并尽可能照顾到受众接受的个体差异（通过认知互动来调节）。因此，课授型 PowerPoint 显然不同于乔布斯式的简约型销售策略。而且，外语教学的特点对语言性信息的可视化设计要求也更专业（信息功能 vs 认知功能，语言信息 vs 非语言信息），教学的核心理念是解释、推演、设问、答疑，而不是售卖知识要点。美国著名认知科学家史蒂芬·平克（Steven Pinker）认为，如果说有什么能够理想地反映我们的思维方式的话，那就是 PowerPoint，当然得要使用得当才行。所以，外语教学的 PowerPoint，要反映外语教学的特点，即语言性教学；外语教师的 PowerPoint，要反映外语教师的思维风格，即人文思辨。这与理工类的科学性教学是不同的，甚至与商学、法学、教育学等社会学科教学也有一定的区别（体现在内容性与语言性的对比上）。

（4）**信息与信使**

正如"The multimedia paradox"一文中所报道的那样，多媒体应用困难的主要原因是很难将媒介（PowerPoint、视频、活动挂图等）与内容的质量、概念和设计以及使用它的演示者或教师的技能区分开来[1]。毕竟，两个不同的演讲者可以使用完全相同的媒介，发表两个完全不同的演讲：一个可能无聊而低效，另一个则可能迷人而鼓舞人心。同样，观众中不同的人听着完全相同的演讲，却以相反的方式做出反应。这取决于许多因素，包括他们的年龄、教育、背景、价值观、个人偏好、学习风格和演讲时的交互方式。

人是问题所在。出于研究的目的，科学家们很难重现演讲或课堂的真实情况，这主要是因为只要有人参与其中，就会产生不可预测性和不一致性。因此，在教室里，一些看似简单的问题经常出现，类似"PowerPoint 幻灯片比活动挂图更好吗？"这样的问题后面会有一连串的追问：听讲的受众是谁？演示的目的是什么？在什么情况下演示什么内容？以什么方式演示更好？有良知且认真的学者很快就会意识到这些问题本质上是难以回答的。但无论如何，很多日常使用 PowerPoint 的老师达成的压倒性共识是：幻灯片确实改善了学习、记忆和参与度，在许多情况下，它是师生之间沟通的催化剂。不幸的是，演示技术并不总是以同样的方式为每个人发挥神奇的作用，在某些情况下，它根本不起作用。"教学是艺术，不是科学"成了教师们最无奈的自我解嘲。

在课堂上、教室里，人是所有问题的核心，因为人的存在引入了无法简单剥离或轻易忽略的变量。在现实生活中，这些变量正是新的演示技术可以变得如此多彩又强弱不一的原因。任何新技术真正能做的，都只是开启一系列以前不存在的可能性。它是否有效、是否更好，最终取决于使用该技术的人。没有技术，人们会直接失去这些可能性；有了技术，人们也还得有能力把握这

---

1 参见塔德·西蒙斯（Tad Simons）发表于 2004 年的文章"The multimedia paradox"。

种可能性。演讲者吸引听众注意力并协调信息交流的能力、选择媒体的智慧、所制作内容的品质，以及技能和知识都是让 PowerPoint 发挥作用至关重要的因素。

12.3 微课、微视频与微学习

微课是多媒体教学应用的又一热门话题，因为它绝无例外地应用了语音、文本、图像、视频等多媒体元素。但是引发热议最多的却不是这些技术要素，而是关于微课作为课堂教学的衍生品时，它的功能、作用和恰切的使用目的和方法问题。

12.3.1 微课的缘起及定义之争

微课具有课的内涵和视频的形态，但它又不是简单的课授片段视频实录。国内学界对微课这一术语的内涵和外延的界定不是很清晰。虽然学者们一度有过非常激烈的讨论，给出了多达十多种定义（胡铁生等 2013），但时至今日，依旧是众说纷纭，并无定论。"关于微课的概念，在当前的教学实践或相关文献中，不同的人根据不同的视角或者不同的应用场合，常与微课程、微视频等概念混用，容易让人误以为在三者之间可以画上等号。"（苏小兵等 2014：94）微课的定义之争除了与这一教学应用本身的多元性与创生性有关以外，还与汉语表达的简约与模糊性有关。"微课"这一称谓具有极强的概括和隐喻的意味。"微课"之"微"尚可理解，但"微课"之"课"却同时具有课程、课堂、课授甚至课件之意。英文中有 microcourse、microlecture、microlesson、minicourse、minilecture、minilesson 等多种与"微课"含义相似的表达。其中，course、lecture、lesson 等词虽有意义交叠，却是各有所指，不易误会。汉语"微课"一词实在无法从词义上与这些英文术语一一对应，因为它们各自的内涵并不完全重合，有的甚至相去甚远，随意应用会造成学术讨论与交流时的误解。

在所有上述英文合成词中，只有 minicourse 是相对成熟的术语，专有所指。韦氏词典将其定义为"通常持续不到一个学期的简短学习课程"。该词出现于 20 世纪 70 年代，汉译为微课程、短课程。国内高校有相似的课程类型，如短学期课程。microcourse 是新造合成词，尚未被韦氏词典收录，该词有时与 minicourse 混用，但是所指范围更小更聚焦（因为"迷你"[mini]比"细微"[micro]要大一些），一般专注一项特殊技能或知识主题。这种微课程可以比作书中的一节。与 microcourse 紧密相关的常用术语是 microlearning，专指相对较小的学习单元和短期学习活动，国内学校没有对应的课程单元。与国内微课概念和形态相近的是 microlecture、minilecture、microlesson、minilesson 等词。它们的形态都是技能性学习（skill-based learning）、相关性内容（relevant content）、微量性学习包（bite-sized packages），通常指将课堂分解为更小的部分，以使学习目标易于管理。微课应该包含一个或两个要学习的概念，一个练习该概念的活动，以及一个确定学习者是否获得信息的简短评估。可以看出，这些描述并没有超出课堂教学的范畴。

微视频形态的微课教学应用之所以普及得益于数字视频技术的发展，但微课的概念却可以追溯到前数字时代的 20 世纪末。microlecture 的概念是美国新墨西哥州圣胡安大学学院（University College of San Juan）的大卫·彭罗斯（David Penrose）于 2008 年提出的（Shieh 2009），国内早期对"微课"概念的阐释主要与此相关。然而，微讲座教学方式对英美高校而言并不陌生，教授们总是设法切割教学单元，在某一概念或主题的集中讲解之后，插入问答或讨论活动。这种微课堂讲座的雏形最早萌生于 1993 年美国北爱荷华大学（University of Northern Iowa）勒罗伊·麦格鲁（Leroy McGrew）教授所提出的 **60 秒课程**（60-second course）（McGrew 1993），以及爱丁堡龙比亚大学（Edinburgh Napier University）特伦斯·基（Terence Kee）提出的 **一分钟讲座**（the one minute lecture）[1]。他们都不约而同地将微课设计分为三个部分：概念引入、解释、

---

1 参见特伦斯·基（Terence Kee）发表于 1995 年的文章 "The one minute lecture"。

举例。在 2008 年的技术背景下，彭罗斯作为一名独立的教学设计师和在线学习顾问，将原有的微课堂讲座重新构建为五个部分：核心概念、诠释总结、录制视频、设计作业、上传平台，因而成就了现今意义上的微课（microlecture）。这时的微课概念已经体现了信息技术背景下的个性化学习和针对性指导的理念，因为内容性视频是和设计引导学生阅读或探索课程知识的课后任务一起上传到课程管理系统的[1]，所以维基百科给出的微讲座的定义是使用建构主义方法为在线和移动学习格式化的实际教学内容。更具体地说，如同《高等教育纪事》中所描述的，这是一个大约 60 秒的演示，具有特定的结构[2]。这就使视频讲座的教学处理和活动组织具有了课授的内涵，最典型的例子莫过于可汗学院（Khan Academy）的微视频讲座和 TED 演讲。不过，英语世界对 microlecture 的界定普遍限定在"教"和"演示"的范畴。美国高等教育信息化协会（EDUCAUSE）给出的定义是受到普遍认同的：微讲座是针对单一的、严格定义的主题的简短录音或视频演示，作为在线、混合或面对面教学的一个组成部分，这些简短的讲座可以穿插在强化讲座主题的学习活动中[3]。甚至还有简如"60 秒的视频讲座，重点讲解关键概念"（Scagnoli *et al.* 2015）的定义。与国内学术界部分微课定义相比，它简洁明了，更接地气，毫无经院色彩。

当然，microlecture 的走红，主要缘于 20 世纪末的微课堂理念与 21 世纪初的数字视频技术的不期而遇，众多录屏软件的出现、数码相机的普及、2007 年苹果公司第一款智能手机的面世，尤其是 Web 2.0 时代（2005—2009 年）的到来引发了自媒体井喷式发展。各类视频共享网站应运而生，如 YouTube、TED

---

1 参见托马斯·托宾（Thomas Tobin）发表于 2013 年的文章 "Online education-Introducing the microlecture format"。

2 摘译自维基百科 Microlecture 词条中的内容。

3 参见美国高等教育信息化协会（EDUCAUSE）发表于 2012 年的文章 "7 things you should know about microlectures"。

Talks[1]、TeacherTube[2]，以及较后的视频网站聚合器 Frequency[3] 和第一个微课平台 Coursmos[4] 等。各种在线教育微视频犹如雨后春笋，美国韦恩大学（Wayne State University）2009 年启动了一分钟教授（One Minute Professor）项目（后改为一分钟学者 [One Minute Scholar]，扩大了教职范围），鼓励学校教授们制作微讲座并上传至互联网。再后来，越来越多的非营利教育培训机构纷纷介入微课领域，是以又陆续出现了 video lecture、minilecture、minilesson 等说法。与高等教育教学改革有关的视频共享网站接踵而至、迅速发展，如 iTunes U、可汗学院、MIT 公开课件（MIT Open Courseware）等微视频资源共享网站。这一情形最终酿生了 2012 年的慕课爆发，高校教育资源和微课、微视频汇集成流，发展成为学习型社会的全民学习资源。该潮流迅速波及我国，2013 年后国内也相继出现了 5 分钟课程网、对勾网等微课网站和资源平台。

国内微课的概念与国外 microlecture 或 60-second course 并非同源，它更像是微格教学的技术创新，其缘起与发展主要来自从事基础教学研究的电化教学专家的技术探索与实践创新，如广东佛山的胡铁生（2011）、内蒙古鄂尔多斯的李玉平，以及高校教育技术领域的学者如黎家厚、王竹立、焦健利、张一春、郑小军等。其后掀起的微课热和慕课潮迅速见证了信息技术一统下的"殊途同归"——**数字时代的碎片化学习**。只不过，基础教育的微课应用与课程资源建设走得更近，而高校的微课发展主要与翻转课堂和混合式教学结缘更深。

1　TED（Technology, Entertainment, Design）是一家私有非营利机构，以组织 TED 大会著称，宗旨是"传播一切值得传播的创意"。如今是被大众熟知的在线视频共享网站之一，其成员包括 TEDedu。

2　TeacherTube 是一个视频共享网站，为教育行业人员（特别是教师）提供共享教育资源，包含多种课堂教学资源和其他专为教师培训而设计的资源。

3　Frequency 是一个个性化的视频聚合器，将来自互联网的视频汇集在一起，创建实时更新的定制频道，可以在电脑、电视或移动设备中观看。目前经营视频智能工具服务。

4　Coursmos 是一个在线微学习平台，在约 11,000 个课程中提供了约 50,000 节课，每门课程都细分为较小的课例，通常不超过 3 分钟。Coursmos 在 2013 年推出，是世界首个支持 micro 学习的平台。

国内对微课的认识是一个逐步深化的过程。胡铁生将微课发展分为三个主要阶段：关注微课资源构成阶段、关注微课教学活动阶段、关注微型网络课程（微型视频课程）建设阶段（胡铁生等 2013）。然而，实际情况却是从一开始就同时存在着对微课概念的这三类看法，并贯穿始终：微课作为资源（胡铁生 2011；焦建利 2013；吴秉健 2013；郑小军、张霞 2014；王竹立 2014）、微课作为微课程（李玉平 2012；黎加厚 2013；郑小军 2016）、微课作为教学活动（张一春 2013）。当然，亦有专家从技术的角度描绘微课，认为微课就是一种视频格式的教学课例，或者是教学演示的视频封装。也有学者认为，微课的定义之争意义不大，因为"微课的核心要素就是微视频，只要是用于教与学的微视频就是微课，微课几乎可以与微视频画等号，微课的价值和意义也就在'微视频'这三个字"（王竹立 2014：35）。此外，也有学者力图赋予微课以教与学的经典理论色彩，提出了 16 个"不是"来概括微课的特点及与其他数字资源的区别，如"不是实录课展示教学过程、不是公开课展示大师风采、不是研讨课陈述教学方法、不是切片课截取教学片段、不是多媒体课件有交互、不是网络课程有链接、不是网站平台有资源、不是现场教学有活动……"（张一春 2017）。这样定义的结果可能是过分限制了微课的功能性拓展，将微课逼入了专家预设的定义"单行道"，甚至是"死胡同"。

针对微课概念之驳杂，苏小兵等（2014：95）从教学论和课程论的角度，对微课与微课程的属性进行分析，指出"课与课程是两个不同范畴的概念，前者属于教学论的范畴，后者则属于课程论的范畴，不能混为一谈"，并以 Saylor *et al.*（1981）的三个隐喻为例解释两者的不同：课程是建筑蓝图，教学是具体施工；课程是球赛方案，教学是球赛过程；课程是乐谱，教学是演奏。时至今日，人们已经逐渐从对微课定义的烦琐论证之中解脱出来，转而对微课的教学功能和具体应用进行探索实践。

那微课到底具有什么功能？微课定义之争背后的实质又是什么呢？

从微课产生的土壤来看，可以认为，微课是教师级作品，派生于教案、课件和课堂教学，具有草根性；微课是常态化应用，可用于指导预习、辅导复习、缺课补习，具有教学实用性；微课并无固定模式，演讲、演示、演练、演播均可，具有应用灵活性；微课也不宜限定形式，录像、录课、录屏或混合剪辑都行，具有典型的多模态学习特征。

从微课的信息载荷目的来看，微课是内容性视频，但又不同于一般的内容性视频，它是体现教学意图和讲解过程的内容性视频。打个比方，典型的绿色（焦点色）和典型的蓝色（焦点色）区别很明显，但是邻近色块就很难区分（见图 12.1）。课件是内容性质的，课授是活动性质的，但有时很难分离，因为两者互为依存。微课就介于两者之间，它既有内容性特征（如课件），又有活动性特征（如课授：教师的讲解、屏演、课演等活动过程），用录屏、录课、录像等方法，记录教学叙事的过程，并以视频的形式编辑封装。

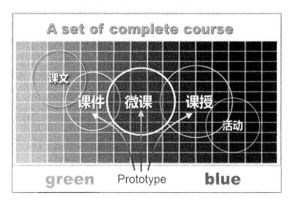

图 12.1　微课与课件和课授的区别

微课不仅仅是教学活动，因为仅教学活动不具有内容的完整性。此外，微课也不是课件，因为课件在使用前是休眠状态的，无论设计时预设了多少交互设置和选择路径，只有经过使用的过程，即教学活动的主体介入，它才能"活起来"。微课不但保留了课件的内容，还记录了内容授受的活化过程（如图12.2 所示），只是由于介入的目的、方式、程度和技术手段的差异，才会出现许多不同类型的微课（张一春 2013）。就学校教学应用而言，微课是课程教学体系的要件之一，其本质属性是内容范畴的可视化在线学习资源。

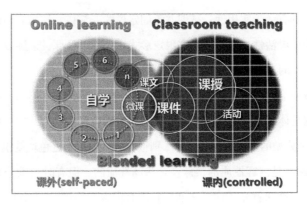

图 12.2　混合式教学模式中的微课应用

也许，严格定义微课是有困难的，也没有太大实际意义，因为教学创意无穷尽，技术发展无止境。但讨论微课能够是什么、应该怎么用可能是有意义的。这至少能让我们在探索微课创作和应用的过程中更具目的性。上文提及的微课"16 个不是"的概括，并非全无道理，但问题是我们应该将"是"与"不是"的界定限制在特定的语境范围内。比如，针对学生自学之用，微课肯定不是实录课展示教学过程、公开课展示大师风采、研讨课陈述教学方法、切片课截取教学片段、现场教学有活动等，但是，如将微课用作师范生（包括在职教师）教学技能培训、观摩研讨的研修样本，这些"不是"便成了"就是"。微课完全可以是在线教学观摩、教学技能培训、参赛切磋的作品。当然，用于课外助学、课后自学，微课是求解式课例，往往针对课授的预留和遗留问题。它可以起到举一反三、触类旁通的作用，供学生预习、复习、查漏补缺。

12.3.2　微课与微视频的功能异同

12.3.2.1　微课的功能与教学应用

微课具有预习导学、启发思考的作用，可用于翻转课堂、任务型学习、项目型活动。教师可针对具体内容、技能要求**设计预留问题和预设要求，以提高自身对知识或技能的准备度**，留出更多的课堂时间进行答疑解惑、发展技能熟巧。微课也可以用于课后复习巩固、拾遗补阙一类的对症性辅导及诊所式咨询。教师可**针对遗留问题整理案例集锦**，包括应用案例、实用场景、解惑秘籍（疑、难、惑、趣、奇的知识点）等，用于解决实际问题。

微课除了支持课外学习，还可以用于课堂教学，但必须是整体课堂教学的必要环节（如内容性视频的演示）。一般不建议将成品微课作课堂观影之用，尤其是教师出镜讲解的微课。其一，此类应用不具有教学操作上的经济性，是教师和学生一起默默地观看，还是边看边把自己在视频里讲过的再解释一番？课堂面授时还是应该使用课件，因为课件教学处理的灵活性空间更大，而经打磨制作的微课内容和教学处理已经封装固化。其二，在已将微课作为预习材料分发的情况下，更要杜绝"炒冷饭"似的课堂重播。课堂教学的魅力在于顿悟或然性、交互现场性，以及令人期待的信息差和必然存在的不确定感，否则难以唤起学生的求知欲，也不能给学生带来获得感。当然，这些都是在教师主导下的创意互动中实现的。其三，面对学生的课堂教学，更为紧要的是根据微课预习情况进行答疑解惑、作业评点、问题讨论。所以，微课教学要在有效组织课堂活动方面下功夫。教师不在现场或一班播放多班收视的微课式学习，其实是广播教学，不是微课的典型应用。但笔者并不建议给微课设限，一班播放而多班学习、复习、练习、补习，在师资匮乏的情况下是有益无害的。

微课用于翻转课堂时，不仅仅是指导预习、提高知识准备度，更主要的是启发学习、促进学习、了解学情。这样，翻转了的课堂才能汇集学生的问题所在，发现他们的思想火花，才能为解锁或点燃学生潜能找到最佳的时机。课堂上使用成品微课，充其量只是利用了其内容性优势（在设计合理的情况下），但其个性化导学、促学、预见所学的教学法意义却不复存在了。因此，微课学习的在线反馈这一环节是微课设计与应用的有机组成部分。缺失这一环，微课会蜕化为微视频，与一般性数字化学习并无二致；补上这一环，微视频也会进化为微课，成为课堂教学的有机组成部分。

微课和微学习本身就是从学校课堂教学的创新实践中诞生的。教师创建或选择微型材料可以很容易地进行更新或调整，以满足更加多样化或意外的需求和兴趣。此外，由于成熟的微课可以作为独立单元使用，因此可以很容易地作为构建块来补充其他课程。从学习论的角度看，**微课是一种非正式的自主学习行为，它更多地与微学习概念相关**，如图 12.3 所示[1]。即便用于翻转课堂，通常也是满足咨询、求解、拾遗、补漏之需，所以，内容的实用性和精准性是重点，也是其与课堂授受的系统性的区别所在。时下因赛事而流行的微课评价标准导致了微课的过度设计，并赋予了它太多的正规课程的教学要求和正式学习的期待，而与它本来的功能渐行渐远，结果反而过犹不及，甚至适得其反。

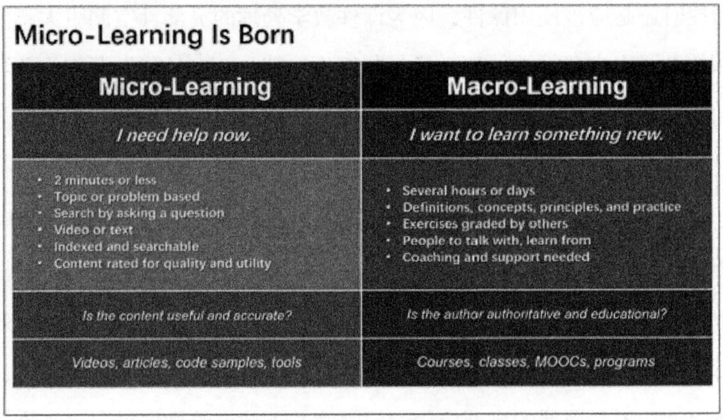

图 12.3　微观学习和宏观学习分类

微课也常常根据其不同类型的视频特征来区分。外语微课的设计与视频制作过程涉及多重表示的复杂性和使用的决策，还与视频内容的表现风格有关，包括实拍语境的真实性与代入感、讲解与字幕或文本的同步呈现、文本界面的组织与可视化设计、图文声像组合中的语言主线等等元素。论及微课教学的应用效果时，学习的技术环境与支持至关重要。微课设计应用了微观学习理论，并考虑到学习者有限的业余时间、对互动和社会联系的渴望以及对便利和学习支持的需求。离开了常态、健康的学习文化养成，任何技术手段的优势都不会持久生效。

如今，微学习已成为信息社会中最常见的日常实践，就像是我们呼吸信息

1　参见乔希·伯辛（Josh Bersin）发表于 2017 年的文章 "The disruption of digital learning: Ten things we have learned"。

和呼出交流的方式。我们在阅读和撰写电子邮件或手机短信、博客和维基时，或者在搜索引擎和检索平台上设置聚合和提要时，都会这样做。新信息环境和传播方式迫使每一个人"小步快走"，我们正在自愿地、直观地学习，有时甚至非常不情愿地、疲惫不堪地使用这些技术并将其融入我们的生活。微内容是我们以新的、松散耦合的格式与结构进行生产和传播的文本。它们构成了当下教育、工作环境中的电子学习、知识管理和信息获取的新基础。新兴的数字微媒体生态提供并要求设计创新的体验、流程和技术，具备个性化和动态、随意和多变、复杂和有效等特点。微课是教育场域对微学习生态的自然应对和合理应用。

无论我们接纳与否，微学习可接近的信息量正在迅速增加。为了应对这一挑战，学生必须更加密集地利用数字基础设施，尤其是智能手机和各种联网的小型移动设备，以便随时随地、按照自己的节奏和范围进行在线学习。然而，鉴于正规教育的规定性要求，我们必须面对这样一个事实，即使用新媒体技术进行的学习与课程中正式的有组织学习之间存在着发人深省的差异。为什么正式的在线学习有时无法实现它的承诺？为什么两种方式在保持学习者的积极性和课程的有效性方面仍然存在巨大的落差？为什么在线学习的普及率（尤其是在体制内教育机构）仍然很低？为什么许多在线学习项目和策略的退出率（即辍学率）居高不下？微课在何种情况下会成为正规学习的替代方案，又或者它只能是数智网络时代学生学习的助学资源？我们如何才能从新的无处不在的学习可能性中获得更多的利益？对于这些问题的思考已经超出了技术效应问题的范畴了。

对于许多观察者和分析人士来说，正式的在线学习似乎过于简单且缺少互动。购置昂贵的专有平台往往无法适应用户的个人需求，也无法跟上网络技术的快速发展。许多内容在一段时间后看起来相当陈旧，许多平台在一两年后也显得相当笨拙和缺乏吸引力。制作成本高昂的大量数字课程材料很快就过时了，市场和知识的快速变化超过了已安装的基础。这些问题的产生也许是我们的教育体制过于宏观，过于注重宏观平台、宏观内容和宏观学习。微课与微学习在这种宏观背景下看起来并不起眼，但极其灵活也极具生命力。

12.3.2.2 微课与微视频的异同

视频是一个笼统的技术术语，它包括动画、影视、电视、录像等动态可视化内容。视频的类型包括电影、纪录片、评论、叙事、采访、广告、演讲头像、屏幕录屏、模拟演示等。微视频指的是内容简短、时长几十秒到几分钟不等的各类短视频。微课则是按学习目的和内容需求，采用各种视频摄录与编辑手段制作而成并封装为视频格式的演示文档。这不是微课的定义，而是微课作品的技术性描述。在制作微课时，简单如 PowerPoint 演示转存为视频，复杂如专业摄制加非线性编辑，更可以借助屏幕录制、软件生成，整合各种可视化动态表征。

从技术形态上看，微视频与微课没有差别，均为视频格式的流媒体文件；从内容结构上看，两者也十分接近，如视频讲座、带知识内容的交互式视频和 TED 演讲、可汗学院式的视频课程十分相似；从应用目的上看，两者差别也不大，都是为了适应泛在化自主学习的需求。若是硬要将两者加以区分的话，两者的主要差别是出生不一样：**微课是从特定科目的课程中析出的特定的技能、知识点和内容话题，与课程教材的系统关联性较强，与教学设计的内在逻辑和目标相一致**；而无论是哪种类型的微视频，都可以以不同的方式为不同的目标群体使用，但如果与课程目标一致，也可以当成微课使用。在后一种情况下，个人学习可以通过包括视频内容的开放式学习来补充，例如慕课或非正式学习。微课和微视频都可以归为有设计的视频教学和学习模式的亚类。

在外语教学中使用视频剪辑片段的实践非常普遍，但绝大多数应用仅处于营造语言环境、引入应用实例、补充课程资源、激发学习兴趣、丰富课堂活动等层次，而对于视频之于教学效用的原理和合目的性设计缺乏深入的了解和系统研究。因此，即便采用了视频的方式制作了微课，也仍然没有超出资源性内容的使用范畴，国内文献极少出现对视频（或电影）外语教学效用的实证研究和理论探讨。

在阿尔伯特·班杜拉（Albert Bandura）的社会认知理论中，使用视频进行学习通常被称为"观察学习"及其理论基础（Bandura 1986）。观察性学习，通常也被称为"基于演示的培训"，是通过查看影像示例获得**知识**、**技能**和**态度**（knowledge，skill and attitude，简称 KSA）的过程。因此，基于演示的培训是一种实操演练和交付策略，涉及系统设计和使用观察刺激，旨在为学习者开发特定的 KSA。基于演示的学习主要用于人们必须学习涉及技能等程序性知识的情况，这恰恰是在线外语学习的痛点。例如，Rosen *et al.*（2010）引用了关于技术技能、人际关系技能、群体导向和管理技能的示范学习研究。显然，视频也适用于外语教学中的情景对话、谈判技巧、会议翻译、人际交往等语用实例。大量的视频实战训练可以让受训者提前熟悉职业样态和应用语境。

视频教学法还与建模有关——视频可以用来演示特定的表演，从而训练其他人执行程序，并支持身体技能的获得。显示视频意味着显示如何在给定情况下执行示例（运动技能教学中的视频替代教练的好处是显而易见的，因为有可重复的标准动作），视频成为练习模仿的参考。当然，视频的样例作用应适合学习者水平（即应当循序渐进），如果演示内容超过了观察者的表现能力，那么由此产生的任务表现和自我评估模型将不会达到预期目的。这个空白恰巧可以由教练来填补，他是新手与经验丰富者之间的脚手架。

另一种变通的方法是假设错误有利于学习并具有教育价值，视频可以用来捕捉和分析特定的技能表现，并分析其间的错误，以提高个人技能。例如，将语言学习者当前的练习实践用视频记录下来与参考规范进行比较，以确定在个人能力和专业发展方面需要填补哪些差距。这在某些职业技能（Cattaneo & Boldrini 2016，2017）、模拟练习（或角色扮演活动）和真实情境中得到了有效运用。

类似的比较分析可以用于各种语言微技能（即输出性语言技能，如朗读、演讲、辩论等）的训练，既可以针对自我，也可以在同侪学习中使用。通过与母语者对比、与同伴互比，视频学习可以提供一种结构化的过程，包括：（1）支持错误识别；（2）提供有益反馈；（3）针对性纠错；（4）反思与适当指导；（5）

提供再次练习该任务的机会。真实的体验可以激发学习并帮助学习者使用更多信息，例如非语言信息，如面部表情、语音语调、人际距离、体势语等等。使用样本视频可能的风险是信息过载和过度依赖一种或几种体验，而排除了许多其他可能的情况。毕竟真实语用场景和语言实践的变化不可能事先穷尽。

从教学应用的操作性角度看，视频（此处所指不限于微视频）有以下优势：

（1）**视频可以用作教师的教学支持**，视频形式可以方便地用来再现内容讲授、实操过程等。教师不控制观看的速度，但可以中断和评论。例如，在课堂上播放来自学生实操训练的视频，让他们在老师的指导下在课堂上评论自己的实践经验可能是一种有效的教学方法（Motta *et al.* 2014；Hämäläinen & Cattaneo 2015）。这是一种类似微格教学的场景应用，对语言教学的模仿、表演、实操、应用特别有用。

（2）**视频可以用作个人学习的材料**，学习者独立使用视频学习陈述性和程序性知识。在这种情况下，学习者直接掌握视频的控制权，这样他们就可以按照自己的节奏观看视频，调节信息摄入，并有可能再次观看困难的场景片段。该教学模型通常以基于演示的形式用于职业教育与培训（vocational education and training），包括职前和入职教师培训，但对外语的语言技能实践演练和情境性社交应用同样适用。

（3）**视频的同步（直播）和异步（点播）方式**，可以用作远程教育中的教学分发模式。但是，这种灵活、经济的授受方式也已日益融入正式的在地化（place-based）课程计划。除了传统的面授课程外，还可将视频直播模式用于规定时段的在线必修课，师生可以实时异地进行课授、答疑、咨询、汇报等同步交互式教学活动；亦可以将课程视频的点播用于学生的任意选修，真正实现选课的自由和学习的自主。这种在地、在线以及混合式课程计划安排超越了课程级混合教学模式，上升到学校级混合式教育模式，可以在有限的时空条件下提高教育教学效率，大大缓解学校排课的场所压力。

（4）**视频是一种理想的教育交付模式**，如基于堂授的教学录像、基于线授的 MOOC 视频以及基于校本 SPOC 的结构化内容视频、教学互动包等。这种交付方式使每个学生（包括社会学习者）都有机会按需求、视条件提高自己的知识技能，并通过持续和自我驱动的教育获得新的能力。融合了视频、文本、开放式学习、社交、基于工作等元素的 MOOC、SPOC 等在线视频课程潜在地提供了教学法的混合，同时也模糊了正式、非正式和正规、非正规学习之间的界限（Cross 2007）。

许多视频教学法在正式和非正式环境中的共同点是学习者的积极参与。使用视频有助于提高学习过程的灵活性、有效性，因为学习者积极参与并与视频材料自主互动。互动可以通过多种方式实现，包括控制观看的速度、回答嵌入的问题和测验、为视频添加反射信息层，以及直接操纵甚至从头开始创建视频材料等。撇开教学设计和内容演示者的介入方式，微课与微视频作为一种可视化学习技术，在功能上并无差别，它们还都具有多媒体、多模态学习的特点。

从认知学习的角度看，视频主要有以下功能优势：

（1）**支持观察性学习**，视频可被分析为一个连续统一体，包括从识别到注意，再到对细粒度细节的辨析。在这种情况下，可以使用视频来显示在现实生活中难以或无法临场观察到的动态过程，从而拓展语言学习的话题至宏观宇宙、微观粒子、战争、病毒等领域，因为它们本身难以企及或复制，且危险、昂贵；此外，视频还可以涉及仅用文字难以描述，如过于复杂、抽象、晦涩、难懂的知识内容（Chambel *et al.* 2006）。

（2）**支持程序性知识的操作性学习**，视频的功能类似于观察学习，但重点在于模仿实操。当一项活动或技能特别复杂时，视频功能可以帮助学习者反复观察、模仿、操练（如减慢运动速度、分解连贯动作、语音变速不变调、将活动分割成块，或细节局部放大、图解要素关系等），这特别有利于程序性知识和技能的获取，因为它非常接近于具身传授的学徒制模式，但却可以实现批量化一对一辅导，在利用数字替身的情况下，更是如此。

（3）**可用于支持陈述性知识获取**，即逐步呈现结果。在获取陈述性知识的同时，视频中可以添加权威证据或理由等。在这种情况下，视频可替代教师课堂讲授，尤其有助于将事实陈述、解释与具象表征（图示、图喻、图表等）结合起来，还可以提供原因和方式，例如展示事实或现象的直接而真实的情境（即"有图有真相"）。

（4）**视频很吸引人，动态刺激容易引起注意**，情境元素可以迅速激活经验图式、提高兴趣、促进参与，因为它创造了让人们做好学习准备的心理环境（Schwartz & Hartman 2007）和身临其境的代入感，可以重新激活主题相关的先前知识、提升情感倾向，或产生情感唤醒，并最终为理解后续教学内容做好准备。

总之，视频用于外语学习的心理与认知效益可体现在：（1）减少文字信息载量，具象生动并易于理解，从而促进认知经济性；（2）通过明显可见的动态信息凸显重要内容来集中学习者的注意力；（3）通过强调构成展示的元素之间有意义的关系来促进知识推理；（4）提供了明确的视觉模型，有利于建立学习者的内在心理图式；（5）文字、语言和视像的同步呈现有利于实现学习的多模态效应（详见第十三章语言学习的多模态问题）。当然，这些优势的实现依赖于视频内容的学习设计和制作水准，以及教学的合目的性应用。

12.3.3　微课与超视频、交互式视频

12.3.3.1　交互式微课与超视频

说起微课和微视频，不管是动画模式、演播模式还是讲解模式，我们最终见到的文件从格式上看，都是线性播放的视频文档。随着网络教学平台产品的迭代，在线学习越来越注重学生学习行为和学习过程的管理与可视化。但是，**视频学习的过程是一个内隐的心理行为，除了观看的时长、点击的次数，平台无从获取其他有价值的学习数据**。如果在微课视频中嵌入习题、问答、注释、内容分支路径等交互性功能，我们就能通过平台记录学生的这些学习行为并分析学习的疑难所在，并及时提供教学干预。这就是**超视频形式的交互式微课**。

超视频（hyper-video）的概念和技术源于西奥多·纳尔逊（Theodor Nelson）的超文本（hypertext）思想（Nelson 1993）。纳尔逊在他1960年创立的世外桃源（Project Xanadu）项目中，设想了一个能够根据文档单元的来源管

理文档的创建、存储和接收的系统。创建新单元时，它们除了新材料外，还可以使用以前单元中的材料构建。纳尔逊思想的起源可以在 1945 年瓦内瓦尔·布什（Vannevar Bush）描述的记忆延伸（memex）概念中找到（Bush 1945）。布什设想了一个关于链接的系统，允许通过个人文件片段创建线索。在网络成为流行的超文本系统之前，一些作家就已经探索了功能性互文性的一般概念，作为实现非线性故事讲述的方法。这些方法产生的类型，即超文本小说（hyperfiction）、超文本诗歌和互动小说，利用超文本链接结构，允许通过不同的叙事路径进行非线性导航（Landow 2006）。

超视频可以被看作是交互式多媒体的亚类。在超媒体程序中加入视频的方法，是不同于线性视频（linear video）的非线性视频（nonlinear video）。有人认为，超媒体在影响视频制作的知识表示方面存在独特的问题，所需要的技术不同于线性视频和其他形式的交互式视频。超视频具有超媒体的外观和感觉，主要涉及压缩信息和加快播放速度。它们基于作者评估互动媒体和创建压缩视频节目的经验而产生。现有的媒体和视觉能力研究可能需要被重新解读，以支持这些交互式的超视频方法。Jäger（2012）介绍了 Shawney *et al.*（1996）的概念超视频框架，这是一个基于网络的超视频体系结构（见图 12.4）。其中包括一个由相互关联的叙事序列组成的非线性网络，而每个叙事序列至少由一个包含注释文档（基于时间）的视频场景组成。叙事序列是一个语义总结信息单元，可以在两端连接到数量不限的其他序列。

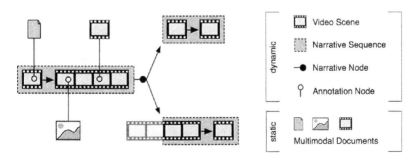

图 12.4 开放式超视频体系结构的组件
（Shawney *et al.* 1996：5，转引自 Jäger 2012：17）

超视频或超链接视频（有时亦称互动视频）是显示的视频流，其中包含嵌入式交互锚点，允许在视频和其他超媒体元素之间导航。超视频不再将视频媒体本身作为一个适时的和空间上的封闭单元来呈现。一方面，超视频提供视频信息，仍具有视频的特性；另一方面，它们是自己的互动媒体使用界面。因此，超视频类似于超文本（它允许读者单击一个文档中的单词，并从同一个文档的另一个位置或另一文档中的某个位置检索信息），将视频与非线性信息结构结合在一起，使用户可以根据视频内容和自身兴趣进行选择。以此方式制作的微课或微视频结合了视听信息显示的质量和独立、自我控制的互动学习过程。在超视频中，极佳的真实性和灵活性支持并引导认知加工，学习者的个人需求得到了考虑，并促进了基于计算机的知识交流的新视角。

超视频用户能够以最适合其认知能力和需求的自我调节方式与视频内容交互，允许调整学习节奏和信息负载，可降低由于动态可视化的复杂性和短暂性而导致的认知过载风险。普通视频与此不同，它们虽然可以通过再现真实体验和动态过程来促进学习，但是它们不能让学生与内容互动并自我调节学习（能做的主要就是暂停、快进和回放）。超视频在技术上克服了这些限制，能够更理想地用于教学和学习目的，并增加了更多的好处。同时，**由于视频学习交互过程的行为数据得以留存且透明可视，超视频方便了寻迹管理与学习支持**。

然而，尽管有一些关于这个主题的文献存在，但超视频的概念在国内学界并没有得到充分的讨论，且有不同的解释。超视频被定义为一个动态的人工制品，它允许导航控制并包含额外的材料；它还可以集成个人或协作注释以及自动或手动反馈（Sauli *et.al.* 2018）。超视频包括通过热点或标记将视频链接到现有补充教学材料（如其他视频、文本文档、图像、网页等）的超链接。利用超视频反射功能的教学手段，如通过视频注释工具（这些工具通常集成在超视频界面中）嵌入测验和问题以及接收自动生成的反馈，被证明对维持学习有效（Colasante 2011；Hulsman & Van der Vloodt 2015）。慕课视频中普遍采用的嵌入式测试性习题问答就常用这样的技术。

与超视频类似的另一种交互式视频是互动视频（interactive video），它们有时常被看成是同类，但超视频的设计通常更为系统、复杂。交互式视频则是一种简单的视频，通过单击、滚动或悬停光标，让观众能够以与网页相同的方式与视频内容进行交互。与传统的线性视频不同，交互式视频允许用户在整个视频内容中添加多种交互式选项，例如可点击的插针、字幕或检查点。此外，制作交互式视频的技术门槛不高，采用适当的视频工具软件，一般教师均可以在几分钟内轻松创建交互式视频[1]。

当然，交互式视频之于教育教学的价值是对互动学习与发展的支持。它们可以将语言学习转化为一种引人入胜的体验，促进积极的学习环境。交互式视频复制了一个面对面的学习环境。它让学生能够访问更多信息、参与投票、回答测验、下载额外资源，以及与教师进行内部对话，所有这些都可以在视频本身中进行。这对于那些在互动游戏和辅助学习中成长的低年级学生来说尤为重要。互动视频不仅为学生提供了更丰富的学习体验，而且还确保教师能够监控学生的反应并跟踪他们的学习进度，为需要帮助的学生提供及时帮助。

毫无疑问，互动视频是一种强大的内容工具，但最终，如何使用它们将取决于特定的教学目标、视频内容策略以及教师想以多快的速度改变自己的教学模式。微课视频形态的交互化发展必然会成为智能化数媒时代的一个主要方向。如同短视频的"吸睛"效应一样，交互式微视频的教学应用也具有吸引学习者、增强内容黏性的作用。从视频内容的角度来看，交互式视频有无限多的用途，它可以融入教学的方方面面。但是，从目前的学校教育的价值维度和技术生态来看，互动视频的学习有效性，还有赖于教育数字化转型的全面提升。

12.3.3.2 视频化教学的认知效益

无论从传统的角度，还是从可预见的将来看，教师抑或学生都不会愿意完全放弃面授课堂的具身体验。毕竟，从人类进化的角度来看，人类的信息处理系统在很大程度上是在不使用媒体的情况下发展起来的（Donald 1991）。因此，认知装置能够很好地适应直接的、非中介的经验。然而，媒体心理学领域的大

1　国内常用的有"意派 Epub360"和 EDpuzzle，最常用的是 PowerPoint、Camtasia 等。

量实证研究表明，无论是静态图片和照片，还是动态电影和视频剪辑，受众也可以轻松地处理基于媒体的信息，对于具象性描绘来说则尤其如此。这就导致了这样一个结论：现实的、具象的媒体技术利用了一般的、非特定的认知技能（Anderson 1996；Levin & Simons 2000）。换言之，视频化学习符合人类学意义上的认知特征。

首先，以视频为特征的多媒体不应该仅仅被视为是存储和传输视觉信息的一种方便手段，这些信息在认知上或多或少等同于其自然的非中介对应物（即自然生态的人、事、物）。而且，我们还应该认识到，基于媒体的信息展示优于自然观景的主要原因之一是：**它可以根据用户的认知需求定制内容**。这种定制是通过情境表演、控制拍摄过程（例如选择不同的镜头、使用多个摄像头等）、录制同期声以及在后期制作期间的剪接编排（例如引入蒙太奇手法）来实现的。一些电影学者承认，通过精心设计，电影导演在很大程度上能够促进和控制电影观众的认知过程（Bordwell 1985）。Schwan *et al.*（2000）证明，如果通过设置电影剪辑使活动边界更加明显，那么对复杂活动序列的电影描述就会更容易理解。换言之，剪辑有助于从认知角度将活动流分割成不同的可理解单元。这种手法对于教学视频，是为大用。

此外，Schwan & Garsoffky（2004）和 Schwan & Riempp（2004）还发现，复杂活动序列的电影摘要会产生类似于完整的未缩短事件描述的心理表征，从而减少观众认知选择和聚合相关部分活动的需求。更宽泛地说，基于媒体的信息展示，如照片或电影，不仅是事实信息的有效复制品，也是信息处理的工具。它们给作者和制作人很大程度的自由来塑造信息的呈现。这些自由度甚至可能比普通观察者在自然、日常经验的条件下更大。例如，电影导演可以从多个角度同时记录给定的事件活动的每一部分，然后可以选择最好的规范视图，让每一个人都能从多个角度、更大范围观察全貌（球赛的实况转播与此相仿）。相比之下，日常的个体观察者反而局限于他们特定的物理位置的视野，只能窥其一角。所以，媒体作者有可能优化那些普通观察者不具备的事件体验条件。这是视频用于复杂内容和情境教学的又一优势。

还有，较之于一般网页和 APP 界面学习，视频界面学习也具有认知效益。Bolter & Grusin（1999）和 Bolter & Gromala（2003）以"去媒介性"（immediacy）和"超媒介性"（hypermediacy）作为媒体理论概念，评估界面和内容的关系。界面越不显眼，它越是像窗口一样，遵循去媒介性的概念。一个完全透明的界面将是一个擦除自身的界面，因此用户不再意识到面对一种媒体，而是与该媒体的内容直面互动（Bordwell 1985）。这就是身临其境的代入感，也是人机交互（human-computer interaction，简称 HCI）设计追求的隐去界面、直接互动的一般性原则（Norman 1998；Nielsen 1999），笔者将其称之为"隐技术于无形"。超文本小说、诗歌、超视频、互动视频等超媒体内容界面之所以与绝大多数的学习平台或 APP 界面不同，恰恰是因为后者的界面总是不能摆脱菜单条、按钮、弹窗等技术套路。虽然用户界面（user interface，简称 UI）、用户体验设计（user experience design，简称 UED）历来强调友好性，但在程序员的潜意识里，软件界面的架构遵循的是技术逻辑（即操作步骤），而不是用户与内容交互的心理逻辑（即认知规律）。于是，技术界面往往成了我们通向内容的一道道门槛，而不是善解人意地主动为我们打开内容世界。

所以，外语教学应用中的视频，尤其是超视频，其主要优势在于，它既能够有意塑造、安排和优化与受众认知水平相适应的信息，同时又能据此提供适应认知策略的操作互动。而娱乐影视等大众媒体，虽然其风格、类型极为丰富，但导演必须依赖"普通用户"的概念，假设他们具备一组共同的观影认知特征和文化心理，并据此通过展开故事来贯彻其编导意图、实现预期的视听体验。所以，影视作品可能非常适合大众用户的心理装置和审美品位，但很难顾及特定观众的认知匹配方面的需求。这就是微课、慕课、讲座等交互式教学视频与普通电影乃至知识型影视作品（如国家地理、自然系列等）最大的不同之处，即**适合学习的教学化处理**。可惜的是传统教学视频不断地模仿电影表现手法，但却忽视了教学视频与电影叙事方式的差别。

为教学，尤其是为学生自学而设计的互动媒体之所以能发挥更好的效用，是因为它们淡化了内容作者和用户之间严格的操作分工，转而采用更平衡的方法，即将信息呈现过程的一部分返回给用户。交互式媒体使得用户能够通过自主选择，决定演示的内容和方式，使演示适应个人认知需求。因此，通过在动态视觉呈现中引入交互性，不仅作者和用户之间的平衡发生了深刻的变化，而且用户的内部（心理）和外部（媒体导向）活动也发生了相互作用。Kirsh & Maglio（1994）将这种由用户触发的对外部信息呈现的修改称为"认知行为"，这种主动行为可能有助于实现重要的认知目的。特别是通过使用认知行为，可以减少记忆中需要保留的信息元素的数量，减少所需的心理处理步骤的数量，或者使整个过程更加直接、可靠，进而促进和简化心理过程。

交互式媒体系统（超文本、超媒体、超视频）既是契合人类认知原初状态的返璞归真，也是具身学习方式的技术化延伸。如同文本允许读者根据认知需求调整阅读速度、跳过不重要的段落或重读困难的句段，以此来适应文本段落不断变化的复杂性，超视频等视听内容的交互式展示方式也为受众提供了认知适应的调节手段。

反观传统的影院、课堂集体观影（传统教学片）方式，观众根据电影固有的呈现速度观看电影，而没有任何喘息的机会。他们必须迅速组织接踵而来的信息，来不及细嚼慢咽。这是导演所倚赖的观影心理基础，也是导演想要的观影效果。在精心制作的电影展示中，电影编辑和观众之间的严格分工有利于导演预设，因此可能更适合普通观众的认知装备。然而，缺乏适应性可能会导致肤浅处理或认知超载等风险，这在大量关于通过电影或视频学习的实证研究中已经被证明（Wetzel *et al.* 1994；Seels *et al.* 2004）。因此，视频用于学习目的，必须使其具有互动性设计。这样做的明显好处之一是：让观众有机会根据自己的认知需求和技能调整演示的节奏和顺序。这也是学习性桌面观影和娱乐性影院观影体验的不同之处。

12.3.3.3　交互式视频的认知操作

与非交互式视频观看者相比，交互式视频条件下的参与者可以利用其交互式功能来操纵演示的速度和方向。通过使用这些工具，参与者可在演示的不同部分投入不同的认知努力。这种不均衡分配部分受视频演示的客观特征的影响，但也反映了参与者学习行为的个体差异。因此，动态视频的交互设计应允许学习者以最自然的方式与内容发生认知交互。总体而言，这些互动效应对于复杂的内容结构应该比简单的内容结构更加明显。

Schwan & Riempp（2004）探讨了动态视觉媒体作为认知工具是否可以通过自主互动而获得额外学习效果的问题。结果表明，至少在特定条件下，提供具有交互功能的动态可视化材料确实可以加速技能习得。当面对不同难度的程序性学习任务时，参与者大量使用互动功能。与成熟的阅读策略相类似（Bazerman 1985；Guthrie & Mosenthal 1987），视频片段的观看者以系统的方式加速、减速、停止、反转或重复部分视频，从而在整个视频演示中有侧重地分配他们的注意力和认知资源。而且，这种重新分配对于更困难的程序性任务来说，效果尤为显著。

Schwan & Riempp（2004）的研究结果与 Kirsh & Maglio（1994）提出的认知行为概念非常吻合：参与者显然拥有一系列策略性互动，并有意利用这些互动来调整视觉信息呈现的速度和密度，以适应其认知加工需求。这些处理需求在很大程度上是个体性质的，正如特定视频的参与者观看时间分布的低相关性所表明的那样。事实上，我们在实验教学中发现，学生注意力确实发生了实质性的重新分配，但给定互动视频的平均总观看时间在很大程度上与非互动视频相当。其中的原因是，用更多时间反复、慢动作或暂停观看较难部分所产生的影响，或多或少要通过跳过视频中较容易的部分或以快速模式观看来补偿。这样，尽管两者的总体观看时间大致相同，但互动视频的观看者比非互动视频的观看者对所描述的过程有了更好的认知操控性，因此，其作业绩效至少是后者的两倍。这是因为，后者无法自主分配注意力，要把有限的认知资源平均分摊在固定的时序信号上。这给我们的提示是，如果视频演示能够根据观众的认知需求进行交互式调整，那么学习效果将更加明显。

但是，对于交互式动态视频认知效益的研究结果并不一致，也有其他一些交互式动态可视化的实证研究未能显示学习效果的相应增加（Lowe 1999；

Schnotz *et al.* 1999）。仔细研读文献后，发现下文的原因似乎促成了互动视频可能的有用性差异。

首先，Lowe（1999）和 Schnotz *et al.*（1999）的研究涉及抽象概念知识的获取，而非具体的程序性知识技能。视频呈现中可见的动态变化不一定与必须学习的基本因果原则直接相关（可由分析测试项目得知）。其次，由于视频信号的时序性特点，首次观看时并不能确定何处为重（即哪些部分有必要重看、慢看）、何处为次（即哪些部分可以加速或跳过），所以观众可能不具备适当的互动策略来处理视频演示，以提取其基本概念特征。再次，对概念知识的抽象性的理解关键不在于多看、慢看，而在于概念表征的方式（是明晰的、可视化的，还是隐喻的）。重复次数并不能增加信息量，可能反过来导致额外负载的增加。因此，对于抽象的概念性任务来说，在提供交互性与从策略上处理这些功能所需的认知努力之间取得平衡似乎是一项困难的工作。相比之下，将程序性学习任务与高度直观的交互界面相结合，构成了交互式动态可视化的一个有价值的应用领域，学习者可以花费较低的认知成本调整演示以适应其个体需求。

显然，不同的知识领域和能力要求，未必都能通过一种方法来获益。视频作为一种多模态演示方式，互动视频作为一种自主调节的学习界面，只能针对特定的内容与受众，在实际的教学探索中寻求最优解。与传统的非交互式可视化相比，交互式动态可视化允许用户根据自己的认知技能和需求调整其形式和内容，如果互动功能允许在不增加认知负荷的情况下进行直观使用，那么互动视频应该会带来更有效的学习形式。

对交互式多媒体的研究表明，利用交互功能可以减少必须在记忆中保存的活动数量，以及信息呈现过程中需要作出决定的数量。但是，促进和简化心理过程的好处，可能会被有效管理这些互动功能所需的认知负荷增加所抵消（Conklin 1987；Schnotz *et al.* 1999）。从认知负荷理论的角度来看，交互功能引入了增加无关认知负荷的可能性，而不总是能释放认知资源来进行进一步的信息阐述，即所谓关联认知负荷（Sweller *et al.* 1998）。然而，对人机交互的研究又表明，良好的交互功能的设计可以将额外负载的增加保持在较低水平。特别是利用与日常感知动作周期相对应的自然映射手段，可以最大限度地减少所需的认知努力（Norman 1988；Zhang & Norman 1995），这就是用户界面的可予性设计问题了。

12.3.4 关于微课学习的批评与研究

12.3.4.1 关于微课应用的批评

杨满福、桑新民（2013）曾对微课的评价机制作出批评：一是缺少学科分类标准，评价的科学性、合理性堪忧；二是无用户评价机制，缺失评价主体的介入；三是无资源价值导向，不利于高深系统的专门学习。也有学者对微课发展和应用的误区提出警示，如在对微课本质、作用、特征的认识、对微课创作设计和应用评价、对微课培训和研究等方面均存在偏差和误导（郑小军 2016）。还有学者批评了对微课效果不切实际的期待，指出了有可能新鞋走老路的尴尬（王竹立 2014），甚至对微课是"为改变教学模式而生"还是"为在线学习而生"产生意见分歧。这些实际上已经是对微课教学应用的质疑了。钟启泉（2015）则从理论的角度剖析了微课的利弊双重性和应用局限性，提出了将微课作为学习工具的可能性转化为现实性的三个前提条件，并表达了对技术应用盲目跟风的担忧。

微课应用批评中出现的问题与对 PowerPoint 应用的批评，抑或对所有技术应用批评的问题在本质上有相似之处，反映的都是对技术应用的认识论和工具观问题。平心而论，任何新技术的出现，都源自人类自身需求的增长和技术进步的扬弃，教育技术也是如此。人们常对新的技术手段表现出盲目笃信，并在理论上不遗余力地论证其功效卓越；或者质疑新技术方法，并引经据典地证明其不堪大用。在这种证实和证伪的拉锯中，技术中性说有之，技术赋能说有之，技术革命说更是堂而皇之。这几乎成了教育技术学界，乃至不少技术先行者的"魔障"。但遗憾的是，批评者的指向总是落在了技术的功能应用上，而不是使用技术的人和规范性环境上。其实，只要有人的参与，事情就绝不会简单；只要是环境不变，技术就难以奏效。

许多基于微课、微视频的翻转课堂实验教学，报告了微课应用的有效性及其带来的教与学的变化。但是这种所谓的转变可能并不是由单纯的微课本身造成的。事实上，只要方法理念到位，教师采用任何其他方式，如多媒体课件、学习 APP、慕课、视频片段，甚至文本、录音等传统手段，都可以带来教与学的变化，关键在于教师让学生做什么，如何做，为什么这样做。是完整的教学设计改变了方法、进程、内容与互动方式，而不必是特定的媒体类型和技术导致了期待的结果。当然，不同技术的实现方式各有长短，教师是需要根据教育环境的可供性特征和学生的具体学情实施教学处理的。

12.3.4.2 微课、微学习与记忆理论

工作记忆理论对微学习的支持得到较多的认可，尤其是初始学习度对信息保留和提取的效率问题，一直是微学习方法关注的焦点。可遗憾的是，学者们对学习与遗忘的具体运作机制迄今没有达成共识。

神经心理学的最新证据显示，遗忘率与初始学习程度无关（Rivera-Lares *et.al.* 2022）。目前的遗忘理论无法解释从不同层面开始的遗忘，但会导致平行的遗忘斜率负加速。赫尔曼·艾宾浩斯（Hermann Ebbinghaus）的经典遗忘曲线（Ebbinghaus 1913）表明，随着时间的推移，负加速函数具有不同的初始水平，时间间隔越短，遗忘速度越快；时间间隔越长，遗忘速度越缓。初始学习程度和保持时间间隔之间缺乏相互作用（已被实验反复证明），这表明遗忘率并不取决于初始习得水平。学得越深越透，记忆就越深刻的常识性教条并没有得到神经心理实验的数据支持。艾宾浩斯研究了遗忘的速度，但没有研究间隔重复对记忆可提取性增加的影响。换句话说，学习的优与劣，并不取决于记住或忘却，因为遗忘一定会发生。教学内容及其教学方法设计决定了学习质量，但并不影响遗忘率，而只影响回忆的难易程度。

美国加州大学洛杉矶分校的 Bjork & Bjork（1992）则认为，遗忘并不是丢失，只是无法提取，他们提出了一种新的弃用理论（a new theory of disuse），

并用双加工过程揭示记忆工作机制。Bjork & Bjork（1992）刷新了爱德华·桑代克（Edward Thorndikc）的弃用定律（law of disuse）（Thorndikc 1913），认为所谓遗忘，并非信息随着时间的推移从记忆中消失或衰退，而是记忆表征仍然存在于记忆中，但除了存在罕见和独特的线索之外，可能无法访问。他们的研究提出了记忆强度的两个指标：储存强度（storage strength，简称 SS）和检索强度（retrieval strength，简称 RS）。存储强度是指所学的东西有多好，检索强度是指某物的可访问性（或可检索性）。Bjork & Bjork（2020）认为这两者在记忆过程中具有以下特点：存储强度和记忆的检索强度是负相关的，可以理解为输入越快，提取越慢。所谓"来得容易，去得快"（easy come, easy go）。所以，学习需要必要难度（desirable difficulty），一看就懂、一学就会的东西，往往不能持久。另外存储强度只增不减，如果我们在不同时间、空间反复学习同一知识，存储强度会得到加强。

我们常常有这样的感觉经验，即虽然我们好像记住了很多东西，但最后还是忘了，这其实就是因为检索强度不够。从另外一个角度看，在学习的过程中，输出必须要大于输入才行。因此，"死记硬背"效率不高，应该反复练习，经常应用。重复测试对检索的影响可能取决于材料的整合，所谓材料整合是指由高度相互关联的项目组成的结构（如叙事），而非指独立的项目（如词语）。当单个项目在散文段落的主旨中相互关联时，就会出现综合材料（Baddeley *et al.* 2021）。

12.3.4.3 微课、微学习是否总是促进学习？

可能 Sweller（1994）的认知负荷理论（cognitive load theory，简称 CLT）比其他理论更能支持微学习方法。实际上，更早的是艾宾浩斯的记忆分类研究（Ebbinghaus 1913），其学习曲线和遗忘曲线等概念可以部分解释小步学习的益处。但艾宾浩斯的开创性研究虽然发现了遗忘的规律，却没有揭示遗忘的原因。神经生物学家布莱克·理查兹（Blake Richards）和保罗·弗兰克兰（Paul Frankland）最近在《神经元》杂志（*Neuron*）上发表了一篇文章，对记忆的主流观点提出了挑战（Richards & Frankland 2017）。他们认为遗忘是一个丢失的过程，尽管我们尽了最大努力来保留关键信息，但记忆仍然会逐渐被冲走。根据 Richards & Frankland（2017）的说法，记忆的目标不仅是准确地存储信息，而且是在混乱、快速变化的环境中优化决策。在这种认知模式中，遗忘是一种进化策略，是一个在记忆背景下运行的有目的的过程，评估和丢弃不利于物种生存的信息。从这个角度来看，遗忘不一定是记忆的失败，Richards & Frankland（2017）解释道，相反，它可能代表着对更优化的记忆策略的投资。

微学习作为学习与发展领域普遍应用的技术，最大的问题是教师盲目地将其用于应对所有学习场景，特别是认为小步学习、"零存整取"的方式能有利于记忆。但其实，当人们需要学习系统、复杂的技能、过程或行为时，微学习是没有用处的。这是因为人们需要相关的系统实践和绩效反馈，而不只是通过反复的碎片化学习记住一些东西。例如，用微学习方法学习英语阅读和写作就很难奏效，因为固有的认知负荷要求的不仅是短暂的小规模学习块，而是大量的原文阅读和持续的写作练习。此外，微学习也很难代替正式教学。教师有必要认识到，如果核心基础知识不存在或者存在知识差距，正式教学就是必要的。那么，微课作为一种在线视频学习技术，其潜在的功能优势到底是什么呢？

首先，视频方式能将空间信号和时间信号合二为一，这样析出的主题内容与教师讲解过程就可以通过录屏、录音、录像等技术得到整合，供学生自定步调地反复观看。这相当于把教师"带回家"，随唤随到，实现了课程内容的指导性预习或巩固性复习。比较之下，其他资源型内容无法做到这一点。

其次，设计到位的微课是有作业点预设的，即问题预设、兴趣点预设、思考点预设等，这样才能引起课堂讨论和针对性答疑解惑。即便是讲故事，也要留开放性结尾。当然，如果有平台条件，学生预习的过程亦可尽在掌握之中。唯如此，教学才能心中有数，课堂才能翻而不倒（flip but not flop）。

再次，周到的教学设计和良好的导学愿望能否实现，既要仰赖有效的学习管理，也要看微课作品的可学性和可接纳性，比如，微课的选题、与课程的关联度、内容的深度与趣味性、媒体应用与制作水平等等。鉴于微课是常态教学材料，教师需要在内容设计和技术实现上找到平衡点，不能本末倒置，否则，就算再耗时耗力，学生也未见得买账。用于预习、复习、补习的微课和用于趣味性、拓展性自习的微课在设计制作上是有所不同的。前者是刚需，目的是导学、助学、促学；后者是益智，实用、适用、满足求知欲更重要。所以要了解学生需求，对症下药。

最后，不要对单一技术应用抱有太多的线性期待，想当然地以为先进技术会带来教学收益，或者误把教学操作上的效益当作是学习认知上的效益。实际上，很多时候技术只是带来了操作便利或改善了学习体验而已。

12.3.4.4 微课（微视频）之于语言性学习

语言的表征和图像的表征对意义生产具有互补作用。语言是抽象的、能产的，用最小量的能指来表达尽可能多的意蕴；图像是具象的、逼真的，但它的能指对实体的依赖性强，特别是影视内容。语言学习中的视频应用，在认知上具有视觉优势：形象直观、加工迅捷、保持度高，便于激活经验图式、还原语用场景，有助于可理解性输入的获取，减轻外语语言性解码的压力；在技术上具有信息量大、传递迅速、可随机复看、制作方便、兼容性好、可无损递受等优点。但是，视频、图像等多媒体手段对于语言性学习也可能造成认知短路和语言旁路效应，即无须通过语言解码就能直接达至意义理解。这样的设计应用就过犹不及了，因为学习材料和任务要求缺少了语言性学习的过程和必要难度。所以，外语教学中的多媒体应用应以语言学习为目的。

此外，影像技术之于人类学习还具有知识民主化、认知返璞化的平民化作用，进而扩大文化交流与传播。曹雪芹的《红楼梦》、但丁的《神曲》不是所有人都能读懂的，可是若将这些作品拍成电影，那大多数人就都能欣赏了。只不过，外语教育的目的不仅是让学习者了解文化，更是希望他们能在掌握文字以后直接读懂文化。所以，外语教育中的语言性学习是不可替代的，尤其是输出性技能，不下苦工是不行的。

总之，微课视频之于外语学习的效用取决于边界条件的满足程度。多媒体学习的认知理论（Mayer 2014；Clark & Mayer 2016）是一个重要的学媒设计框架，通过该框架可以得知视频可能帮助或阻碍语言学习的过程和方式。该理论还提出了一些有效设计的关键原则，详细说明了视频中视觉、语言和文本内容交互性设计的建议。

12.3.4.5 关于微课、微学习的误读与误解

广泛流传的微课之"微"的理据有两个：其一是符合学生的视觉驻留规律和认知学习特点，其二是短小精悍的微视频适应数字时代人们的快节奏生活和注意力匮乏。

"微课时长限制在 5~10 分钟，符合学生的视觉驻留规律和认知学习特点，利于激发学生学习积极性"，这种以讹传讹、颇具学术样貌的说法流传甚广，至今仍频频见诸网络文章，甚至录入了百度题库（百度检索高频可见）。但这**种出自专家之口的**说法并不严谨，因为它把"视觉暂留现象"和"注意力保持"两个概念混淆了。视觉暂留现象（persistence of vision）通常是指当物体发出的光线停止进入眼睛后一段时间内，人们对物体的视觉感知没有停止时产生的视错觉（Nichol 1857）。这种错觉也被描述为"视网膜持久性"，或称作"正片后像"。这是由视神经的反应速度造成的，其时值约是 1/24 到 1/16 秒。人眼对于不同频率的光有不同的暂留时间，这是现代影视、动画等视觉媒体制作和传播的根据。而"注意力"或"注意力保持"（sustained attention）、"选择性注意"（selective attention）等说法是指人的心理活动指向和集中于某种事物的能力。这与碎片化学习时代、数字原住民的学习特点等没有直接因果关系。

值得一提的是，注意力是可以被设计利用的，它历来就是教学设计必须考虑的重要因素之一。因为注意的广度、稳定性、分配和转移都会因学习者的年龄、身体状况、兴趣倾向、任务目的，以及注意对象的性状特征等因素而改变。这正是教学内容呈现设计的用武之地。那种认为视频比文本更容易引起注意的说法比较肤浅，认为学生不容易长时间专注学习才催生微课的理据也不充

分，想当然地把互联网时代的注意力稀缺说成是教学改革的动力更是欠妥。试问，沉迷网游的那些学生何以不缺注意力？再问，最好的多媒体手段之一就是电影，可是那些粗制滥造的电影能让人保持多久的注意力呢？原因何在，大家不妨思考。

微课之微的理据之二是微学习理论，其背景是信息时代快节奏和注意力匮乏的大众文化。然而，微学习现象是在人类开始相互分享信息并将其传递给他人的那一刻就自然发生的，其历史比我们想象的都要长得太多太多，源头甚至可以追溯到史前时代。我们的祖先为了生存需要交流，所以他们用简单、快捷的方式传递重要的知识。像如何生活、哪些浆果可食用、如何狩猎这样的基本知识，都是入门级知识。当人们开始阅读和写作以与更多的受众分享他们的知识时，这一趋势进一步发展。换句话说，微学习从人类生活开始就存在，只是我们从来没有把它叫作"微学习"而已。事实上，我们很难指出微学习变革成为日常学习的确切时刻，因为不同时代的人类无时不在快捷学习，只是凭借的媒体有所不同。所谓"枕上、马上、厕上"就是古代版的碎片化学习。

微学习听起来是信息时代才被认可的现象，但就其本质而言，它是人类一直以来的一种非常自然的学习方式。Hierdeis（2007）认为，微学习是传授和获得文明技能的悠久历史和相对较短的媒体历史的不期而遇。它们原本同源，并将继续前行，只是凭借的媒介有所不同而已。根据 Faßler（2005）的说法，如果现代媒体出现在几万年前，当人类将符号刻进骨头、石头和木头中，从而创造出非生物记忆，这一点同样成立。今天，关于媒体的特征和影响的讨论在许多学科中展开（包括人类学、哲学、社会学、传播科学和神经科学）。顺理成章地，教育科学家也提出了媒体对下一代的影响以及它在学习中的应用问题。数字媒体更是如此，因为它似乎构成了当代学习的技术前提。因此，从教育史的角度审视微学习，意味着寻找小步学习的证据，并探究媒体是如何作为这种学习的刺激物和支持者发挥作用的。人们的困惑在于：是生活（学习）需求创生了技术媒体的应用，还是技术媒体激活了特定的生活（学习）方式？

表面上看，互联网的时代改变了一切——这个平台创造了无限的可能性，以一种更具吸引力、更快捷和更可随机访问的方式共享信息，从而彻底变革了世界的学习方式。但实际上，人类只要有需求、只要条件可能，就一定会尽其所能、寻求省时省力的方法进行学习。这是生存的本能使然，也是技术发展的逻辑使然。过去是书籍课本、随身听，今天是数字媒体、智能手机，将来可能是虚拟现实、穿戴设备。其发展的路向是尽量自由轻便、通达无限。某种程度上说，技术语境下的微学习，只是人类学习行为的返璞归真。

微学习作为一个明确的领域是相当新近的，尽管它与许多年来一直在与隐性、非正式和偶然形式的学习等现象有关。新的技术和体制形式确实正在改变知识的生产、传播方式以及技能和能力的获得方式。随着社会和中介形式的变化，学习本身也会发生潜移默化的变化。但按照文明行为学（ethology of civilization）理论，人类历史可以描述为一部学习史（Liedtke 1991）。将文化转移的可见证据（即技术、社会形式、语言、符号、仪式等传统的创造）作为出发点，并询问它们在无法记录的文明进化中的起源和作用，我们就能类推知识和技能的获得和代际转移可能是如何发生的。人类早期的两种学习形式不外乎为通过试误学习和通过模仿学习。此外，由于生存或选择的压力，学习时间必须缩短。

如今，人们也许只能猜测学习是分步的，还是一个结构化的过程。但无论从人类发展史还是个体发生学的角度看，"小单元小步骤"的**微学习**具有悠久的历史传统，是人类学习形式的起源，超越了已有记录的文明发展。有人甚至认为，这种循序渐进的学习使文化进化成为可能。随着学校的"发明"，它成为了文化融合的实践。对它的反思及其在教学中的首次有意应用可能始于中世纪。在十九世纪，这成了一种基于心理学和教学论的'综合'教学方法（Hierdeis 2007）。德怀特·艾伦（Dwight Allen）的微格教学法[1]自 20 世纪 80 年代引入我国教育界至今已有几十年历史。信息时代的微内容、微学习盛行，这是技术便利下人类求知方式的自然诉求和返璞归真，而不一定就是教育学意义

1　微格教学于 1963 年由德怀特·艾伦（Dwight Allen）在斯坦福大学发明，此后在各种形式的教育中被用于培训教育工作者。

上的学习创新。微课可以视为从微学习衍生而来并不断成长的"数字产儿"。

　　我们要认识到的关键点是，微学习不是一个理论，也不是一个原则，而是一种可加利用的以学习者为中心的方法。"微学习"一词的首次使用尚不确定。有人说，赫克托·科雷亚（Hector Correa）在 1963 年出版的 *The Economics of Human Resources* 一书中首次使用了它。其他人则表示，奥地利研究工作室于 2003 年创造了该词，称为"小步学习"（Hug & Friesen 2007）。由于它的大多数技术特征都是对 Web 2.0 时代十分友好的，因此广受欢迎。但对于学校教育而言，我们应该理解支持微学习策略的理论背景，避开盲目采用微学习的陷阱，了解它对各类学习的潜在益处。

第十三章 语言学习中的多模态问题

13.1 语言教学与多模态问题

说到多模态，常常会引起一系列概念的混淆。什么是媒体、什么是模态、什么是模式，至今也没有一致的定义。不同领域的学者，如艺术家、语言学家、传播学者、教育家、计算机专家等，都会从各自领域的研究成果中得出各自的解答。

"模态"（modality）一词与方式有关，上文所述的其他术语也广泛用于不同领域。例如，模式是一种生存或做事的方式。在媒体研究和语言学的语境中，多模态有时指文本、图像和声音的符号组合，有时指听觉、视觉、触觉等感官能力的组合（Granström *et al.* 2002），在冈瑟·克雷斯（Gunther Kress）和西奥·范·列文（Theo van Leeuwen）的著作中，模态被理解为任何符号学资源，在非常广泛的意义上，在社会语境中产生意义，包括话语、视觉、语言、图像、音乐、声音、手势、叙事、色彩、味道、言语、触觉、造型等（Kress & van Leeuwen 2001，2006）。这种多模态方法有其语用优势，但它产生了一组相当模糊的模式，很难比较，因为它们在许多方面重叠，亟需进一步的理论探讨。多模态理论将表达和交流视为比语言更重要的东西，它关注复杂的符号资源和组织手段，并通过这些手段创造意义——如图像、言语、手势、文字、三维形式等等。媒体是通过模态与认知发生关系的。

多模态理论的社会符号学方法旨在揭示意义形成过程（即意义和解释或所谓的符号学）是如何塑造个人和社会的。多模态社会符号学（Kress & Hodge 2010）的基本假设是，意义来源于社会行动和互动，使用符号学资源作为工具。多种学科和理论方法可用于探索多模态景观的不同方面。例如，心理学理论可以用来观察人们如何感知不同的模态，或者理解一种模态相较另一种模态对记忆的影响；社会学和人类学的理论可以用来研究社区如何使用多模态约定来标记和维护身份。然而，多模态一词与植根于语言学的理论联系最为紧密，尤其是系统功能语言学、社会符号学理论和会话分析（Jewitt *et al.* 2016）。通过对课堂上多模态语篇的研究，可以更清楚地看到教师和学生对符号资源的使用与课程知识、学生主体性和教与学之间产生的关系。

13.1.1　多媒体与多模态的区别

媒体与模态既有相似之处，也有不同之处。如果不澄清哪些方面比较相关，以及这些方面之间的相互关系，就无法对两者进行比较。媒体的实质性通常与媒体的感知没有区别，这是可以理解的，因为实际上不可能将两者分开。对人类来说，感知之外没有任何东西存在。然而，如果一个人想要理解媒体如何相互关联，那么从理论上**区分材料和对材料的感知**是至关重要的。一个人必须能够确定某些品质在多大程度上属于媒介的物质方面，以及它们在多大程度上是感知的一部分。例如，电影中的"时间"与观看静止照片所需的"时间"并不相同，也可以说"时间"以多种形式存在于不同媒介中。如果我们无视这种错综复杂的情况，那么我们就只剩下一堆看似相同但无法正确比较的媒体。

有的学者认为模态是感知方式，媒体是表征方式，但由于媒体概念本身的多元性与复杂性（媒体是物理的，也是心理的），混淆仍然不可避免。顾曰国（2007：3）将模态定义为"人类通过感官（如视觉、听觉等）跟外部环境（如人、机器、物件、动物等）之间的互动方式"；也有的学者并不做这种区分，认为"模态则指交流的渠道和媒介，包括语言、技术、图像、颜色、音乐等符号系统"（朱永生 2007：83）；张德禄、王璐（2010）在区分模态和媒体的同时，强调了语言的多模态性质，并从模态互补的角度分析了伴语言成分等非语言符号的表意功能。

其实，如果我们认可媒体与模态的区分，我们就会发现，每个多模态项目必定是多媒体的，但不是每个多媒体项目都是多模态的。比如，图文共现可以被看作是多媒体，但却不是多模态，因为它只**诉诸视觉模态**；但文字辅以真声点读则是多模态，因为它同时使用了视觉和听觉系统。所以，动画、电影、电视既是多媒体显示，也是多模态组合。当然，教师绘声绘色的讲解也是多模态性质的，因为语言的原生态就具有多模态特征。只是由于技术的原因，我们一直将语言与语言的记录系统（书写印刷、录音录像）分开对待。

Elleström（2021）并不拘泥于媒体与模态的信源与信道之分，而称其为媒体的模态（modalities of media），认为所有媒体都是多模态和中介性的。他指出，无论是直接通过我们身体的能力，还是借助传统或现代外部设备，理解中介性是理解人类互动中意义生成的关键之一。因此，对多模态和中介性的基础研究对于进一步理解中介性和一般传播媒体的使用至关重要。

中介性是一种分析角度，可以成功地用来揭示各种沟通的复杂性。所以，Elleström（2021）将模态分为物质模态（material modality）、感觉模态（sensorial modality）、时空模态（spatiotemporal modality）和符号模态（semiotic modality）四种类型，它们在从有形到感性和概念的范围内都可以被观察到。通过对四种模态的分析，可以更清楚地了解媒体是如何由人类的物理现实和认知功能构成的。

这四种模态的区分可以从 Mitchell（1987）的早期研究中发现端倪。Mitchell（1987）的讨论更接近媒体模式的概念，他讨论了从理论上区分文本和图像的四种基本方法。其中三种方式是"感知模式（眼睛与耳朵）""概念模式（空间与时间）"和"符号媒介（自然与传统符号）"。虽然仅限于文本和图像的比较，但这一描述包含了三种媒体模态的雏形。

媒体的物理模态可以定义为媒介的有形物质界面，因为任何媒介都具有物质形态。无论是视觉影像，还是听觉声波，抑或是可以被触及的载体实质，都是物理性存在的，否则无从感知。人类感官、信息载体、信息本身（声波、光波）都是物理可感的。没有感官，不可能感知；没有载体，无从感知；没有信息，无须感知。而技术媒介是实际的物质媒介，即形式，起到感觉通道的作用，它实现并体现了媒介的潜在属性，即内容（或表征媒介）。对媒体物质属性的充分认识，有助于我们对媒体其他属性的深入理解，同时更好地掌握技术中介在认知过程中的调节功能。

媒体的感觉模态指的是通过感官感知媒介当前界面的生理和心理行为。只有当我们的一个或多个感官抓住了媒介，它才能为我们所感知。视觉、听觉、感觉、味觉和嗅觉是我们通常认为的五种感知模态。只是，感知的过程远非我们想象的那样简单，我们至少必须辨别出三个层次的感觉。"第一个层次是源于对象、现象和事件的感知数据"（Elleström 2010：18），但如果没有感知和解释代理，这些数据永远无法单独捕获；其次，感觉器官由我们的受体组成，当受到刺激时，这些受体细胞会产生神经冲动，并传递到神经系统；再次，才是感觉，意味着刺激的体验效果。我们所有的感觉都是"由各种感受器感知和解释一系列感觉数据的方式的综合体验组成的"（Mitchell 1987：5）。分析感觉模态时，我们不能机械地理解感觉器官与感知数据的线性关系。现实中基本不存在看到什么就是什么、听到什么就是什么的情况。视网膜接受的视觉信号和耳膜感受到的声波震动需经大脑皮层的加工解释才能产生意义。"感官数据和感觉的确切性质以及它们之间的关系存在很大争议，而物理感受器已经被详细研究和描述。外部感受器记录外部环境的变化，但内感受器对内部情况敏感，本体感受器为我们提供有关肌肉纤维和肌腱长度和张力的信息。"（Elleström 2010：18）

目前，我们看到人们对内感受器和本体感受器越来越感兴趣，但大多数媒体仍然主要被理解为外部信息渠道，主要依靠视觉和听觉。这两种认知上最高级的能力，值得我们在多媒体教学设计中予以关注，但我们的研究不能仅限于此。音乐和语音首先被听到，但外部听觉和内部平衡之间有着不可忽视的物理联系（即通感或联想）。人们听到音乐、故事，会产生画面感。又如，雕塑主要是被看到的，但也涉及内在的感觉，即使一个人没有真正接触到它的表面，他也能看到并间接感受到它的触觉特性（即质感）。感官经验记忆的重新激活在媒体感知中起着一定的作用。例如，阅读一篇课文，通常需要创造和回忆与字母相去甚远的情绪体验，甚至是视觉体验，还需要内心倾听单词的发音。"新的感觉往往是由感知和构想的感觉数据与记忆中检索到的感觉体验相结合的复杂网络关系的结果。"（Elleström 2010：19）望梅止渴、画饼充饥既是视觉的物理感知（physical perception），更是经验的构造感知（constructed perception）。

媒体的时空模态（spatiotemporal modality）是指将源自物质界面传感数据的知觉构造为经验和时空概念。媒体，就像所有的物体和现象一样，在感知和解释的过程中体现出多层次时空特性。按伊曼努尔·康德（Immanuel Kant）的观点，空间和时间是先验的感官直觉，必须先于所有经验直觉（即对实际物体的感知）（Kant 2004）。但是，物理学原理告诉我们，时空关系的复杂性在于：时间和空间不仅在感知层面上相互作用，而且作为物理现象本身也相互作用，只是人们一般不做深究。时空感知可以说包括四个维度：宽度、高度、深度和时间；图片、文字的物质界面只有两个维度：宽度和高度；实物教具有三个维度，且都是空间的：宽度、高度和深度；影视动画有四个维度：宽度、高度、深度和时间。缺少时间维度的媒体是静态的，它们的感知数据保持不变；而那些纳入时间维度的媒体则是动态的，它们的感官数据会发生变化。也就是说，前者是静止信息，观看时间是任意的（取决于观者意愿）；后者是动态信息，观看时间是固定的（取决于媒体信息的时长）。如果一个人在看照片时闭上眼睛，不会错过任何东西，空间形式也会保持完整；但是，如果在影视播放中闭上眼睛，就会错过一些东西，整个时空形态就不完整，说话、听音乐的情形也是如此的。所以，我们称静态的信号为离散信号，可以一目十行；称动态信号为时序信号，信息的完整度与时间同步，一旦错过，只能重来。通过考察物质形态的时空模态，我们可以发现媒体之间存在非常明显且当然相关的时空差异。媒体的这种时间特性之于教学认知的意义是什么呢？

必须指出的是：时空概念与某些类型的主要视觉感知数据密切相关。虚拟空间的概念就涵盖了媒体的影响，这些媒体在材料界面的层次上不是三维空间的，但在感知和解释中却具有深度的空间特征。比如，绘画和照片实际上只有两个维度，即宽度和高度，但通过感知世界中某些视觉品质的相似性（如景深、阴影），它们通常会产生第三种错觉，即深度，从而在观看者的头脑中创造出一个虚拟空间。相应地,电影的界面有三个维度:宽度、高度和(固定顺序的)时间,但观看时通常也会产生深度错觉。计算机创造的虚拟空间无疑略有不同,因为我们可以在一定程度上选择如何在其中移动,但它由宽度、高度和(部分固定顺序的)时间组成,同时也创造了深度错觉。事实上,口头叙事也在听众或读者的头脑中创造了各种各样的虚拟空间——不仅是抽象的、概念性的空间,而且是读者可以在其中遨游的虚拟世界(想象世界)。

媒体中的时间性也可以用类似的方式来理解。时间最基本的形式包括媒介的物质形态通过其感官数据表现出来的方式。有些媒体(如静态媒体)的物质界面根本不是暂时的,然而,值得注意的是,所有媒体显然都是在时间中实现的:所有对媒体的感知和解释以及它们所扮演的角色都必然刻在时间上,这使得时间和空间之间的模态关系复杂化。而且,即便不是时间性的媒体,一旦引起我们的注意,就会被及时定位,这当然会影响我们对这些媒体的感知和解释。

我们在媒介中至少有三个层次的时间性:(1)作为媒介界面特征的时间,即**某时某刻**(过去时),通过时空形态考虑的物质形态,静止的界面冻结了特定时段的时间,动态的界面才是历史时间的复现延展;(2)作为所有感知的必要条件的时间,即**此时此刻**(现在时),也就是时序信号的同步解读,感知具有现实性、同步性,只有在现实时空中才会发生;(3)作为媒介所代表事物的解释方面的时间,即**任何时刻**(虚拟时间),可称其为历史现实性,相当于时空穿越,主体认知随着穿越身临其境,代入感强,如语法的时态、叙事的方式、情节的设定等等。这三种时刻可以同时出现,但不同步,如观看历史照片、历史纪录片、阅读传记等(观看时刻+历史时刻);也可以同时出现,同步进行,如观看实况转播、实时新闻、远程直播(观看时刻+现实时刻);还可以同时出现,任意同步,如观看电影、小说、穿越剧等(观看时刻+虚拟时刻)。虚拟时间与观看时间不总是同一性的,文学作品的阅读尤其如此(倒叙、插叙等),对时空模态的深入理解可以为沉浸式外语教学设计拓展技术思路。

媒体的符号模态(semiotic modality)主要属于符号学的形式,因为世界本身是无意义的，所以意义必须被理解为处于社会环境中的感知和构思主体的产物。所有的意义都是解释性思维将意义归因于事件、行为、事物和人工制品等状态的结果。

媒体的物质界面本身没有意义，但在感知的行为中，解释的过程就已经开始。概念和认知不在感知之后，相反，我们所有的感知都是解释、寻求意义的结果。意义诞生于感知的过程中，勒内·笛卡尔（René Descartes）的"我思故我在"（I think, therefore I am.）也是这个意思。因此，"符号形态涉及通过不同类型的思维和符号解释，在时空构思的媒介中创造意义。意义的创造开始于接受者对感知数据的无意识理解和安排，并继续于在媒介时空结构内以及媒介与周围世界之间寻找相关联系的有意识行为中"（Elleström 2010：22）。所以，误解也是一种理解，况且，有时根本就没有正解。教与学的过程本质上就是激活思维、寻求意义、讨论诠释，达至理解。无论是物化媒体（技术系统）、符化媒体（符号系统）还是智化媒体（软件系统），都是达至理解的必要条件。用符号学的术语来说，基于命题表征的思维依赖象征符号（如语言）创造意义，而基于图形表征的思维依赖象象符号（基于因果和关联的索引符号和具有相似性的图像符号）创造意义，而这两种过程都离不开物理媒体。人类是通过基于媒介的符号系统沟通理解的，这正是媒体的符号模态特征。从感官形态的角度来看，所有媒体都是混合媒体；从信息形态的角度看，所有意义沟通，都必须建立在符号系统之上，因为"媒体和中介的概念本身已经包含了一些感官、知觉和符号元素的混合"（Mitchell 2005：257）；若从认知加工的角度看，所有模态都是多模态，因为不存在纯粹单一模态的加工，认知过程会不由自主地"结合不同的代码、话语惯例、渠道、感官和认知模式"（Mitchell 1994：95）。充耳不闻、视而不见、眼观六路、耳听八方、察言观色等都是人类认知多模态特性的常识性表达。

13.1.2　语言原位的多模态特征

人类语言的自然生态是面对面的互动，语言本身就具有多模态协同性质。

当人们面对面讲话的时候，除了话语本身，还有声调、语气、节奏、语速等由声学器官产生的副语言信号都参与了交流。此外，话语者的眼神、脸部表情、手势、坐姿等视觉信号也都参与了交流。所以，察言观色就成了成熟的交流者的基本生存技能。此情此景，此时此刻，哪些信号是话语表达的配对信号就成了关键。这就是 Holler & Levinson（2019）所提出的语言核心的绑定问题（a binding problem at the core of language）。

语言原位框架（a language-in-situ framework）（Reinhart 1998）是指在现实生活中处理语言的理论框架或方法。"原位"一词的意思是"在原始位置"或"在自然环境中"。该框架建议，在进行语言处理时，应在交流的实际环境中（如面对面对话）研究和分析语言的理解和产生。这一框架承认语言的多层次性和多模态性，不仅考虑了所使用的单词，还考虑了伴随语言的视觉和语音信号，以及这些信号的时间和顺序。通过在自然环境中研究语言处理，可以深入了解交流过程中各种模态和时间因素之间的复杂相互作用；通过原位研究语言，可以更好地理解上下文、社会线索和多模态信息如何影响语言理解和产生。人类语言交流的多模态本质就是将不同模态上携带的多种信号迅速组合起来，以在会话言语语境中构建连贯信息的现象学。多层次的视觉（和声音）信号以及它们不同的起止时间，代表着面对面交谈中一个重要的语义和时间绑定问题。尽管存在某种复杂的统一过程，但多模态信息似乎比单模态信息处理起来更快。多模态整体认知和多层次预测在促进多模态语言处理中发挥着至关重要的作用（Reinhart 1998）。这一发现对外语多媒体教学和多模态学习设计意义重大。

语言在其核心生态位（也就是面对面交流）中的使用被嵌入说话者和接受者的多模态展示中。这是一个学习语言、进化语言的生态位，也是语言大量使用的地方。"这种方式的沟通涉及复杂的多器官编配问题：信息包括听觉和视觉，分布在语音、非语音发声以及头、脸、手和躯干等部位。"（Holler & Levinson 2019：639）神奇的是，除了刻意的表现和掩饰外，大多数情况下讲话者是在不经意间自动完成了模态编配。然而，对于接收者而言，却面临着理解方面的挑战（尤其是使用外语时）：首先，并不是所有的身体或面部动作都是（刻意）信号或内容的一部分，必须加以区分；其次，那些看起来是信息一部分的动作必须与其相应的部分配对。当然，也有人认为，只要是信号，都具有意义：难以掩饰的微表情、微动作（体势语）会暴露交谈者的真实情绪和意图（即梅拉宾法则[1]）（Mehrabian 1971），刻意老到的表演也会令人信以为真。

那么，来自视觉和听觉模态的信号集成如何与交际领域之外的视听集成相比较呢？

需要指出的是，语言信号的多模态生成是自然选择、自动组配的。大脑根据言者的目的意图、情绪、压力自动调用和协调各器官的表意动作。言不达意时，说话者会不由自主地重复，同时会放慢语速、加重语气、提高声调，并辅以手势比画；心领神会时，说话者会挤眉、眨眼、点头微笑；被误解时会生气、无奈、不屑，甚至捶胸跺脚、拂袖而去。即便是交流时的刻意表演和职业性行为使然，副语言信息与语言信息的绑定或同步也是必然的。

但是，在外语教学情境中，语言信息的多媒体表意却是人工选择、人为设计的，因为我们可以通过文字排版、插画配图、动画配音、文字配音等多媒体设计，间接影响多模态效应。视频手段的普及也让我们全息化地感知话语的多模态信息。面对口述者的现场听解程度总是高于纯粹的盲听，这在外语听力理解时格外明显。所以，无论是真实语境中自动绑定，还是人为设计的刻意匹配，表达时多种模态信息的同步原则是顺畅理解的基本要求。这给我们的启示是，我们在多媒体教学作品（如课件、微课、慕课、教学视频等）的设计制作过程中，需要充分利用语言的多模态特性，合理安排出镜及讲解方式，遵循模态搭配原理，以实现教与学的最佳互适性。外语教学活动是一种目的性极强的特殊言语交流活动，但也遵循人类交流的一般性多模态原则。

语言原位框架说提出，人类的语言处理（包括理解、产生和习得）是从使用语言的多方面背景中产生的，而不是一种自主的认知能力。这意味着语言不

---

1 梅拉宾法则（the rule of Mehrabian），又称 7/38/55 定律。梅拉宾在 1971 年提出一个
   人对他人的印象，约有 7% 取决于谈话的内容，辅助表达的方法如手势、语气等则占
   了 38%，肢体动作所占的比例则高达 55%。

能与它所处的社会和物理环境分离。该框架与更传统的语言概念形成鲜明对比，传统的语言概念认为语言是一个可以独立研究的去文本化系统，原位语言方法则认为语言位于上下文、互动和体验之中，并建立在三者的基础之上，它提供了一种更具生态基础的方式来理解人类如何在日常生活中获得、理解和产生语言（Zwaan 2016）。

Holler & Levinson（2019）认为，需要对人类交流中涉及的认知处理进行彻底的重新思考，因为对话环境中的多模态信号，涉及大多数现存人类语言处理模型所没有的复杂性。近年来，人们一直在努力理解对话处理，但大多数人仍忽略了语言的多模态性质（Pickering & Garrod 2013a；Levinson & Torreira 2015；Bögels *et al.* 2015）。虽然，学者们在理解单词和手势配对所涉及的多模态加工方面取得了进展，但他们很少在完整的对话环境中进行此类研究。面部信号的相关研究在很大程度上被忽视了，并且主要在情绪研究的背景下进行，或仅作为体势语研究的一部分。

我们在这里关注的是理解过程，语言原位框架也就包含了多模态话语产生。有研究表明，语言的产生和理解是共享系统的两个方面。很多学者相信，人类智能是多模态的，无论是接收外界信息还是表达自己的意图，都会综合运用大脑中多个感知和认知模块。因此，也有人建议使用综合分析法，并指出语言产出是理解过程中预测的基础（Pickering & Garrod 2013b）。声音和视觉通道在处理过程中的紧密整合和相互作用为此提供了明确的证据，甚至表明大脑在处理语音和标志性手势时的神经反应是相似的。这反映了两个渠道之间互动的语境敏感性，表明整合处理的水平可以由语用知识、交际语境和说话人的交际意图来调节（Molholm *et al.* 2004）。典型的语言习得例子就是此时此刻、此情此景式的婴儿跟着母亲牙牙学语。这些研究为我们在语言性学习中有效合理地使用视听表征手段提供了有益启示。

对语言的多模态特性的考察表明，我们需要对人类交流中涉及的认知处理进行反思：大多数语言研究都集中在语言本身，而排除了有助于话语和意义建构的语境和多模态表达。有学者甚至假设，如果语言的研究是从手语而不是口语开始的，那么语言的多模态和标志性本质将作为语言现象的一部分来解释（Vigliocco *et al.* 2014）。但是，令人困惑的是，20 世纪末以来的多模态研究似乎又走到了另一个极端。人们在努力尝试理解多模态话语的意义构成时，或多或少地忽略了语言本身的多模态方面，对多模态语境的关注远多于对语言性语境的关注。多模态分析，或称多模态话语分析（multimodal discourse analysis，简称 MDA），迅速扩展为一个超越语言研究的跨学科研究领域，并与教育等学科产生联系（Jewitt 2009）。人们开始热衷于对多种表意资源（如图像、音频资源、具体动作和三维对象）进行理论化和分析，探究这些资源在不同的语境（如印刷媒体、电影、数字媒体和日常事件）中结合起来的意义创造，然而对语言原位的多模态问题反而视而不见。

13.1.3　多模态研究与外语教学

13.1.3.1　基于语篇分析的多模态研究

受 Kress & van Leeuwen（2006）和 O'Toole（2011）的启发，20 世纪 90 年代中期的多模态研究理论主要来源于韩礼德（Michael Halliday）和克里斯蒂安·马西森（Christian Matthiessen）的社会符号学理论（Halliday 1978；Halliday & Matthiessen 2004），该理论为研究符号资源及其在媒体和事件中的整合提供了一个全面的理论平台。其他主要方法包括多模态互动分析（Norris 2004；Scollon 2001）和多模态认知方法（Forceville & Urios-Aparisi 2009）。

韩礼德最早以系统功能语法为基础，开始研究多模态话语（Halliday 1994），但他坚持认为不基于语法的话语分析根本不是分析，而只是对文本的连续评论，这让他得出了一个深刻的结论，即我们应该"从语法上思考"（Halliday 2000）。Kress & van Leeuwen（2001，2006）从社会符号学的角度为多模态话语分析建立了一个理论框架，提出了一种用于分析图像和网站的"视觉设计语法"和"超模态语法"，继而提供了一个系统的语法框架来分析图像的意义构成，关注的是视觉元素，如色彩、透视、框架等如何被用来产生意义。Norris（2004）则提出了一个分析多模态交互的综合框架，融合了会话分析、互动社会语言学、语用语言学和社会符号学的观点，重点是自然发生的介导或非介导的面对面互动。Scollon & Scollon（2003）采用了人种学和中介话语分析的方法分析多模态话语，关注地点符号、建筑环境中的语言、照片、绘画和地图中构建的地理话语等。Machin（2007）为多模态语篇分析的理论和方法提供了全面而通俗的介绍，为对它们进行系统描述提供了很好的启示。O'Halloran & Smith（2011）全面概述了多模态研究的理论和分析基础，展示了多模态话语分析如何为数字和非数字背景和领域的意义创造提供有价值的见解。其对多模态系统功能的描述侧重视觉交流中的多模态现象，如再现、隐喻和习语、数学符号等（O'Halloran 2004）。Forceville & Urios-Aparisi（2009）聚焦多模态隐喻的研究，主要探讨多模态隐喻的语篇特征，但并没有涉及系统特征。Royce & Bowcher（2007）探讨了多模态话语分析的前沿概念和应用，展示了多模态话语分析的创新领域，如建筑符号学、地理符号学、多模态隐喻和转喻等。Halliday & Matthiessen（2013）对情景语境概念进行了探讨，提出了"分工说"，认为在多符号系统交际中，符号系统在语境层面就开始了分工，但他们没有探讨更加广泛的文化语境的变化。Jewitt *et al.*（2016）提供了多模态话语分析理论和方法的最新介绍，关注如何分析语言、视觉、音频等方面的意义创造。Böck & Pachler（2013）对克雷斯的理论和工作进行了全面的概述和讨论，考察了他的开创性和有影响力的贡献是如何影响社会符号学、多模态研究和多模态话语分析的发展的。

我国外语界学者在 21 世纪初开始关注多模态研究，但研究兴趣多聚焦在多模态话语分析（胡壮麟 2007；朱永生 2007；张德禄 2009a；杨信彰 2009；李战子、陆丹云 2012；冯德正等 2014）、多模态学习分析（顾曰国 2007；朱永生 2008；张德禄 2009b，2012；张德禄、王璐 2010；张征 2011；张德禄、李玉香 2012）和多模态隐喻及认知研究等方面（赵秀凤 2011，2013；张辉、展伟伟 2011；冯德正 2011；谢竞贤 2011；潘艳艳 2011；蓝纯、蔡颖 2013；潘艳艳、张辉 2013）。这些研究除了从系统功能语法的角度对多模态构建与类型进行系统阐释或综述外，大多数为语篇研究范式，将语言本身的研究扩展到语言与其他符号资源的研究。典型的多模态语篇类型有电影、演讲、海报、广告、新闻、社媒交互等，教育类语篇则主要是教材、课件、讲座、慕课、微课、课堂互动话语等。此类研究大多给人以媒体表征的多模态效应分析的印象，或者说，学者大多以多模态语篇分析的方法进行多媒体认知效用研究。但是，除了顾曰国、张德禄等学者的研究关注过话语行为的多模态性质外，几乎无人关注语言原位框架的多模态分析研究。

13.1.3.2　AI 多模态技术与语言教学转向

Holler & Levinson（2019）的多模态研究基于原位语言，认为人类的结构化社会交往能力为面对面交流提供了生理基础。这种自然倾向已经在新生儿和胎儿中期显出强烈的社会敏感性（Farroni *et al.* 2002；Castiello *et al.* 2010；Reid *et al.* 2017）。在成年期，神经元活动明显倾向于面对面而不是背靠背的互动（Jiang *et al.* 2015）。人类参与面对面社会交流的认知倾向与心智进化，为多模态交流提供了最佳组合的人体匹配：我们的手已经被解放，可以通过动作来做手势；巩膜和瞳孔黑白分明，使得注视方向很容易被察觉；面部肌肉群的精细协调时刻暴露着自然与刻意的差别，即使是微小的肌肉运动也可以被看到并有效地参与交流，包括轻微的嘴角扬撇、眯眼和眨眼。但是，这些与话语绑定的、近乎本能的表意现象，几乎从没有引起语言研究者们的充分关注，它们只是与语言学研究关系不大的肢体语言研究的一部分。

其实，无论是语用、语义学研究，还是多模态话语研究，在外语教学的研究领域，都较少从教师话语的多模态特征的角度考察教学交际有效性。在实际外语教学中，中国的外语教师很少能像使用母语一样绘声绘色、心口一致地用英语交流。部分教师在说外语的时候并不能自如地运用副语言系统（表情、眼神、体势等），他们实际上也缺少这方面的训练和习得条件。学生大都通过语言解码和内容上下文达至理解，较少获益于其他模态信息，这与外教课堂形成鲜明的对比。当然，我们常听到对外教课堂有效性的抱怨。但是，在没有母语参与的情境下，学生能和外教仅凭半生不熟的英语交流整个小时却是屡见不鲜的事实。这对擅长知识性语言教学的本土中国英语教师难道没有任何启示吗？

如果我们上面的论点是正确的，多模态处理就会影响语言处理（通过交叉启动语言和手势元素）。因此，单模态语言处理可能涉及相当不同的过程（从处理速度的细微差异到命题或言语行为理解的潜在差异）。目前，计算机技术尚不能实现类似人类的多模态语言交流，人工智能在图像识别、自然语言处理、深度学习神经网络等方面进步神速，但本质上讲都是基于数据和算法的结果。换言之，这类技术是计算推理，不是思维感悟，更不是情感认知。生成式人工智能离通用人工智能还有距离，虽然这并不妨碍其在多模态领域的深度应用。

既然人类智能是多模态的，我们自然也应该让机器把不同模态的信息加以融合，所以智能化多模态机器学习（multimodal machine learning，简称MMML）成为当前的热点方向之一。多模态应用的市场化落地，比如搜索引擎的多模态检索，可以根据标注或文件名用字符串搜索到图片、视频，但如果要精确定位到视频中的某一帧、某一片段，就需要文字和视频的语音信息紧密配合（语音字幕、自动生成的字幕），从而缩小视频检索的颗粒度和精准度。另外，基于 AI 的计算机多模态认知如果能够获得突破，增强现实、虚拟现实、虚拟人类助理等方向也会得到飞跃式发展。

要让机器理解常识，就需要机器和多种模态联系起来。我们人类获得经验和常识的途径往往不是单纯通过文本，而是通过自身在现实世界中的体验，这种体验源于各个感觉器官，即感知模态。如果让机器获得自身体验还比较困难的话，就退一步，让机器能够观察到现实世界的体验是多模态的，这对机器理解常识也会有所帮助。从这个意义上说，多模态对推动整个通用人工智能的发展意义非常重大。目前，我们只能通过计算机的多媒体表征实现人类学习的虚拟多模态现实，但让机器多模态地体验和认知世界的研究才刚刚起步（如 Meta 的 ImageBind 模型、OpenAI 的 GPT-4o 和谷歌的 Gemini 模型），基于计算机视觉、自然语言处理、机器学习等多领域技术的多模态深度学习方兴未艾。"人工智能领域的一个长期目标是**开发**能够感知和理解我们周围丰富的视觉世界，并能使用自然语言与我们进行交流的**代理**。"（马倩霞等 2020：25-26）图像描述生成（image captioning 或 image-to-text）、视觉字幕生成（visual captioning）、概念字幕数据集等应用研究成果开始面世，基于人工智能的图像、视频语义分析离我们已不再遥远。

外语课堂中的语言模式和过时的行为主义教学法通常采用游戏化的"假面"来吸引和维护学生积极性。流行的移动学习（m-learning）应用主要以词汇学习为特色，其次是语言结构，也就是语法。然而，外语教学中的语言学习与实践应用已经从简单的字母编码转向数字环境中的多模态设计，这对语言结构理论与数字化语言学习环境的契合提出了新的挑战。在语言教学和学习的文献中，多模态描述了在文本中使用不同符号资源的交流，而不仅限于字符（或符号或音节）编码语言。实际上，人类所有交流都是多模态的。语言教学中对多模态沟通的专业意识大多来自数字文本和语篇。与静态印刷文本相比，多模态文本使用了更广泛的意义生成资源。主流趋势是从社会符号学范式探讨数字多模态交流（Kress 2003，2005，2009，2012a，2012b；Bezemer & Kress 2008，2015）。如今，人工智能内容生成技术的爆发式发展可能会改变多模态话语研究的范式与技术应用路向。这对外语教学的数字化转型来说，是一大利好。我们在多模态外语学习应用方面，离随心所欲愈来愈近了。

13.2　语言性教学的模态搭配

外语教学具有语言性教学和内容性教学的双重目标，外语既是知识内容的载体，又是课堂教学的工作语言，其本身也是教学内容和达成目标之一。只有到了高年级，进入专业学习阶段，外语才逐步过渡到工具性应用和附带性习得。大学英语也只有到了拓展阶段（更高要求或专业用途英语 [English for specific purposes，简称 ESP]），才具备类似的教学策略可能性。所以，外语教学的模态搭配是基于语言性教学的特点之上的。语言的文字和语音两个模态，是多模态搭配中绕不开的主题。

在多模态话语中，模态搭配是指在一种模态的供用特征不能很好地体现交际者要表达的意义时，选择多种模态相互配合来完成交际任务的现象（张德禄、丁肇芬 2013）。早在 20 世纪 90 年代中期，新伦敦小组（The New London Group）的研究者们注意到技术和多媒体正在改变文字和语言作为唯一渠道的交流方式，进而创造了"多元文化教育法"（a pedagogy of multiliteracies）（Cazden *et al.* 1996：60-92），又译"多元读写能力教学法"。这种方法突出了语言多样性、语言性表达和信息表征的多模态形式。他们将培养多元读写能力的相关要素分为五种意义模式的设计：语言模式、视觉模式、听觉模式、身势模式和空间模式。每一种模式都由不同的模态成分组成，如图 13.1 所示。

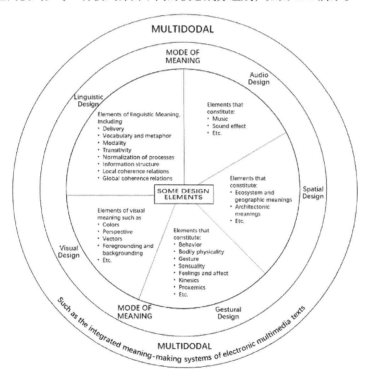

图 13.1 描述和解释不同意义模式设计元素的元语言（Cazden *et al.* 1996：83）

有意思的是既属听觉又属视觉的语言模式被单独列了出来。这倒并不令人意外，毕竟语言文字是人类交流的主要模式，作为多元读写能力的单列要素也在情理之中。但是属于副语言现象的体势语也被单独分列了出来，就足见该团体对具身行为表意功能的重视了。其实，新伦敦小组把人体视为一个符号系统，或者说是符号生成系统。对于他们来说，创造事物、身体乃至身份，其本质是通过设计语法来构建的。该研究小组的兴趣不是身体和符号之间的差异，而是扩展和理顺语法，以便理解日益全球化的社会中流通的多种文本（Cazden et al. 1996）。他们认为，面对纷繁复杂的新媒体世界和社会文化语境，囿于印刷文化下的单一识字能力是不够的。换句话说，单一文本模式很难完整地表征或理解我们自己以及我们身处其中的周遭世界。多元文化教学法对文本和实践进行了强有力的重新定义。新伦敦小组企图通过对意义沟通和表达的多种模式（包括视觉、听觉、空间、行为和手势等方式）进行重新认识，将单一领域的"识字"向多元领域的"识读"转移（Cazden et al. 1996：88-89），这就是新伦敦小组关于从印刷文本向多模态文本转变的愿景。

张德禄、王璐（2010）和张德禄、李玉香（2012）等对外语教学中的多模态选择及组合的针对性和有效性进行了大量深入细致的研究，总结了多达 14 种模态的排列组合，并试图解释其特点和功能（张德禄、丁肇芬 2013）。这些研究的特点是把模态直接等同于可供调用的媒介资源，把 PowerPoint 作为模态组合的识读界面，组合的对象是口语、文字、图画、动画、音乐等，其间教师讲解（口语）是主模态，分别与不同组合的多媒体元素（如 PowerPoint 课件）配合，后来又加入了动作、表情、手势、朝向、空间布置等场景元素。而按此理路，这些模态元素的列表会随着场景和技术手段的变化而不断增加，包罗万象。

所以，我们也许还是应该对模态和媒体加以区分，并对各种表征媒体做必要的模态归类。模态是信息交流渠道的类型，如听觉、视觉、触觉、嗅觉、动觉等，它们是与生俱来的，可以选择利用，却不可人为设计；媒体（此处仅指表征媒体）是信息表征的形式类型，如文本、图像、声音、视频、动画等等，它们是带有技术属性的人工制品，可以编排设计。不同的媒体诉诸不同的认知模态：文本、图像、图形、图表等属于视觉模态；语音、音乐、声效等属于听觉模态；动画、视频、电影等属于综合模态，同时诉诸听觉和视觉。人类智能的进化结果使我们的大脑可以综合处理来自多个感知模态的信号，但这并不意味着我们可以跨模态感知。正常人学习时用的最多的是视觉和听觉，但我们看不见听觉信号、听不到视觉信号。知觉上的通感（synesthesia）或感应耦合现象是指一个感官或认知途径的刺激导致第二个感官或感知途径的非自愿体验，而非自觉的跨模态感知（此处应注意物理性感知 [physical perception][1] 与构建性感知 [constructive perception][2] 的区别）。模态缺损的情况下，盲人借用触觉和听觉学习，聋哑人依赖视觉语言（手语）学习。运动技能的学习要用到动觉，特殊专业如食品、化工等还会用到嗅觉、味觉等。单一模态的加工容量并非没有限制，所以才有认知负荷和模态搭配一说。当我们说模态搭配时，其实是通过多种媒体的表意设计来实现的（即改变刺激源信号特征），因为可被设计的不是认知通道（认知通道只能加以利用），而是符号，如文字的修辞、图文的排版、视频的编辑、音乐的适配等等。

值得关注的是，我们在多模态教学设计时，往往强调数媒手段的语境创设功能，而对目标语原位框架中非语言信息的功能（如副语言信息与交际语境的隐性规则系统）设计自觉性不够。无论是口头交际还是笔头交际，正式场合交际还是非正式场合交际，这都是中国外语教学的短板。

Mayer & Moreno（2003）继续强调了多媒体认知理论中的一条模态原则：同时应用视觉和听觉两个模态的认知效果要比单独使用一个模态的好。所以，"图示＋语音"的认知效果优于"图示＋文字"，"文字＋语音"效果优于"文字＋动画"，"动画＋语音"优于"动画＋文字"。其解释是，不同模态的认知通道具有互补作用，视觉信号同步叠加同源听觉信号有助于理解，反之亦然。

---

1 物理性感知是指生物体通过感官接收外界物理刺激并进行处理，它涉及通过视觉、听觉、触觉、味觉和嗅觉等各种感官模式接收感官输入，以及大脑对这些信息的处理，以形成对周围世界的连贯感知。它包括感觉、知觉、注意、记忆等多个方面。

2 构建性感知是一种知觉理论，该理论认为，感知并非被动地接收外界信息，而是大脑根据先验知识、经验和当前期待主动建构的。大脑会利用已有信息对感官输入进行加工和解释，从而形成对周围世界的建构性理解。

所以，图文、视频画面的语音解说比文字注释效果要好；而同一模态通道出现不同媒体信号容易引起认知超载，如同属视觉信号的文字、图像、动画同时出现时就会产生认知负荷超载，同属听觉信号的语音、音乐、声效一起播放也会挤占有限的通道载荷。因此，外语听力训练的内容设计，要格外注意背景音乐的弱音、消音处理；图文视像的界面设计也要特别注重时空比邻原则和声话同步原则，以求得更好的模态搭配效果。人类交流生理机制的多模态特性与其说是表意需求的刻意选择，倒不如说是自然的生态体现。组织教学材料时，对多模态信息进行人工组配时应顺应自然，而不是任意搭配。

梅耶的多媒体认知理论为信息化课堂外语教学的媒体设计提供了认知依据。但是梅耶本人也提醒我们，实验研究得出的结论性原则不是绝对的。"对模态原则的研究表明，边界条件涉及材料的复杂性、呈现的节奏以及学习者对单词的熟悉程度。需要进一步的研究来确定模态原则的边界条件，并确定多媒体学习认知理论的含义。"（Mayer 2009：219）

Royce & Bowcher（2007）把模态之间的关系概括为互补关系，但张德禄等人细分了模态之间的互补与非互补关系。相互配合的几种模态之间存在多种关系，都可解释为互补关系（张德禄 2009a；张德禄、王璐 2010），但在互补关系中，双方或者说各方承担的"功能负荷"不同，对此，张德禄和王璐用"强化""补充""辅助""补缺"等术语来描述。

各种模态组合在课堂教学中分别具有不同意义潜势，都能实现特定的表意和交际目的，所以，多模态外语教学中的模态选择不是选择一个个独立的模态，而是优化的模态组合。例如，"口语与图像"组合（教师讲，同时 PowerPoint 呈现图像）表示教师主要通过口语传授知识、控制课堂，口语是主模态，但仅借助口头话语学生可能难以理解，还需要使用图像来提供全部信息，可以有图示、图演、图说等。"口语、手势与文字"是课堂教学的常态组合，口语是主模态，文字用来强化主题信息，手势则提供补充信息并强化重点信息或单凭口语难以表达清楚的信息。"口述、视频或动画"组合中的动态影像通常用以事件过程、故事情节、话语场景作多模态呈现，口头评述可以画龙点睛。三种模态组合都是为了使信息表达清晰、重点突出、易于接受。多模态演示多为情境性、过程性、动态性信息，仅通过口头或文字表述难以生动呈现。

不同的模态各有其特殊的供用特征和独特的表意潜能，它们只有在互补、强化、辅助过程中才能发挥多模态的交际作用。外语课堂教学模态系统的选择是在已有的教学条件下，为了实现教学目标，根据文化语境和情景语境，对模态系统进行选择，实现最佳组合，以取得最佳教学效果。但无论运用何种模态，课堂教学中的口语是主要的模态，它是串起所有课堂活动的主线。图像、动画、影视都是服务于口头表述（教学话语）的。在以观影为主的视频教学中，影音话语是主模态、教师可用提示、设问、点拨等方式组织观影讨论。从教学的语言性目的来看，视频仍服务于语言活动，教师的话术像一根隐形的线一样，串起叙事脚本（或电影字幕）中学生的难、疑、赞、踩之点。这不仅需要教师对故事文本烂熟于心，对影视作品的鉴赏视角新颖独到，还要具有表述观感、适时提点、诱发思考、鼓励参与的外语驾驭能力。但是，在多模态教学的研究中，教学话语本身的多模态可予性常常被忽视了。绘声绘色的脱口秀表演和照本宣科的实习生上课，其间的差异恐怕不止是内容脚本。

语言形式（包括口语和手语）的属性与意义之间的某种像似性（iconicity），传统上被认为是理解语言处理、发展和进化过程中一种边缘的、不相关的现象。相反，语言的任意性和象征性一直被视为人类语言系统的设计特征。Perniss & Vigliocco（2014）提出了另一个框架，在这个框架中，面对面交流（口语和手势）中的像似性是沟通语言和人类感觉运动体验的有力工具，如母亲与婴儿手口并用的交流，英语启蒙教学时绘声绘色的具身表演，脱口秀演员生动的肢体动作和丰富的脸部表情等等。因此，像似性提供了理解语言进化、发展和加工的关键要素。Perniss & Vigliocco（2014）认为："在语言进化过程中，像似性可能在建立位移（语言超越直接存在的事物的能力）方面起到了关键作用，而位移是语言功能的核心；在个体发生中，像似性可能在支持指称性（学习将语言标签映射到世界上的对象、事件等）方面发挥着关键作用，而指称性是词汇发展的核心；在语言处理中，像似性可以提供一种机制来解释语言是如何体

177

现的（基于我们的感觉和运动系统），这是有意义的交流的核心。"

"哑巴英语"与教学中的模态偏倚有关（语音优先与模态优化组配）。"哑巴英语"现象是由英语教学，尤其是大学英语教学过分依赖文本教学，并以单一纸面考试形式反复巩固而造成的。长期以来，知识化英语教学、课文文本的精细解读、词汇语法的规则记忆形成了英语学习的模态偏倚倾向。从教学过程来看，教师讲解演示比学生开口问答多；从活动设计来看，知识性授导多于实践性练习、输入性练习多于输出性练习、读写量多于听说量、识记性活动多于思考性活动；从媒体应用来看，单一模态（文字或文图）比多模态多、多模态演示时动图设计比语言设计多。概括起来看，各项微技能训练实践在时间上不成比例：看得比读得多，读得比听得多，听得比写得多，写得比说得多。如此一来，能看懂，但不一定都听得懂；能写一些，但不一定能说得出。"哑巴英语""闷葫芦英语"就在所难免了。

其实，只要速度合适，由于断句停顿、意群节奏、句词重音、语音语调以及语气情调等副语言因素的作用，中低级学习者往往是可以听懂一定难度、特定主题和特定文体的英文语篇的。所以，有声读物（audio book）是很好的多模态外语学习辅助材料。具有良好阅读习惯、长时间沉浸于原版外文电影、酷爱外语歌曲的学习者往往更容易掌握地道的外语口语。除了大量的文本输入外，多模态外语信息的均衡接触也是学好外语的重要变量之一。

13.3　破除图文并茂的思维定式

"图说"是对语言的"僭越"，还是趋向多模态言说的返璞归真？这无论在文化传播领域还是在教育教学领域，都是不可回避、值得讨论的问题。

语言和图像，是人类有史以来最主要的两种表意符号，有文字记载以来一直处于"语言为主、图像为辅"的"唱和关系"中。但是，图像又偏偏是文字起源的祖先，无论是中国古代的甲骨文、苏美尔人的楔形文字，还是古埃及的象形文字，都是如此。基于像似性的图像符号与基于象征性的语言符号相比，不具有表意交流的经济性和任意性。所以，从图符表意到语符表意的转变是人类历史的巨大进步。此后数千年以来，一直是言说为主、图示为辅的文化格局，图说从未进入典籍文化传承的主流。随着图像时代的到来，这种关系逐渐被颠覆，原本用语言表意的东西，开始用图像来替代、还原（如颜文字、表情包），最明显的就是文学作品的影视改编。很多人仅通过影视作品去了解文学作品的情节，不再去看原著，年轻人的读书习惯被追剧所取代。面对"读图一代"，学校教学话语也陷入了一种"符号危机"，教师纠结于图文并茂的多媒体教学趋势，常常担心不得要领的图说是否会稀释了教学内容的专业性，而外语教师则更是怀疑以图示说的教学方式会不会背离了语言性学习的初衷。

其实，我们不必笃信或怀疑图文并茂，而应多多探究如何实现图文并茂。文字的优势在于抽象精确，图像的优势在于具象生动。教学中，要针对文字材料描述的内容的性质来确定图文搭配的优化方式，如记叙文、应用文、说明文分别对应于图喻、图说、图解；要根据教学的任务目标和不同的语言练习项目设定用图策略，如被动的输入型、理解性语言活动宜图文互补，主动的输出型、创造性语言活动宜以语言为主；要根据目标语的难易程度设计可视化图解方案，如复杂概念的简约图示（concept map）、抽象内容的具象隐喻（pictorial metaphor）、繁杂信息的图形表示（infographics）、枯燥数据的可视化展示（data and information visualization）等。

按照本书的观点，媒体与模态并不能绝对分家，媒体是人工制品，模态是感知功能，它们通过认知相互映射。所以，本节讨论的图文虽说不是同一媒介（分别为图形和语言），但都与视觉加工发生关系。图文关系及其搭配是多模态教学最常见的设计问题之一。

图的种类很多，不同的图具有不同的意义潜势，讨论图文应用时，不可一图以蔽之。图像分类在计算机科学领域有着不同的含义，此处仅从图像表意功能的差异出发作简单分类。

第一类是**装饰类图像**，这类图像能起到装饰的效果，如图案、花纹、底纹、图标等。这类图像具有美化界面、烘托气氛的作用，但一般不提供内容性信息。一些照片图画也可以拿作此用，比如在教授计算机原理时，放置电脑的图片或标识，可以起到装饰作用，却不能提供任何与课程内容相关的有意义的具体信息。此类图像可用于封面、标题页，但不宜用在内容界面。

第二类是**代表性图像**，这类图像一般为物事、场景、人物等的真实写照，可用于描述具体对象、单个元件。比如，在介绍 Excel 表格时，展示一张 Excel 表格的图片。数媒演示的条件下，这类图片可用于看图说话，也可替代实物、模型教具。传统教材的插图是典型的用法，课件制作中也被大量采用。

第三类是**关系型图像**，一般用于描述两个或多个变量之间的关系。比如使用 x 轴和 y 轴来显示两个变量之间的关系，用维恩图（Venn diagram）显示系统诸要素之间的交合关系（即重叠互连），用饼图、雷达图、柱状图等表示数据趋势对比等。

第四类是**组织类图像**，用来描述各个元件之间的关系。比如展示一张自行车的图片，在其各个部位贴上标签，显示各部位的名称，又如组织架构关系图、机体组织结构图、思维导图、概念图、认知地图等。

第五类是**转换类图像**，一般是描述某一事件、动作、状态过程的动画、视频。比如一段解释病毒如何影响人类细胞的动画展示、植物从种子到开花结果的加速视频、解析高速瞬间动作的慢动作视频等。

第六类是**解释性图像**，主要用于展示一些看不到的关系，表现蕴含抽象概念的图示，包括创意类视觉隐喻。使用看似熟悉的一张图像、一个感觉类似故事的隐喻，使情感和逻辑大脑参与进来理解概念。如用冰山来解释一个常见假设背后的看不见的想法、用引擎齿轮表示如何协同工作以实现最终目标、用攀岩展示达到目标所需克服的挑战、用地图展示实现目标的不同或最佳路线等等。这在课授讲解中常用于化繁为简、化难为易、变抽象为具象，使隐晦变明晰。隐喻性图示也常用于厘清概念、激活思维、引发讨论等语言实践活动中（见图 13.2）。

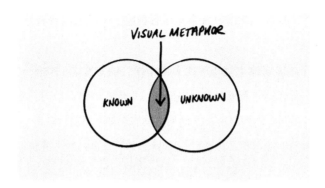

图 13.2 视觉隐喻使复杂的想法变得简单[1]

　　不同的表意媒介对不同类型的学习具有不同的潜力或可予性。教学的艺术之一往往是在媒介和期望的学习结果之间找到最佳匹配（Bates 2015）。这种匹配主要与演示材料内容的性质有关，而不必是投其所好地迎合学生的兴趣和喜好。

　　媒介在表示不同类型内容的恰切程度上有所不同。因为它们用于编码信息的符号系统（如文本、声音、静止图片、运动图像等）不同。不同的媒介能够组合不同的符号系统。媒介之间在组合符号系统的方式上的差异会影响不同媒体表示内容的方式。技术媒介语境下的学习，"能力倾向"（aptitude，简称"能倾"）对应着"学习"，而"处理"对应着"媒介"。"能倾处理交互"[2]（aptitude-treatment interaction）研究的目标之一则是在"学习"与"媒介"之间建立起匹配（Snow & Salomon 1968）。事实上，Salomon 在其著作中正是以"能倾处理交互"为理论框架，从学理上论证了媒介与学习交互是可能的（Salomon 1979，1994）。因此，同一事件的直接体验、书面描述、电视记录和计算机模拟之间存在差异。我们的知识不是静态的，而是发展的结果。学习的很大一部分需要对来自不同媒体和符号系统的内容进行心理整合。鉴于此，我们说"对一

1　参见 Lj·埃文斯（Lj Evans）发表于 2022 年的文章 "Need to make a complex idea simple? Here're 9 visual metaphors to explain them clearly"。

2　"能倾处理交互"是一个心理学术语，指确定存在于不同学习者之间的个体差异和教学处理措施之间的交互关系。

个概念或想法的更深入理解，常常是对各种媒体来源的内容进行整合的结果"（Mayer 2009）。

媒体处理具体或抽象知识的能力也不同。 抽象知识主要通过语言进行处理。虽然几乎所有媒体都可以处理书面或口头形式的语言，但在表达具体知识方面的能力，不同媒体各有所长。例如，动态媒体（电视、电影、动画、视频）长于呈现具体的事件过程、分解动态细节；文字或语音擅于分析事件的抽象概念和因果关系；多媒体则可以集图示、讲解于一体，恰当的图示或可视化隐喻能弥补难以言表（beyond the words）的短处。精心设计的媒体组合可以帮助学习者从具体到抽象再到具体，逐次加深理解。

媒体在表征内容结构上的方式也有所不同。 文本形式的印刷品、网页或录音、广播和面对面口述教学，都倾向于线性或时序地呈现内容。虽然它们也可以表示平行的活动，如不同的章节、段落可以从不同的角度、以不同的观点来描述同时发生的事件，甚至可以插叙、倒叙、夹叙夹议，但这些描述的本身却仍然必须按顺序展开。诚然，信息的时序原则是所有媒体都必须遵循的，但多媒体和电视则更"能够呈现或模拟同时发生的多个变量之间的相互关系"（Bates 2015：371）。虚拟现实就是一个非常强大的例子（让人"进入"发生时刻），计算机可以让用户在一定的范围内自行处理信息的分支或替代路径，从而实现内容结构的重组。

不同学科主题在信息结构上有很大的不同。 学科领域的内容结构以特定的方式由学科的内部逻辑决定。这种结构可能非常紧密或符合逻辑，需要不同概念之间的特定序列或关系，也可能非常开放或松散，要求学习者以开放或直观的方式处理高度复杂的材料。所以，如果媒体在呈现信息的象征性方式和处理不同主题领域所需结构的方式上有所不同，那我们就需要选择最符合所需呈现模式和主题的主导结构的媒体（Bates 2015）。因此，不同的主题领域将需要不同的媒体平衡。这意味着学科专家应深入参与数字时代的教学决策、媒体选择和恰切应用，以确保所选媒体与主题的表现和结构要求相匹配。这对于非良构知识为主、话题广泛的外语教学是一个不小的挑战。

从认知活动的生态角度看，媒体与学习的适配问题，不是单纯的不同媒体表意特征的问题，而是学习过程中技术媒介可予性能否体现的问题。

媒介的教学可予性与将该媒介用于特定教学目的的可能性有关。应该注意的是，可予性并非都是显见、唯一的，它还取决于用户对该媒介的理解、体验和主观解释，并且通常可能以非该媒介独有的方式进行使用。例如，视频若只是用于录制和发表演讲，那从认知的角度看，它就和课堂面授几乎没有差别（只是缺少了现场气氛和插话互动的可能性）。从这个意义上讲，讲座和视频至少有一个相似之处，即信号的时序性。此外，学生也可以选择不以老师指定的方式使用媒体。例如，Bates & Gallagher（1987）发现，一些社会科学专业的学生反对纪录片式的电视节目，要求应用知识或分析，而不仅仅是表达概念。

人们倾向使用媒介的"独有特性"一词，而不是"可予性"的说法，也许是因为独有特性表明媒介的某些特定用途不太容易被其他媒介复制，因此在选择和使用媒介时可以更好地加以辨别。比如，使用视频以慢动作演示机械过程在其他媒体中很难复制。所以，视频的慢动作播放这一功能就具有独特性或特殊性，而不是普遍意义的可予性。这是因为这个功能对机械动作、物理原理、化学反应甚至舞蹈、体育等动作的过程展示与解析是有用的，但对音乐、美术、数学，尤其是外语等文科的教学可能是不合适、不必要的。

其实，这种把媒介功能的适用性进行具体化、专门化的思路是狭隘的。因为，语言和视像（动静皆然）是任何人类活动活动的认知基础。任何类型的动作分解的可视性和对该动作示范的解说是分不开的。这些慢动作视频配上同步英文解说，就有可能是专门用途英语教学的好材料。所以，讨论媒体解读的主观性和灵活性时很难得出任何硬性结论。强调媒体的可予性，恰恰在于看到了不同媒介可予性的潜在差异和供用适配性，但这种供用适配不由媒体本身决定，而在于教学中的创意应用和性价比选择。视频慢动作的确不容易被复制，但并非不可能，Bates（2015）也承认这个观点，比如动画、虚拟现实甚至PowerPoint中都有可能出现。可予性不是单方供给，而是互动实现。慢动作视频的可视性解说，恰恰可以成为外语教学图文并茂的典型案例。动态图演示过程不但可以是瞬间动作的慢放，也可以是历史演进的快放。此处图文中的"图"不应该作狭义的理解，该"图"可以泛指语言性信息之外的任何可视化手段，无论是动态的，还是静态的。图文并茂的精髓在于演示材料的多模态特性，它符合人类认知的多模态本质。

第十四章　媒介环境与课堂互动问题

外语教学中的**情境化与课堂互动**可以被一般性地定义为**某个**教师在**某个**时间框架内于**某个**地点让**某个**人明白**某个类型**信息的沟通过程。在应用这种一般性的定义时，我们可以将"某个"一词视为种种不同的变量，如不同的教师、不同的学生、不同的排课时间或上课地点。但是作为"某个类型信息"的教学内容，也就是教材文本，一般不会变。换句话说，教学活动是以特定的信息（教学内容）为核心开展的。当然，这种以内容为情境化视角的取向不应被误解成教师对学生的单方设计。实际上，健康的教学情境必须包括教师与学生、学生与学生、师生与教材之间符合教学目的、符合课堂场景、符合各自身份的对话。

然而，外语教师往往将情境教学、语境创设等概念窄化为文本知识的图示化、形象化，而很少探究媒介类型、递受方式、课堂情境和人际互动之间的关系及其交互影响，进而忽视了对授课现场的语境功能和交际心理的探究挖掘。语境创设、交际互动常常难以融入学生的现实语境，最终沦为"过家家"式的游戏。数智语境下的教学软件、网络平台、智能设备等媒介要素之于学习的影响研究也常常拘囿于技术产品的感知有用性、感知易用性等元认知行为层面，而忽视了新媒介环境对人际互动的深层影响与动力机制。此外，对课堂交互中的人际关系研究大都仅聚焦于师生角色、身份意识、施受关系等方面。

14.1　作为信息系统的课堂场景

以乔治·米德（George Mead）的符号互动论（Mead 1982）看，课堂就是一个社会化场所，课堂内的交互是具有象征意义的符号化互动。符号意义来源于主观赋予，如语言、文字、动作、教具、场景以及作为教学活动主体的教师和学生。米德认为，有意义的意识过程是在社会活动中展开的，这种活动最简单的形式就是举止言谈，体现在课堂上就是师生问答。象征符号的主观意义是社会互动中的人们从主观出发赋予的，约定俗成之后就具有了间接性和对象性。人们通常会运用这些具有共有意义的举止言谈（包括语言及非语言符号）来掩盖内在的心理活动或展示社交意，比如教师的知性耐心和学生的礼貌守拙可以看作是社会化规约对两者互动方式的期待。然而，外语课堂的场景互动通常包括两个互有交集的层面：一是现实意义上的社会人际互动（真实互动），二是人为设计的情境角色互动（模拟互动）。由于课堂环境下缺少目标语言的应用场景，我们通常希望学生在创设的语境中获取意义、习得语言。但是，人为设计的外语语境与学习者个体的本土语境之间往往缺乏内在的文化逻辑和心理基础，难以"入戏"或频繁"出戏"的情形时有发生，结果造成场景失真、错置和交际失败。学生大多不能自然而然地将模拟环境中的符号意义和语用策略迁移到现实中的人际互动中来。相反，望文生义式的"主观意义"造成了许多中式英语和社交失误（social blunder）的大量出现。

语词是最具间接性和对象性的象征符号。无论是从外在的沟通行为，还是从内在的主观思维来看，凭借举止对话和语词互传所展开的符号互动与人们的社会行为、价值选择、主观创造都是密切相关的。但是，这对具有跨文化交际特征的本土外语教学情境而言是一种挑战。通过符号互动理论，我们可以一窥情境外语教学互动中的场景悖论。米德从主观定义、符号沟通和承担他人角色等方面揭示了社会组织和社会制度的心理基础，然而，微观社会学对规范性情境和个体情感因素的忽视，破坏了人的社会性和社会的人性之间的统一。人只有承担他人角色并进入社会关系和社会过程之中，才能恰当地进行自我定位，实现富有意义的人际互动。

另一用来分析微观社会学中人际交往的理论是欧文·戈夫曼（Erving Goffman）的剧场理论（dramaturgical theory，又译"拟剧论"）。戈夫曼的剧场理论与符号互动主义颇具渊源，但是较之于米德的对符号意义的"主观赋予"，戈夫曼倾向认为具体的微观场景对人们的自我表现更加具有约束力，即所谓

"人际行为受外界强加在一个'社会演员'身上的道德规则所统治"（戈夫曼 2008：19）。每个人会根据说话的场景和对象的不同，有意或无意地选择使用不同的语言和对话方式，从而在具体的语境里寻求最恰切的表达，并时不时地伴随着"印象管理"（impression management）行为[1]。任何个人在某个环境中的行为可以被分为两大类：与身份、他人期待相符且具有表演性质的前区或前台行为，以及较为隐秘和放松的后区或后台行为。所以，社会其实是一个难以捉摸的与场景有关的概念。按戈夫曼（2008）的看法，前台、后台因人际场景变化可能会转化（如课间休息时的私下问答——前台转为后台；家中来客时的夫妻相处——后台转为前台），几乎每个人在不同场景都有行为冲突，甚至后台行为也会被认作是扮演。但人们不能将前台行为用于后台，也不能将后台行为用于前台，而是应该在不同的场合表现出该场合应有的行为，其标准是社会的规范，即社会对角色行为的期待。与期待不符的言行举止被解读为不得体、失态或情绪管理失控。

以此看来，教学中的师生行为，就是与课堂场景绑定的拟剧行为。课堂里的教师和学生，实际上各有各的身份意识和角色担当。因此，不同于自我展示的"人设"概念，各自的"印象处理"更关注互动情境中的人际交往和行为调节。它更像"是一种社会速记形式，人们通过它来识别出自己并对他人和自己相互间的行为做出期待"（梅罗维茨 2002：28）。"装"与"不装"的区别不在于是否表演，而在于演员对自己角色的态度。正如彼得·伯格（Peter Berger）观察到的那样：在这个世界上很难假装，通常一个人会成为他所扮演的角色（梅罗维茨 2002：29）。所以，"我们所展示的自我，并不是简单地戴上面具，而是我们所具有的个性。尤其是我们扮演某个角色的时间越长，角色就越真实"

---

1 "印象管理"（impression management）行为（又译"形象整饰"）是一个有意识或潜意识历程。在这个历程中，人们试图通过调节和控制社会互动中的资讯来影响其他人对一个人、一个物体或一个事件的看法。它首先由欧文·戈夫曼（Erving Goffman）于 1959 年在 *The Presentation of Self in Everyday Life* 一书中被概念化，然后在 1967 年得到扩展。印象管理行为包括说明、借口和意见一致性等。

（梅罗维茨 2002：28）。然而，一旦脱离场景，回到私下，相应的身份就会消解。但"扮演"教师的时间久了，就可能会"入戏"太深，染上好为人师的习惯，这就是所谓的"职业病"。

从社会心理学的角度看，人一生中的大部分时间都在与他人互动。这些互动塑造了人们对自己的看法，然后反映在他们在互动中展现自己的方式上。米德的符号互动主义捕捉了一个人的自我、社会互动及其与发展意义的联系之间的符号化过程，强调人对符号意义的主观赋予；戈夫曼的社会拟剧理论则揭示了社会化场景对个人行为的潜在而强大的约束力，但由于现代交往过程中技术媒介的泛在化侵入，他所提出的由特定的交往地点以及观众所决定的"环境的限定"的场景主义观点（戈夫曼 2008），正受到越来越多的挑战。

约书亚·梅罗维茨（Joshua Meyrowitz）的媒介情境论质疑以社会地点和物质地点为界域的场景主义（梅罗维茨 2002）。在梅罗维茨看来，社会交往中的场景（situation）不只是一种空间概念，而且还是一种信息系统。他认为："地点和媒介同为人们构筑了交往模式和社会信息传播模式。地点创造的是一种现场交往的信息系统，而其他传播渠道则创造出许多其他类型的场景。"（梅洛维茨 2002：34）比如，学校教室是面对面课堂场景，在线直播是虚拟课堂场景，平台点播是个体学习场景，诸场景特点的整合应用是混合式学习场景。所以，构成场景的要素除了地点，更主要的是看谁在哪儿和正在做什么。同样，在移动传播中，无论传播者在场与否，他们的社会关系的整体格局都处于变动之中。学习参与者在与彼此交流和对话的同时，也通过移动媒介（如手机）与不在场的朋友们继续着对话和交流。维系场景的是信息流，而不是具体位置。

梅罗维茨（2002）认为场景主义研究的社会场景实质是塑造社会行为的方式，社会场景对某些类型的行为有社会预期，并在其中展示这些行为。这些行为由我们扮演和观看的社会角色综合决定，并且常常是难以琢磨的场合。电子媒体、数字媒体发展至今，戈夫曼当时所提出的前台、后台的界限已逐渐模糊并开始融合。比如，电视机前的春晚舞台已超越了一时一地的演播厅，在线学术会议除了虚拟背景以外甚至可以无需物理地点。再比如，线下课堂的场景相对固化，但虚拟课堂、混合课堂、在线课堂的场景边界就难以划定了，因为开麦、视频、匿名、隐身时，前台后台需要频繁切换。在信息化媒介环境中，某人或某一群人只要在某一特定时间内表达、交流某一信息，就会构成某种社会场景。换言之，社会场景除了物理场景，还包括了信息场景。"与物理场景类似，媒介可以容纳和拒绝参加者。媒介亦像墙和窗一样可以隐藏和显示某些东西。媒介既能创造出共享和归属感，也能给出排斥和隔离感。"（梅洛维茨2002：7）

所以，场景是一种信息系统，或可看作是社会信息的某种模式，也是人们接触过程中的行为模式。由媒介造成的信息环境同人们表现自己行为时所处的自然环境同样重要。在确定情境界限时，应考虑接触信息的机会并将其当作关键因素。传统的场景主义将场景视为以地域为界限的实际的、具体的存在，而梅罗维茨的理解抛弃了固定的时间地点，使场景成为概念中的某种信息递授模式。这样，无论是同一地点的面授课堂，还是不同地点的在线课堂，其时其刻的信息互动模式便是课堂场景的首要边界要素。构成课堂、同学这一学习场景的不只是地点时间，更是同一目的、同一内容以及与之相融的信息交往模式。此外，承载不同类型信息的媒体形式对场景交往模式的影响无可避免。

"一个群体是由其所具有的特殊的东西联系在一起的，这个'特殊性'是由群体成员共同拥有的，且不与其他群体的成员分享的信息所构成。"（梅洛维茨2002：50）

我们不妨设想一下，如果你走错了教室（比如上外语课的时候进了物理课堂）或点错了会议号（比如误入了补考辅导班），尽管戈夫曼意义上的场景特点（物理时空、社会约束等）相同，但你仍会感到错愕，因为你不具备该场景信息系统的身份，无法共享其默认的交互方式。从社会关系看，你仍然是一个外来者，不属于该场景。相反，只要你属于同一信息系统，即便不在同一地点（比如同一门课程的平行班学生、同一讲座的不同班级学生，或者同班同课但天南海北的线上同学），你仍能被看作是同一场景的**同学**。所以，任何特定场景一旦有突兀外因介入（如教室里安装的摄像头、前来听课的专家、检查的

189

督导，或误闯入直播镜头中的外人），现场氛围就会发生变化。究其原因，是外来者不能共享班级默认的信息系统和行为方式。这种介入如果是偶然和短暂的，那一旦过去，场景就会恢复原状（如同演出的舞台上突然闯入了小丑令人"出戏"或笑场一样）；但如果介入是持续和强势的，那课堂行为就需要调整适应，印象管理一类的前台行为就会频频发生，甚至成为常态。课堂作为公共场所，必然具有前台性，但相对于其他班级或更正式的督导检查场景来说，本班同学与熟悉的任课老师间的默契又具有某种后台性质，即亲近自然的交往模式。这在大学年轻教师和中小学带班老师的课堂上极为常见。

将社会场景看成是信息系统的意义，远不止于拓展或扭曲了场景的边界，而更在于其深刻揭示了构成场景行为模式的内在逻辑和动力机制。社会认同理论认为，人们有一种与生俱来的把自己归类为群体的需要。比如，在微信上，人们会组成各种各样的微信群，如家庭群、爱好群、同事群、同学群等。每个群都有一定的边界和门槛，一个微信群实际上可在某种程度上被视为一个内群体（任姝芳 2020）。这些群组的成员虽然来自现实生活中的人际圈，但更多的是志趣相通、观点趋同的同温层，或称之为"回音室"（echo chamber）效应的信息共享圈。若是三观不合，同一单位、同一社群，甚至同一家族的人也不一定会同群；但若心有灵犀，纵然是天南海北，也会聚到一起（传统社交圈没有这种便利），成为以观点和态度为分界的公众心理群体。这种群分与传统的人际圈既相同又不同：相同之处在于它源于现实人际圈，并保留了互相联络的社交功能；不同之处在于它超越了现实生活中的阶层、职业、单位、性别等社会因素的藩篱，是一个以信息、观点分享为纽带的虚拟社群。若是话不投机，不是退群，就是"潜水"，久而久之就会出现自动边缘化，也可能导致该群就此沉寂。

课堂是一个特殊的、建制性的公共场域，无论是线上虚拟还是线下实体，它的场景环境都兼具物理空间和信息系统的双重属性。但在网络环境下，维系课堂成员之间的纽带和群体认同感，除了残留的物理概念上的班级体外，主要是共享的内容信息和特定的交互模式（如特定主题课程的知识授受）。从专属的固定教室，到混班的公共教室，再到流动教室、线上虚拟教室，同学、同窗的内涵早已超出了物理的课堂概念。这就是以信息系统为边界的课堂场景，它不但构建了课堂的社会场景（即班集体），同时也区分了不同科目课堂的信息场景，如语文课、数学课、外语课等。

14.2　课堂沉默与互动模式差异

课堂互动中的沉默是指当教师提问或要求学生发言时学生的不配合、不参与的消极现象。Granger（2004）将其与不服从、冲突、不当行为联系在一起，在学生扮演听众角色的情况下，还与伪饰概念有关。更重要的是，课堂上的沉默可能会成为学生的持续行为，变成学生对教师课堂权威的一种情绪抵抗，以及一种被动表达负面情绪的方式。在某些情况下，沉默可能会带来教育价值，因为它有助于思考性学习。但将其与外语学习的绩效联系起来考察时，教师似乎压倒性地认为这是一种不利的现象。滕明兰（2009）在研究中指出，大学生课堂沉默可以被视为学生在思想、情感和行动层面表现出的一种心理状态和方式。他强调，沉默只是指没有交谈，而不是没有思考，因为它只是指在课堂交流中的参与有限或参与不足。但对于外语学习而言，无论何种原因的学生沉默，都会形成语言教学过程的障碍。

外语课堂的沉默现象受到了同伴感知的影响。同伴的感知与学生对发言同学的态度有关，发言同学可能害怕被他人评判自己炫耀、寻求课堂注意或外语能力低下。此外，当其他同学的回答水平明显高于自己时，同伴感知会促使学生对教师提问保持沉默。聪明的学生会让那些认为自己不够聪明的学生沉默，他们的课堂表现会潜在地影响其他同学的反应水平。

另一个影响学生在课堂上不活跃的因素是他们自己的感知。有些学生真的不确定他们要说什么，有时对自己的观点没有足够的信心。课堂观察发现，对所学语言材料、所讨论的话题缺乏理解或成为学生无法回答老师的问题和谈论更多话题的核心问题。学生们沉默是因为他们没有想法，或他们并不知道应该分享什么。

外语课堂的沉默现象还有其自身特点，即明显的文化差异性和外语表达能力带来的影响。由于文化差异、对英语口语缺乏信心以及更熟练的学生在讨论中占主导地位，大多数学生往往保持沉默（Liu & Jackson 2008；Tatar 2012；Al-Mahrooqi 2012）。文化观念的影响包括对沉默本身的看法、对教师或他人的尊重、对参与英语学习高机会成本的看法，以及认为学习只是知识的传递、对批判性思维的不熟悉等（Li 2017）。缺乏信心主要源于语言表达能力，亦被称为流利性因素（Tatar 2005），即能否轻松、自如、快速准确地使用目标语言表达观点的能力。学生能否流利地说话取决于学生掌握词汇和产生话语的能力。"词穷"或不会组句常常会让学生感到应答焦虑，因为他们很难表达自己想说的话（甚至不得已憋出一句"我可以用中文回答吗？"）。当然，有时候由于没有真正听懂或领会外语提问，也会导致"我不知道"的沉默现象。

从心理学角度来看，沉默这一行为因素与学生练习口语的心理障碍有关。正如 Juhana（2012）所说，学生有害羞、焦虑和缺乏动力等心理因素。根据阻碍学生练习口语的心理因素，缺乏动力是导致课堂上突然沉默的主要原因。Gardner（1985：10）（转引自 Nunan 1999：233）阐述了学生缺乏动机的原因，包括缺乏灵感的教学、缺乏材料的相关性以及缺乏对教学计划目标的了解等。研究还表明，不良情绪和懒惰感会降低学生的课堂参与，导致他们保持沉默。从这个意义上说，在指导学生说英语和练习英语时，需要考虑动机问题。

课堂沉默不仅仅是没有发声或缺乏交流。学生沉默现象还可能是由于学生有意回避谈话而出现的。学生在课堂互动中保持沉默并不都意味着他们的演讲能力和学业能力低下，也不意味着学生们不知道正在讨论的材料。研究还发现，沉默可能意义重大，这取决于学生的意图或目的。Jensen（1994）发现了三种不同的沉默功能，它们是具有感染力、启示性和关联性。

首先，沉默不都是负面的。当学生沉默以表达对他人的尊重、包容或友善时，具有影响他人的感染作用。沉默是学生们有意表达的，这意味着他们确实知道该表达什么，但给了其他人一个说话的机会。考虑到与他人交谈可能会阻碍发言人演讲，一些学生选择保持聆听（即沉默），以便给其他人在互动表现中留有机会，Nakane（2002）称此为积极的礼貌策略。数字环境下，除了保持静默聆听外，学生可能还会在聊天区内发表情包或点赞。此时的沉默是颇令人感动的。

其次，沉默并非不表达意见。其实，课堂上的互动无论是发声或不发声，都具有信息反馈的启示性功能。学生之所以沉默，可能是羞于表达（性格问题）、懒于表达（动机问题）、不想表达（习惯问题）、不愿表达（情绪问题），又或者不知道如何表达（语言能力问题）。当然也有可能是策略性沉默，如前所述的体谅性沉默、表示认可的默许性沉默、为保面子的防御性沉默等等。总之，看似一样的沉默行为，一定与某种原因相关联。在面对面的课堂上，教师可以察言观色，对同样的沉默现象做出经验性判断，并用即时性行为予以调整。但在虚拟课堂上，由于屏障的原因，教师失去了语言信号以外的多模态线索（如眼神、表情、姿势、氛围等），无从判断沉默的原因。因为不动声色的行为背后潜伏着太多可能，所以在线上的互动情境中，教师反而可能需要更多地依赖于语言性线索，或行为数据的即时反馈与分析。

课堂教学的成败取决于有效的师生互动，课堂师生互动行为与教学的有效性密切相关。但对于在线教学，"已有实证研究或聚焦于特定类型的在线人际互动，或探索人际互动对学习效果的影响，少有研究对其多维特征和效果进行系统探究"（李琳琳 2021：51）。李琳琳（2021）从教师的角度详细描述了在线教学在媒介特征、时空特点、互动效果等方面的研究发现，她认为较之于线下教学互动，在线互动媒介具有特定的功能和要求。比如，文字互动的"留存性和可见性强"，但表情包的出现可能意味着"表述简短化的趋势"；"音视频互动对网速和深层表演有较高要求"，但教师面临"形象整饰压力"，所以出镜讲解并非常态（这与笔者的观察分析一致）；"同步互动的时间刚性强、间隔短、边界清晰……时间利用率相对较高"，而异步互动的时间可调、可控性强，但时间效率更低。在互动空间方面，该报告认为在线交互"分割的空间限制了教学互动的多样性与充分性，但同时也能通过匿名保护形成安全距离"。该报告

的总体印象是："在线教学人际互动的频率和效果较线下教学都有所下降。"（李琳琳 2021：52-59）

14.3 外语在线课堂的人际互动

在线课堂的互动模式可分为文字承载模式、音视频交谈模式、屏播共享模式和标注式阅读模式。**文字承载**的交互包括发帖、跟帖、讨论、作业、窗口聊天、实时弹幕等。其特点是灵活、便捷，可修改、可匿名，交际压力小，可以有效增加发声的机会，因而成为在线交互的首选模式。**音视频交谈**多用于讲解叙述、提问发言、答疑解惑、评价反馈等即时性交互行为，其好处是真切可感、容易拉近心理距离，但是出于对表达能力、形象整饰的不自信，有些学生容易产生交际压力乃至交际恐惧心理，因而会选择屏蔽。**屏播演示**是教师授课时的主要模式，既可出镜（又称画中画），也可不出镜，无论是讲授、指导，还是例举、点评，均可借用电脑屏幕实现。但是该模式是一种单向交流模式，教师无从获取信息反馈，所以需要与其他模式配合使用，否则容易造成"满堂灌"的不良效果，并成为学生沉默的合理性前提。**标注式交互阅读模式**是一种结合以上三种模式的互动方式，它以授课文本为交互界面，教师采用屏播讲解，学生可在文本任意位置点击提问（色点实时显示），提问模态不限（语音、文字、视频皆可）。教师可随机点击标注色点，示播提问内容并进行互动式答疑解惑，也可针对所提问题进行个别辅导。这种标注式互动还可采取异步方式，让学生在课前、课后进行预习和复习，课上解答或讨论，从而实现基于翻转课堂的混合式教学。但是，采用该模式的前提是教师乐教、学生好学。否则，技术赋能下的强交互会被认为是额外负担。所以，课堂互动的驱动力显然不在技术而在人。技术只是提供了各种交互的可能性。

在线课堂互动的时空特点与选择的交际模式密切相关。例如，文字的承载方式主要是异步交互，无伴随情境，且可字斟句酌，互让空间大，发言自由度大。但是这种方式即时性差、现场性差，对教师来讲，堂上逐一回复可能性不大，不作回应又会压抑再次提问。再者，文本窗口空间有限，不刻意循迹查阅，难以引起注意。替代方式是课堂字幕，教师可当堂点评，因此即时性、现场性强，很容易活跃课堂气氛。但缺点是，如果问题过于分散，就难以聚焦，不容易抓住要点。音视频互动的交互性强，且伴随多模态情景信息，时空同步、视听同步，但交互双方都会面临形象整饰的压力，不易协调配合。屏播交互的主动权在教师手中，若教师能灵活采取学生界面示播、趣味内容插播、适时音视频问答、文本作业讲评等手段，确实能营造惬意且意义满满的交互场景。但这样的话，教师的工作强度、技术操作难度会大大增加。

总之，在线互动方式的选择与交际的目的和意义相关。实时同步（直播）也好，分时异步（点播、录播）也罢，都要作缜密合理的安排。**屏播课授**要留有思维空间，节奏、停顿、设问、点拨是关键。**阅读**要有深度思考作为支撑（设计探究性问题），并为讨论做准备，所以异步作业更合理。**活动组织**要突出任务目的，辅以路径方法，落到实处是展演环节，所以可采取示播与现场混合。虚拟交互亦可创造物理空间，如**标注式阅读**的物理空间就是读者面前的文本界面，交互的虚拟现场就是时间与活动的界面同步。**教师录播**虽然是时空异步，一对一点播或定点集体观看，但也可进行交互性设计，如关注话语方式、出镜风格、镜头距离、话题恰切度、代入感体验等。交互不仅仅是物理的，同时更是心理的。

在线互动的心理机制也值得探讨。在虚拟课堂环境下，不同的互动模式会产生不同的交往场景，但选择以何种方式参与课堂活动，不仅与学生的个性、语言能力、学习动机有关，也与课堂场景的社会心理因素、不同媒体的表意潜势和认知因素有关。

与实体课堂交往一样，虚拟课堂的交往一样受社会心理因素（如人际互动关系）的潜在影响，只是选择的交互媒介和表达的方式有所不同而已。比如，选择文字是因为可以字斟句酌，文字的延时性、可修改性可以缓解即时口语表达的压力；表情包表意的模糊性、情绪性则相当于可视化委婉语，能传递情感、缩小心理距离；音视频交互可调用副语言和体势语手段，比纯文字交互传递的信息更丰富完整，包含语气、情感、态度等，可补充单一模态表意可予能力不足的弊端。

在线互动方式本质上是线下交往模式的网际延伸，任何网络交往的行为表现，其实都可以在日常交往中找到注脚。无论是在线虚拟课堂，还是在地的实体课堂，其实都是公共交往场所，具有交往的前台性质。但实体课堂的交互是师生双向、互有期待，且一目了然的。所以，尽管形象整饰行为是必须的，但可解读性、可调节性强。虚拟课堂同样是公共交往场景，但其整饰行为具有很大的缓冲区，因为屏幕后的双方均可以选择不同的出席方式，且学生的选择性远大于教师，如可以匿名出席、实名出席、肖像代理或视像出席等。大至一块屏幕，小至一枚标识，课堂的共享空间凝化为一页页屏幕显示。虽然数媒技术可支持文本、音频、视频等多模态交互方式，但学生多选择文本互动，教师多选择不出镜讲解，屏幕界面成为双方交互的节点，课堂人际互动变成界面虚拟交互。纵然言语交谈仍有整饰成分，但若与出镜面谈相比，其堪比后台的自由度和私密性是不言而喻的。课堂的本质虽然因特定的信息递授模式而保持不变，但课堂场景的边界却因媒介选择的不同而有所位移。

现实生活中，每个人都会根据社会场景调节交往中的舒适距离。只不过在虚拟课堂上，舒适的社交距离不是通过物理空间来调节，而是通过出镜方式或发言模态来调整的。学生可选择匿名互动、文本互动、视频互动、颜文字表情包互动或干脆"闭麦息屏"，究其根本都是人际与心理距离的调节手段。但是，在线课堂上任何一方只要选择了出镜和视频交互模式，就具备了如同实体课堂一样的临场感，"从表情中得到的信息总是与表达之人和信息发生的具体场景有关。而且个人的表情主要是亲临现场才能得到"（梅罗维茨 2002：87-88）。另外，他的"表演"也必须符合现场默认的社交规约。所以，面对镜头，无论教师能否看到学生，学生都在教学现场，因为他在被看到，教师对学生而言亦然。而采用不出镜的屏播方式，这种临场感就会立刻消失，虽然实时的语音交互仍保留了时间的现场性，但维系交互的那块屏幕恰恰成了遮蔽互动双方最好的屏障。这就是不同媒体所传递的信息类型在构建场景意义时的巨大差异。

梅罗维茨在强调信息形式消解社会场景边界时，认为"从印刷媒介到电子媒介就是将正式的台上或前区信息变成了非正式的后台或后区信息"，且"这种转变与讨论的主题或麦克风前、镜头前的具体的人并没有直接的关系，而是与完全不同的展示信息形式有关"，并进而认为"电子媒介将过去人们直接而密切观察时所交换的信息也播放了出来。从这个意义上说，印刷媒体有'前区偏向'，而电子媒体有'后区偏向'"（梅罗维茨 2002：88）。

此处所指的印刷媒体和电子媒体之间的一个主要区别是，印刷媒体通常只包含文本信息，表达的是使用者经过琢磨后想让人知道的信息；电子媒体还包括语音语调、语气节奏、表情姿态等多模态信息，所以，其将过去仅限于私下互动时的信息全部表露无遗。但是，梅罗维茨显然没有预见到媒介技术如此发达的今天。电子媒介（包括数字媒介）较之于印刷媒介，承载并还原了人类交流的全模态信息类型与传播方式。戈夫曼在交流（communication）与表达（expression）这对矛盾概念之间，以及后区和前区之间没有建立明确的联系，但它们显然都是相关的。

正因为表象传播会泄露许多个人不便或不想透漏的真实表情和情绪状态，所以在线交互时人们往往选择文本方式（可以字斟句酌地修改）或使用表情包（情绪表达的替身和面具）委婉表达，这样既拉近了人际距离，又不至于唐突冒犯，还避免了沉默的尴尬。这种媒介交互方式仍带有文饰和扮演成分，似乎就是梅罗维茨的中区行为。它模糊了交往中的场景边界，而真正的私下行为可能转入了深后区。

借用梅罗维茨场景主义的观点，我们可以充分利用数智媒体技术突破时空限制，设计更符合人之常情的外语教学环境。场景的设定、角色的扮演、冲突的发生、"学霸平民化"的趋向等等，都与梅洛维茨的媒介情景论的内容相关。

第六部分

外语教育技术研究的生态视角

也许，我们"学习"语言的方式，与动物"学习"森林或植物"学习"土壤的方式相同。

——范利尔（van Lier）

导言：外语教学的技术生态

生态系统是由生物与非生物相互作用结合而成的结构有序的系统。生态系统的结构主要指构成生态诸要素及其量比关系，各组分在时间、空间上的分布，以及各组分间能量、物质、信息流的途径与传递关系[1]。生态位理论强调在自然环境中，不同物种被自然选择到每一个特定位置，各占有不同的地理空间、营养层次和气候环境变化梯度位置，其信息、物质和能量传递都依赖于整体生活的环境。每一物种按其食物和生境的属性逐渐确定其自己的独特生态位，并逐渐稳定化和多样化。自然生态系统中的物种或种群首先只有生活在适宜的微环境中才能得以延续，之后会随着有机体的发育逐渐改变其生态位。生态位现象对所有生命现象都具有普适性，不仅适用于动物、植物和微生物界，也适用于人类世界（包括由人组成的集团、社会、国家）。

教育是整个社会大系统中的一个子系统，其物质、能量和信息的交换、流动和更新，同样具有环境依赖和适者生存的生态性特点。"教育生态学关于生态位的主体，不限于种群，它涉及教育生态系统、生态群体与生态个体，它们都有生态位问题。"（吴鼎福、诸文蔚 1990：147）数智信息技术作为教育生态的重要影响因子，具有改变教育结构、教育资源分布及教育关系的作用，根据其应用的广度和深度，能够产生不同强度的变革力量。在教育数字化转型的过程中，外语教学生态位在技术因子的强力作用下也悄然发生着变化，如何与其他生态位良性互动并协调发展应该引起学界注意。

我国高校外语教育范围广泛、层次多样，覆盖各级各类学校（外语专业院校、综合性大学、专科类大学、职业技术院校等）、各个学校不同专业的学生（文、理、工、商、医、农等）、外语作为专业或非专业学生等。外语教育的生态群落复杂而又丰富，与之对应的教学生境更加多样。同为高校教师或学生，

1　参见百度百科"生态系统结构"词条中内容。

外语师生群体在各个学校院系所处的现实生态位（realized niche）均有不同且落差很大。客观上，部分院校的外语专业及其大学外语教学单位出现了生态位泛化（niche generalization）现象，即所利用的各种不同资源的总和与整个学校不成比例。专业类外语院校可能较少存在这类问题，但在综合性大学、普通高校、职业类高校，或多或少都存在类似问题，主要体现在物质流、能量流、信息流分配上的失衡。

有学者从宏观视角提出构建外语教育教学的新生态，并将其分为政府、社会、学校和家庭四个层面（束定芳 2021a，2021b），从政府决策、社会需求、学校教育、家庭协同等角度凸显了上下各方面对于外语教育教学成效的重大影响。也有学者从教育系统的中观切入，论述外语教学的学校层面的生境效应（康淑敏 2012；黄国文 2016）；还有的学者从信息技术的泛在化融入，讨论外语教学的技术生态效应（陈坚林 2011）；甚至也有学者从微观入手，探讨外语教学的课堂生境（黄远振、陈维振 2008；刘长江 2013）。但平心而论，外语教育教学作为整个教育生态的一部分，放在任何一个层面上都只是系统中的小系统，生境中的小生境。无论是从个体的智力、能力发展来看，还是从学校教育的组织实施和培养能力来看，都是如此。以生态学的观点来看，中国的外语教育教学从来就不是，将来也不会是一个自成一隅、自给自足的生态系统，它只是散布在各个学校教育生态群落中的一个种群。我们应该摆正其应有的位置（niche），客观审视、科学配置其与外部世界的能量、物质和信息交换。

在学校生态系统中，如果把技术与若干系统要素相联系形成一个技术系统，并把技术系统内各因素参与实现的教学传播活动（即技术的教育应用行为）看作是这个系统的行为，那么就可以把这个技术系统看作是该技术在生态系统中的有效生存方式，也可看作是学校教育生态系统的一个组成部分（庄榕霞、王铟 2007）。然而，技术语境下的外语教育教学不只是技术应用行为，更是一种社会性质的文化行为。教育数字化转型的过程中，学校基础设施、资源配置、技术架构、功能配置等技术环境伴随着原有学科专业的生境张力，其与规范文化环境、师生员工以及教学活动之间的供用关系更显得错综复杂。一种被

Gurwitsch（2010）称之为"存在秩序"（order of existence）的东西时刻影响甚至左右着技术生态的可予性。这种秩序并不显见，但无处不在，是作用于各生态群落的限制因子。我们之所以主张外语教育技术研究的生态观，本意就是要把这些影响因子置于学校生境、行业生境乃至整个教育生境中去观察、分析。

首先，外语教育教学的技术环境对应的存在秩序具有学校类别差异，外语专业类院校和其他类型的普通院校有所不同。外语类专业院校虽然同样存在由不同语种和不同层级教学而产生的生态位竞争问题，但它们大致还是单一种群间的问题，因为都是外语类教育教学；但对于普通高校而言，情况就要复杂得多。普通高校本身就是一个硕大的生态群落，专业学科门类（种群）众多，与重点学科、强势专业这些"优势种群"相比，外语教育教学无论作为专业建制、基础设施，还是作为教学单位、教师群体，都只是栖身于整个学校生态群落中的一个"弱势种群"，或者说是系统中的子系统。

这一点在考虑学校信息化教学管理平台部署时表现尤其突出。一校一平台、一校一系统是基本要求，极少出现一个教学科研管理平台下存在十几个专业教学平台的现象。然而，现有的外语教学或学习平台的架构逻辑是以单一专业学科教学为依据的，教学的虚拟组织与数智化管理高度仿拟学校体系：包括校级、院系、年级、班级；涵盖平时、期中、期末；涉及教学、练习、测评、管理；关乎时间、空间、活动、流程。这样的平台架构放在外语类高校也许问题不大，因为一般不存在结构和机制的冲突问题，迁移、替代、植入都相对容易。但是同样的平台若放到任何一所普通高校就未必适用，而且平台越完整、越周全，与学校已有的数字化教学管理系统就越难兼容。外语教育教学在普通高校是院系建制，属于学校大系统下的子系统，与它平级的子系统起码有数十个。非英语专业学生除了大学英语一门课，还要学习本专业几十门课程。因此，无论是教还是学，外语信息化教学的成败不仅与学习平台的支持有关，还与资源配置的合理性和系统间相互关系的良性互动有关。这就是许多优秀的外语教学或学习平台叫好不叫座、难以无缝植入高校的结构性原因。技术架构造成生态位错置，导致很难在高校内部"搭屋建楼"、自成生境。勉强部署的话，这类平台当然也可运行，但部分功能就会重叠甚至冲突，结构性闲置浪费就难以避免。类似的技术应用尴尬同样也发生在在线课程的建设和运维上。

此外，高校教育生态子系统内部的各个生态群落之间，特别是同专业、同年级不同班级之间，由于所处的生态位相同，彼此之间存在竞争关系，这体现在科研业绩、教学成果、专业评比、学科评估、各种演讲竞赛、文艺表演、体育比赛等多个方面。而处于不同生态位的群体（即不同专业），由于面临的问题不同，隶属关系、经费渠道、具体功能和评价标准也不尽不同，因此一般不会发生激烈的竞争。但如果不同专业采用同一个评估标准，就可能带来不可名状的后果。作为学校教育生态子系统的大学英语教学，看似简单，其实却相对复杂，因为同一门课程的学生跨越了许多不同专业，甚至还有同一班级的成员来自不同专业、不同年级的情况，从而构成了新的生态位，其生态位幅度较窄（因为资源占有极少），但个体生态却更加多元（源于不同专业学习要求的限制因子更多）。

信息技术在很大程度上摊平了不同生态位的落差。海量的资源、便捷的检索、虚拟的环境使得各高校教学在物质流、能量流、信息流方面不至于相差过大，尤其是校际之间同专业学术信息落差大幅度缩小。但是，这并不等于同时填平了各校内部不同专业之间的沟壑，因为物质流、能量流很难突破物理限制达成群际共享。由于各高校学科专业建设的投入不均衡，在基础设施建设、教师队伍建设、信息资源建设（如数字文献的订阅）等方面，一般性学科与重点学科的差距进一步拉大，马太效应[1]（Matthew Effect）更加严重。好在有网络资源加以弥补，文科信息资源的环境较之于从前已有很大改善。

所以，外语教育教学（作为高等教育生态中必要存在的"物种"）的良性发展取决于合理的专业定位、资源配置、能量供给。虽然信息技术的发展为所有专业的教育教学带来了资源利好，甚至弥补了不少弱势专业的学术短板，但是高等教育的组织架构决定了任何专业从业者都具有"职业生态位"和"学术

---

1 由社会学家罗伯特·默顿（Robert Merton）于20世纪中期提出，指优势往往会产生更多的优势，即好的愈来愈好而差的愈来愈差。

生态位"的双重属性。前者指高校内部各专业的生态位，这是作为教学科研人员的从业单位而言的；后者是指包含且超越学校行政纳管的学术专业圈（由校内和校外的同行构成）生态位，这是针对教学科研人员所从事的专业学术研究领域而言的。两者虽然是异质同构、相辅相成，但却并非完全是一回事，因为竞争的对象和范围不一样，两者不在同一圈内。

教育教学的数字化转型从某种程度上缓解了专业学科间的生态位竞争。一方面，信息流的畅通填平了知识鸿沟，不同学科的价值认同得到了更广泛的尊重，无论是"墙内开花"还是"墙外香"，都惠及了更多的社会学习者（慕课、在线资源、视频公开课就是最好的例子）；另一方面，技术生态的可予性就其本身而言，具有技术能供的公平性，获益多寡可以最大程度地体现事在人为。

同一生态位的竞争，有其积极意义。它既是"兴奋灶"的来源，也是协作互助的基础。智慧性、社会性、协调性是我们人类不同于其他物种的特点。基于生态理念的学校治理，有助于高校从多元异质到协同共生的发展。比如，在学校教育生态中，运用教育生态位分化的原理，推进高年级带低年级、专业辅导非专业、研究生指导本科生（小助教制度，需要学校勤工俭学机制改革的配合），发挥处于不同生态位的群体之间、生态系统之间相辅相成、互相促进的作用。此外，外语学科应主动服务于学校办学的特色发展，积极参与优势学科教学改革，提供外语智力资源，促使本学科专业建设与外部环境的良性互动和能量置换。另外，在技术语境下，高校应利用信息技术泛在、通用、共享、低耗等特点，强化外语资源建设，引进优质资源，弥补信息流、物质流、能量流供应的不足。外语学科还可以利用在线课程跨时空优势，克服线下课程时间、空间资源配置的桎梏等等。凡此种种，均能促成生境视域下的互惠共生。

信息化外语教育已渐成趋势，工具驱动模式开始向数据驱动模式转换。各高校开始陆续部署自主学习、教学管理等数字化平台。大而全的系统性外语类学习平台的开发应用，其逻辑是高度仿真的高校教学管理机制，然而，开发者低估了学校技术生态的复杂性，尤其是难以顾及不同学校的存在秩序。校级架构的平台面向的用户绝大多是处于二级院系的外语教学单位。层级错位带来了兼容性困难，勉强使用又会造成结构性功能闲置。"大卖场"似的在线课程平台，对于散户学习者看起来是应有尽有，但是面对专业学习者的深度需求时却往往捉襟见肘，专业性、系统性乏善可陈。于是，专业（外语）类慕课平台（如外研社 Unipus 平台）应运而生，不同程度上弥补或缓解了专业学习者和许多高校弱势专业的需求，同时极大地丰富了我国数智化外语教育生态的资源可供性。

第十五章　外语教学中的技术可予性[1]

可供性理论是吉布森提出的具有开创性的生态学思想，其从微观的心理机制上解决人与环境的生态一体性，从知觉层面构建人与环境的具身互动关系。"可供性的生态位概念不同于当前生态学家持有的指向种群之间因功能关系建立的栖息地的生态位概念，可供性的生态位指向的是有机体的生活方式，是一整套适于某种有机体生存的环境特征，体现了人和环境存在方式上的相互依存关系。"（谷晓丹等 2020：16）这一认识的基础是一种本体论预设，即只存在两种基本的运动——作用与承受，而只有通过作用和承受，某个事物才能取得自己的性质（Zeller 1963）。也就是说，没有离开运动之外的绝对性质，性质只有在与另一个事物的关系中才能取得。因此，可供性对于我们而言的性质，只有在其与感官发生关系时才能产生。这也应了普罗泰戈拉的名言："人是万物的尺度，是存在者如何存在的尺度，也是非存在者如何不存在的尺度。"（柏拉图 2002）

15.1　可予性概念的引入和反思

技术之于教与学的实践应用，其效益不仅在于个体的、单品的使用，还在于系统的、生态的影响。许多可用于教育目的的技术并不是专门为学习和教学而设计的，因此教育工作者需要分析这些技术的供给和限制，以便创造性地将其重新用于教育环境（Mishra & Koehler 2006）。因此，理想的技术效应产生于个体与整体技术环境的良性互动之中。想当然的技术效益观是教育技术应用必

1　可予性译自 affordance 一词，该词有多个不同译称，如可供性、能予性、能供性等，该词译名涉及概念译介分歧，本书多采用"可予性"这一译名，与可供性同义，原因会在下文中提到。

须首先应该摒弃的。

Hutchby（2001：442）认为："不同的技术具有不同的可予性，这些可予性限制了它们可能被'写'或'读'的方式。"自 21 世纪初以来，尽管"可予性"一词尚未出现在词典中，但它已成为人机交互（HCI）、教育技术和 CALL 文献，以及关于数字技术在教育中整合的公共讨论中的流行词。这个词最初由生态心理学家詹姆斯·吉布森（James Gibson）（Gibson 1977）创造，并于 1979 年在 *The Ecological Approach to Visual Perception* 一书中进一步阐述了其含义，即表示环境给行为人提供的行动可能性（Gibson 1979）。这一概念通过诺曼（Norman 1988）的开创性著作 *The Psychology of Everyday Things* 首次引入人机交互领域。该书于 2002 年以 *The Design of Everyday Things* 为题重新出版（Norman 2002）。诺曼将可予性定义为事物的感知和实际属性，主要是决定事物可能如何使用的基本属性，从而暗示了物理产品的"可予"与其有用性和可用性之间的某种关系。

affordance 这个概念在教育技术领域，通常用于表示技术提供的可能性，它是从同源领域人机交互引入教育技术研究的。然而，外语教育技术界尚未深入讨论其对教育技术研究和应用设计的意义和有用性。这个概念至今仍然令人困惑，经常被误解，有时甚至被误用，比如将其直接等同于技术赋能。在教育技术和 CALL 文献的标题或正文中更常见到的译名是"可供性""能供性"等，通常作为搭配的一部分，如教育可供性、学习可供性、教学可供性、认知可供性、社会可供性或语言可供性等等。但是，研究者，尤其是外语教育技术界的研究人员，很少从生态学角度对 affordance 的概念进行理论探讨，他们更多地只是将其作为"不同学媒的特定功能"一义在使用。

affordance 一词在提出之初是一个生态心理学概念，故有"环境赋使"一译。吉布森所称的可予性是与动物相关的环境的属性和对象，以及动物可以直接感知的"环境中事物的'价值'和'意义'"（Gibson 1977：67-82）。但随着该词在设计界和传播学界的流行，它被赋予了许多其他意涵，故又被译作直观功能、预设用途、可操作暗示、符担性、支应性、示能性等等，泛指一件物品实际上可用来做何用途，或被认为有什么用途。也就是说，在物品的某个方面，具有让人明显知道该如何使用它的特性，例如门把手提供开门的功能，椅子提供支撑的功能等等。人们得知如何使用物品有一部分来自认知心理学，另一部分来自物品的外形。教育技术制品的可予性，通常指的是系统或软件界面的可操作暗示。

根据黄国文、王红阳（2018：4），affordance "这一术语在国内有不同的译名，包括'动允性'（如鲁忠义等 2009）、'符担性'（如吴文、李森 2009）、'功能承受性'（黄少静 2010）、'可获得性'（如刘晓海、石晨 2013）、'示能性'（吴炳章 2013）、'可供性'（姜孟、赵思思 2014）等"。黄国文、王红阳（2018）则自嘲式地将其"姑且"译作"给养"，这是目前所见最汉化、最无奈的译法。由此也足见 Gibson（1977）提出的这一概念蕴含的多面性、丰富性和晦涩模糊性。然而，概念及其译名的不断翻新"并非纯粹的文字游戏而始终关涉研究范式的转变"（孙凝翔、韩松 2020）。围绕 affordance 概念意涵的分歧，其核心是吉布森在原初脉络中对人与周遭世界关系的根本性思考。"能予""能供""赋能""使能"等词的"能"都意味着单向给予、赋予的能力。能否予与、能否供给，往往取决于供应方，这多少有些功能主义和技术决定论的暗示。"可予""可供""示能""动允"等词则略显中性，摆脱了"赋使""予求"的二元对立，蕴含着两者间的关系属性：可否予与、能否支应，取决于际遇双方的互适。"可予性"一译比较接近吉普森的 affordance 的原初概念。

环境的功能和特性是与生俱来、独立于人的感知而存在的。即便是人造的环境，也是某种先天特质的人工重组。人的各种感知，如视觉、听觉、动觉、触觉、嗅觉，甚至第六感，都与周遭世界的方方面面具有某种同构关系。符合同构关系的，就能从环境中获得相应的给予；不符合同构关系的，就无法获得给予。人的感知能力有的是天生的，有的是通过学习或经验获得的。例如，痛觉是天生的人体保护机制，但能预见到疼痛，却必定是与被伤害体验有关。又如，多粗的线能钓起鱼儿，多粗的绳能支撑攀岩，都与人的直接或间接经验相关联。再如，光的波长和声音的频率是一个几乎无限的连续统，但人的肉身感觉器却只能感知其中的一小段，并据此建构起我们对自然世界的认知。因此，人对高度、深度、亮度、音高等物理刺激的耐受度等都是本能的，超出正常范围的被视为"异能"，虽然特殊训练也能提高耐受度。所以，人与环境的交互关系既有客观规律的制约，也有能动的主观适应和改造。然而，在这一点上，吉布森主义者与他的理论借用者们并不一致。

可予性理论引入其他领域后（如人机交互、媒体传播、教育技术等），其蕴涵与原初概念发生了偏离。吉布森认为，affordance 是相对于特定行动者的行动能力而存在的（Gibson 1979）。它不应被视为依赖于文化、先验知识或个人的期望。因此，在吉布森的系谱中只有感知到的可予性和隐藏的可予性，而没有错误的可予性。然而，诺曼却用可予性的概念来指代对象的可感知、可操作属性。在诺曼看来，可予性不仅能被感知，也可能不被感知，甚至还可能被误解（源于经验和心理能力）。这与吉布森的直接感知观大相径庭，见图 15.1。

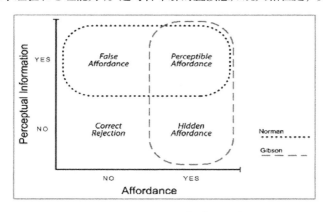

图 15.1 Gibson/Norman 的可予性视角（改编自 Gaver 1991：80）

显然，吉布森秉持的直接感知观源自他的生态心理学立场，其立足点在于自然环境与生物体的同构关系。"环境的可予性就是它为动物提供它所提供或置备的东西，无论是好是坏"（Gibson 1979），与动物本身的经验或期待无关。而诺曼的观点更具人类文化学色彩，他着眼于人工制品与使用者之间的交互效果。产品设计的可予性与使用者可感知的功能性、有用性相关，因而与使用者的经验和能力密切相关。吉布森与诺曼的相似之处是他们都承认可予性是外物与人之间的关系属性，可予的兑现不由单方决定；不同之处在于可予性是直接感知的，还是需要经验和心理表征作为中介。诺曼主要关注设计中可以传达物体规范用途的可见属性（Norman 2002），吉布森却认为"环境的可予性是环境的事实，而不是外观"（Gibson 1977：70）。其实，诺曼本人很早就指出，他对"可予性"这个词的采用与吉布森的使用相冲突。

吉布森在直接感知和行动可予性主张的基础上发展了感知和行动的生态学理论，其可予性概念一直极具影响力，并推动了认知心理学的大量工作。但那些后来采用可予性概念的人并没有坚持直接感知的原则（Tucker & Ellis 1998；Norman 2002；Bub & Masson 2010）。如今，可予性一词已经被过度使用，在大多数情况下已经偏离了吉布森的初衷。迄今为止，无论是否有目的，该术语的使用已经过于简单化，用以适应不同学科的实际需求（Norman 2015）。

吉布森的生态知觉论方法是开创性的。尽管目前人们对物体的感知如何影响行动还没有达成共识，但都支持感知和动作是相互关联的。面对环境，面对外物，无论是自然的，还是人工的，感知到的可予性很重要，我们对如何与对象交互的隐含理解会驱使我们进一步行动。可予性是环境提供的行动机会，具体取决于个体的能力和效力。个体因素的变化和环境因素的变化会影响这两个互补功能方面的匹配，即"可予有效性契合"（affordance-effectivity fit）。

在引入教育技术生态学原理时，人们倾向于将技术可予性理解为环境属性，如资源供给、工具赋能，或者把技术可予性看作是针对具体问题的即时解方。这种根深蒂固的工具理性与教育技术应用的生态观是格格不入的。可予性与能力（即有效性）之间的耦合不仅是瞬时匹配（像锁和钥匙），而且应被视作为一个展开系统，在更长的时间域内与生态位构建相融合（Chemero 2009）。教育的数字化转型是全方位的，这不仅体现在教育互动与社会互动的人机接触，还体现在人与外界互动的所有接触上。一方面，借助技术界面，人们拓展了与世界知识的交往；另一方面，人们有可能将自己禁锢在方寸屏幕之间，截断了通往真实世界的具身途径，使自己异化为推送信息的"奴隶"。人们获取的知识，也许是经过挑选、过滤、重组、包装的知识，就像大众传播时代人们通过电视镜头了解外界信息一样，只不过摄像记者的镜头换成了推荐算法。这是数智时代人类与信息关系的一大挑战。

技术化外语教学中功能实践的重点，应该是揭示有助于学习者获得特定可予效果的过程，实践范围必须包括在相关背景下促进个人的语言活动。教与学的最佳实践既需要基于理论的实践，也需要基于证据的实践。对于外语教育技术的最佳实践，感知和行动理论是基础。这些理论为预期和预测学习行为在技术语境下应该如何重组奠定了基础，对于解释证据和学习现象以及开发新的干预措施至关重要。生态学方法可以成为语言学习从教师中心模式向学习中心模式转变的助推剂。感知和行动的生态方法侧重于对学习者、任务和环境互动约束的动态调节。将生态学原理纳入学习研究和实践，有助于提高我们对行动复杂性的理解，并为有效功能实践的发展提供更好的基础。

"智慧学习，学不会都很难。"这种看似广告词一样的说法从本质上讲是技术决定论（也称"技术浪漫主义"）的论调。"技术解决方案不是教育创新，更不能代替基于教育理论的教学设计。然而，只看到技术在教育上的能供性，没有看到或选择性忽视技术的局限性和人的能动性，本末倒置技术与教育的关系，不懂得（应该）运用教育理论指导技术教育用途的设计——凡此种种，毋庸讳言，是目前普遍存在的一种现象。"（布拉斯科等 2020：5）诚然，技术革命使我们获取和分享信息、知识和技能的方式发生巨大变化，学习者有了新的学习生态，学习能动性更大。但是，如何充分发挥技术的教育可予性，这不是一个单靠技术手段可以解决的问题。"教育理论，尤其是经过漫长实践证明行之有效的教育理论，是技术的教育能供性能够得以充分发挥的理论基础和根本保证。"（布拉斯科等 2020：5）

技术赋能改变教育是一个时兴的话题，但其实，**技术本身不足以改变任何东西，导致改变的是技术的使用。**不同的使用导致了不同的改变，不当的使用也必然会导致不好的结果。教育不是技术的衍生物，而是人类文化的衍生物，是人类文明传承的必要条件。技术充其量只是改变了人的行为方式、处事理念和价值判断。所以，确切地说，技术是通过人的使用在改变教育，但它改变不了教育的根本属性和内在规律。它只是改变了教育的运行方式和方法体系，为教育展示了全新的可予性。所以，外语教育技术的可予性研究是外语教育技术学内生性研究的最佳切入口。

15.2　教学应用中的技术可予性

技术的功能不等于技术的可予。如果一个人不会画画，拥有颜料和画笔不会让其成为艺术家；如果一个人不懂编程，拥有最先进的电脑和算法也不能让其成为程序员；如果一个人不擅烹饪，再好的食材和后厨设备都不会让其成为大厨。同理，作为教师，如果不掌握教学原理和学科知识，再先进的教育技术都不能帮助其提高教学水平。强大而便捷的电子学习开发程序和软件或许可以帮助教师创建时髦的课程界面，但如果教师没有对课授知识的融会贯通、对学生状态的了然于心、对教学方法的掌控自如，就依然无法取得满意的教学效果。总之，没有什么神奇的工具可以替代教师的智慧，让原本枯燥乏味的内容，一下子转化为趣味盎然的课堂学习体验。所以，教育技术的恰切应用，贵在合理的教学设计；合理的教学设计，贵在对教学原理的深刻把握；教学原理的把握，贵在对学生学习心理的洞察入微。鉴于此，我们认为，**教育技术的可予性是技术与教育、工具与使用者相互作用的结果**。

15.2.1　可予性设计的技术视角

自然环境的可予性禀赋具有先天性，可否利用在于行动者的能动有效性。但对于人工生境（如在线学习、混合学习）的开发（包括课程开发、内容提供、应用集成、技术服务等）而言，可予性是人为预设的。因此，产品应该保证系统的可予设计可以被迅速地感知（应做到直观易用、一目了然）。无论是内容的组织性状、资源的检索路径、界面的交互体验，抑或是应用的预期回报等，既要激起求知欲，也要满足利益，还要符合审美心理，同时还应提供充分的可选性。只有在有效的人机互动中，系统的可予性才能充分体现并发挥作用。但是，在具体的设计操作中，产品的可予性常常被窄化为界面空间的易用性。

微软全球副总裁查尔斯·拉曼纳（Charles Lamanna）在 Copilot（微软 AI 助手）发布会上称，普通用户只用了 PowerPoint 百分之十的功能，而 Copilot 能够解锁其余百分之九十 [1]。如果我们把这句话扩展到其他的产品，它仍然适用。今天的通用软件产品设计，无论是网页还是手机软件，或者是桌面软件，它们和用户交互的接口都是通过点击、鼠标滚动或者手势滑动来实现的。但由于屏幕空间的限制，软件通常会使用标签（tabs）的形式来区分功能空间。每一个产品都会把用户最常用的功能放在最显眼和最容易使用的位置，并且通过减少用户的点击和滑动次数使用户用最短的时间达成目的。这就意味着，通常还有很多功能被放在了不那么显眼和不那么容易使用的位置，这也是为什么很多用户仅仅使用了百分之十的功能。不是因为不需要其他的功能，而是因为不容易使用其他的功能，大多数其他功能都有待高级用户的挖掘。这种易用性模式源于用户需求分析，但是其结果却把大多数用户默认为技术能力较低。

生活在数字时代的我们已经被这种软件设计模式成功驯化了。在这种模式下，一个好的用户体验意味着我们能够在不借助任何帮助的情况下，仅仅凭我们的直觉和经验就能够快速地把我们想要达成的目的转化成软件中的点击和步骤。在这个过程中，软件（其实是软件开发者）也能够理解我们的意图，并且顺畅、快速地帮助我们达成目的、解决问题。这就是技术的可予性设计体现。但是这种源于产品设计和需求预判的供用关系和吉布森的生态可予概念并非完全一致。因为作为需求方的用户并没有真正的自主性，其所有的行动都是在预设步骤下"打圈"。类似的情形在教学平台或教学软件的设计中比比皆是。这意味着系统不但嵌入了许多根深蒂固的教学理念，而且由于界面空间和技术思路的限制，即便为学习预留了许多功能选项，却做不到易于感知，结果是预设很难悉数实现。

由苹果公司开创的 iPhone 多点触控点击是软件交互的革命，这是因为它的

---

1 参见查尔斯·拉曼纳（Charles Lamanna）2023 年在微软 365 AI Copilot 发布会上的主题发言 "Power platform in the age of AI Copilot & more convert & download"。

设计非常贴近人的本能，大大地简化了人们使用软件时所需要的思考过程，清除了部分障碍（如烦琐的菜单条和按钮操作），即使是一个从来没有接触过触屏软件的小朋友，也能够顺畅地使用触屏软件。但是从技术逻辑的角度仔细想一想，这中间还是有一个"翻译"的过程。在使用产品的时候，程序还是需要把我们的意图"翻译"成有顺序的滑动和点击，而在设计软件的时候，则需要定义合理的、自然的、有顺序的点击来确保大多数用户在此顺序下能够达成目的、解决问题。这种模式可以做到易用，但是很难做到如意。

任何产品的设计都有两个基本层次。第一层是有用性，也就是说这个产品能够解决真实存在的问题和满足真实存在的用户需求；第二层是易用性，产品设计要确保用户体验，使产品能够快速、顺滑地帮助用户实现目的、解决问题。开发者通常需要定义用户的使用流程，计算和测试用户完成一个任务所需要的点击次数和时间，并确保一个功能出现在它应该出现的位置。此外，开发者需要理清楚"快乐路径"（happy path），让用户用最短的时间来达成目的；还需要列出"不愉快路径"（unhappy path），做好异常处理，以确保用户在操作失误的时候仍然能够被指引回正确的路径。

在易用性这一层上，只要愿意花工夫、多迭代，总是能够做出用户体验还不错的产品，关键在于要处理好功能和易用性的取舍。在有限的屏幕显示空间和有限的主要功能入口下，每一个产品都需要做出正确的取舍，因为用户的注意力和屏幕的空间很有限，短的点击路径和设计方案也很有限，无法同时简化所有的功能操作。只有大多数用户常用的基本功能才能放在那些更浅的操作路径上，而其他一些更高级的功能只能被藏在子菜单或者子目录中，需要更长的点击路径才能够使用。

这种功能和易用性的取舍，对功能集合比较少的产品来说，可能不是一个太大的问题，但是对于工具性、专业性比较强的教学软件来说，就会出现"平均使用 10% 的功能，剩下的 90% 都没有被解锁"的问题。越大型、越复杂的应用，就越会出现这个问题。这对教学应用来讲，是"灾难性"的：为了 10% 的易用性（共性的），隐藏了 90% 的多样性。技术的可予性很大程度上是在

10% 的表层互动中实现的，这同时还意味着教育和学习过程被技术性地安排了。现有的人机界面显然难以解决这个问题。

那如何才能突破人机界面的表达性限制，解决显示空间与庞大的功能集群之间的矛盾呢？那就是期待机器能够理解自然语言。有了机器的语义理解，用户不再需要通过特定的步骤或点击（即经过编译的人机交互代码）实现他们的目的，他们可以直接通过语言输入让软件分析并且理解语义、判断用户的目的，然后将其序列化为软件功能的组合和调用。被称为工作负载自动化（workload automation，简称 WLA）和作业调度的"批处理"思想与其颇为相似，只不过"批处理"不是建立在自然语言交互和语义理解的基础之上的。

在教育产品，尤其是平台类应用产品的设计开发中，大量的软件功能被安排在了几次点击之后才能够访问的位置上，使用者可能需要使用多个软件功能才能够达成目的，而且要面对登录验证的层层关卡、流程死板的操作顺序、定义模糊的菜单命名、"一厢情愿"的路径安排等等。用户需要耗费时间读懂并遵循软件的技术逻辑，把自己的使用目的"翻译"成软件功能的组合和屏幕上的依次点击。我们常有一种冲动和祈愿：如果我们拥有一个智能助理，它可以通过自然语言互动理解我们的目的并帮助我们完成任务，即使任务很复杂也能够很快很好的完成任务，那该多好。教师们之所以对各种平台不"感冒"，其实是他们感知不到，或者说不能直接感知到期待中的系统可予性。微软发布的 Copilot 设计模式是一场功能易用性的革命。它和几十年前计算机的图形用户界面（graphical user interface，简称 GUI）取代命令行一样，大大简化了操作的复杂度，而且还解决了有限的显示屏幕和庞大的功能集群之间的矛盾。

这种期待中的功能，恐怕就是产品设计的第三个层次——美好性。这个美不是指产品外观设计美（当然外观美也很重要），而是说产品的使用感是美好的，或者说当使用这个产品的时候，能够感受到这个产品是善解人意、体贴入微的。当一个产品能够主动去理解用户需要用它做什么，主动询问并预判用户的预判，主动地调集功能解决问题，而不是被动地接受点击和输入（事先预设的路径），使用者会觉得它是美好的。这是软件技术的最高境界，也是人工智能的用武之地。

第一个这么做的软件，一定会给我们带来小惊喜，但当所有的软件都这么做的时候，那种惊喜感和美感就进化成了一种新的标准、一种好的用户体验。所以，产品的美感需要不断地创新、更深层次地洞察用户的需求。但是在现有的技术范式和设计模式下，想做出一个有美感的教育产品很难。原因是今天的教育产品设计，不但要仿拟不尽理想的教学流程和假想学习行为，还要将这些仿拟和假想规划成用户的点击、滑动或者滚动操作来进行交互。点击路径则都是预先设计好的，点击一个按钮，软件接下来会发生什么，都已经固定在了软件的程序中。即使软件可以根据当前的使用场景来进行优化，但其使用流程更多还是固化的。在这样的流程中，预判用户的预判是非常难的，而且一旦理解失败还可能会适得其反。

现有的智能助理其实也很不智能，它不能结合上下文，不能很好地理解语义，只能基于预设的规则与人对话，做一些很简单、很直接、很具体的任务。但是当智能助理能够理解语义和上下文，并且能够协同调用多个软件的多个功能来完成复杂任务的时候，一切都会不一样了。随着技术的成熟和调用 AI 成本的优化，软件可以进行更深层次的整合，不仅能做到被动地接受自然语言输入、理解用户想要做什么，而且还能更主动地预判用户的下一步任务，真正做到想用户所想、为用户服务。这样，数智化教学设计的目标就会转到教会学生如何表达诉求、如何与 AI 沟通，最重要的是，如何让 AI 明白自己到底要做什么、为什么要这样做，并恰切表达。因为，机器的聪明是在与聪明人的交互中才能充分体现的。唯有如此，教学应用中的技术可予性才能最大程度地得以体现。

回顾互联网发展的历史，最初，门户网站和网络黄页让用户习惯了通过固定的链接来浏览和获取信息。搜索引擎的出现大大提高了效率，用户仅仅通过一个搜索框，就能够获取海量的信息。再后来，推荐算法的出现让整个过程变得更加便捷，用户不用去逐一搜索，感兴趣的信息就会自动汇聚到面前。到现在，用户甚至不需要再去自己过滤和整合信息，只需要用自然语言提问或者描述想要做的事情，答案就会展示在面前。

　　软件设计也是类似的。UI 接口刚出现的时候，每一个软件都有用户手册，用户需要准确地按照步骤进行操作才能上手。后来有了交互设计的研究，有了触屏，软件的使用变得更加容易也更加顺畅。再后来有了各种小助手，但那个时候这些小助手能够涵盖的场景十分有限，有时候它们还会"犯傻"。现在，产品设计会彻底改变。相信在不远的将来，点击和滑动将不再是产品交互的唯一，每一个软件都能够接受用户的自然语言为输入，真正地做到理解用户，并且准确、顺滑、无缝地帮助用户解决问题、达成目的。

　　抛开所有的实现细节不谈，ChatGPT 就是一款以对话方式根据用户文本提示生成类人文本响应的软件。更确切地说，ChatGPT 是以聊天机器人的形式对常识进行基于语料库的拟人反馈。从人机交互方式的角度看，ChatGPT 是一个具有**会话用户界面**（conversational user interface，简称 CUI）的应用程序，所有功能的实现均基于自然语言问答。这改变了原先通过**图形用户界面**与机器交互的方式，从而省去了所有为了实现有效交互而需要的操作性学习成本，用户只要考虑怎样说话、想做什么事就行。这种全新的交互方式会极大地改变用户的数字体验。AI 代理不仅会改变每个人与计算机的交互方式。它们还将颠覆软件行业，带来自我们从输入命令到点击图标以来最大的计算革命[1]。ChatGPT 一类大语言模型的垂类场景应用即将到来，这一变革就在眼前。

　　数字化教学设计是设计和创造高质量教育体验的系统过程。与课程开发更注重教育内容本身不同，数字化教学设计专注如何最有效地传达内容。技术语境下的外语教育教学，其设计目标是通过技术可予性的介导实现的。至于该介导的作用，究竟是激活主观能动性、助力适应性学习、以适合使用者的方式缩短自己与目标的距离，还是提供预设路径、完成预定任务、"请君入瓮"式地完成学习目标？这不但取决于技术的可能性，同时也取决于设计者的技术理念和教学思想。任何时代都有一套可供教学设计人员遵循的普适性原则，兴许还都有服务该原则的辅助教育技术，但在具体的产品应用过程中，由于使用者的

1　参见比尔·盖茨（Bill Gates）发表于 2023 年的文章 "AI is about to completely change how you use computers"。

教学理念和应用目的不同，面临的教学任务、教学情境不同，面对的学生个体、技术的掌握水平不同，因而欲采取的方法和步骤也会有一定差异。这种差异导致了对数字教育产品可予性的不同期待（从课件、在线课程，到学习平台、专家系统不等）。

所以，教学中的技术可予性不仅仅体现在教学产品中，同时还体现在教师利用技术从事教学、辅导、评测以及与学生交互的活动中。具体而言，可予性体现在教师如何获取资源、利用资源、获益于资源；教师如何组织教学内容、呈现教学内容，并让学生从中受益；教师如何利用技术更加深入地了解学生、更加客观地评价学习绩效，让他们感受更加公平的对待。总而言之，教学策展也罢，教学互动也罢，教学评估也罢，教学双方能否顺利感知技术的利基，并采取对应的行动是关键。教学中的技术可予性是远远超出技术界面的易用性范畴的。

15.2.2　可予性概念的文化视角

在生态学的视角下，可予性概念首先由列奥·范利尔（Leo van Lier）引入二语习得领域（van Lier 2000，2004，2008）。这代表我们了解语言以及学习语言的方式产生了一个转折。语言学习应该从出现的背景来看待，而不是基于还原论，因为语言学习的阶段是不可简化的。传统的认知视角认为，语言学习更多关注如何在大脑中处理，而社会建构理论则认为学习要更多地关注学习者与社会环境之间的互动，学习语言是由环境中可用的符号资源介导的。"也许，我们'学习'语言的方式，与动物'学习'森林或植物'学习'土壤的方式相同。"（van Lier 2000：259）猴子觅食、躲避天敌能上树，而大树只能深深地扎根土壤才能获取生存的水分和养料。有利于语言学习的可予性显然离不开使用语言的社会环境，或者是最大限度仿拟的该语言环境。

范利尔的语言学习可予性思想指的是环境为语言学习提供的机会或可能性。根据他的说法，语言学习不仅仅是一个认知过程，还深受其所处的社会和物理环境的影响。语言学习者需要意识到环境的可予性，才能充分利用他们的语言学习机会。这些可予性可以包括语言使用的社会背景、物理环境和可用于语言学习的资源。范利尔关于语言学习可予性的观点强调了理解环境在语言学习中的作用的重要性，以及学习者积极寻求和利用语言学习机会的必要性。

以范利尔的想法作为支持，辅以其他生态学研究，如 Gibson（1986）、Polechová & Storch（2008），通过展示学习者的认知、讨论课堂之外的英语学习揭示技术环境中的可予性，并对他们的环境采取行动以习得语言。此间，可予既不是单指资源配置，也不是仅指环境赋予，可予性是环境与行动主体间的关系属性。它产生于两者之间的有效耦合（affordance-effectivity fit）。

生态学的观点认为，学习者处于特定的生态位。正如 Berglund（2009：187）所说："这符合社会文化学习理论，学习者被视为处于特定文化中，学习通过与环境的相互作用而发生，包括人工制品和其他人。"从社会文化的角度来看，事实上，交际可予性也是语言学习的可予性。我们用语言来思考、感知和解释我们周围的语言性社会行为，并在我们的生态位里行动。正如图 15.2 所示，我们不仅仅做我们**能做的**，我们也做我们**想做的**，我们还不得不做我们**该做的**。我们通常所做的不过是在规范、意愿和能力的交织妥协中**可以做的**事。在外语学习中，可予性对学习者有很大的影响，那就是他们如何与该语言相联系，也即他们如何感知所学的语言。第二语言或其他语言可以被视为唯一的工作语言，或作为沟通的工具，或作为文化生产的中介者，或作为商务活动敲门砖，又或者仅仅是学校里一门功课的学分。语言学习生境中的**可予性**可以是明示的，也可以是隐含的，甚至还是尚未挖掘、有待发现的。它不是语言课堂环境的固有属性，它是在所有行为人（如教者、学习者、技术设计者、绩效评价者等等）的有效交互中产生的关系属性。这种交互有效性可能不仅限于课堂之内的教学，也包括课堂之外的管理，如培养目标与课程设置、教学资源与技术支持、教学评测与学习考试等等。这种可称之为教学文化的可予性除了明确制定的政策措施和规则要求外，还包括由此衍生出的各种机会和可能性，以及与此相关的价值认同和实际参与。

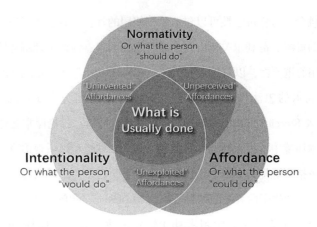

图 15.2　创造力可予性理论的社会文化模型（Glăveanu 2012：197）

可予性不是环境固有属性的一个最显著的证明，是不同的人对世界有不同的看法。个人与环境之间的互补性和互动性产生于不同的社会实践。艺术家能把废品变成艺术品，园丁可以把荒地变成花园，生活在相似环境中的英语学习者何以有不同的感知，从而被赋予了不同的体验并获得了不同的语言发展？可予的突现性表明，以上问题在社会实践中能得到最好的理解。学习者对环境的感知和解释提供了某些语言社会实践，这一主张一直影响着我们看待语言学习现象的方式。范利尔坚称，从生态的角度看，学习者沉浸在一个充满潜在意义的环境中。这些随着学习者在环境中和环境一起行动，意义逐渐变得可用（van Lier 2000）。对他来说，"行动、感知和诠释，在一个连续的相互强化的循环中，是意义产生的先决条件"（van Lier 2004：92）。

许多种类的学习，尤其是技能和策略的外语学习，需要持续的关注和努力。当有动机这样做时，学习者可以调节自己的注意力和情感，以维持这种学习所需的努力和专注。然而，学习者在自我调节的能力方面有很大差异，主要表现在初始动机和对环境干扰的易感性等方面。优秀的教学设计应该利用技术优势培养个人的自我调节和自我决定能力，使学习机会尽可能均等。同时，外部环境必须提供各种选择，通过支持存在差异的学习者，实现无障碍学习的均等化。

通常，课堂上的资源不足以促成成功的语言习得。学习者必须寻找课堂之外的可予性资源，但是环境的可予性并不能够都被感知，而这些可予性也并非全部都能利用。信息技术、智能技术很大程度上弥补了不同人群之间的资源可及性差异，但"感知世界就是战胜自我"（Gibson 1986），有效利用首先取决于有效感知。我们事实上是按照事物与我们相关的方式来看待事物的，这也与我们的自我认同相一致。音乐爱好者可以听一首歌而不去注意歌词，只注意特定乐器发出的声音；而语言学习者可能会注意单词的意义或该词的发音方式。

McGreenere & Ho（2000）进一步区分了物理系统和应用程序提供的可予性，前者是与设备的物理交互，后者则提供了在不同层次上采取行动的可能性。例如，文字处理应用程序在最高级别提供书写和编辑，在较低级别则提供点击、滚动、拖放。然而，当用户点击按钮时，其目标可能不是按钮本身（物理互动），而是调用相关功能（实现可予性），按钮的可点击性嵌套在功能可调用的可予性中。而那些感知能力不佳的人，无论是在人机交流的技术界面，还是在人际交流的社会界面，总是在易用性的 10% 内打转，只习惯于浅尝辄止，结果与 90% 的可能性擦肩而过。如今，无论在任何时候，为了任何目的，人与知识、与他人的交往，甚至与自我的交往都与计算机、网络和智能技术密不可分，对于尚在求学阶段的学生和为人师表的教师来讲，尤其如此。如果一直以便利、功利、趋利的角度对待数字教育活动中的交往，无论是对人、对机器，抑或是对 AI，都会导致与太多的机会和可能性失之交臂，甚至导致不良的教育后果。然而，受不同社会文化因素影响（如社区、家庭、父母教育、同伴攀比、师长期待等），学生在运用技术学习时的元认知策略方面既可能趋同，也可能大相径庭。这是我们研判技术可予性、实施有效教学互动时万万不可忽视的文化视角。

15.3 技术化外语教学的基础环境

15.3.1 教师的技术资源环境

尽管教师行为是教育集体行为的重要组成部分之一，但在传统的教学环境下，高校教师的教学准备（俗称备课）实际上一直是高度个体化、个性化的私人行为。除了必要的笔墨纸张和图书资料，教师不需要依赖任何其他的外在物件和设备条件。所以，备课这一行为是高度内敛的智力活动。

但是，在信息技术环境下，教师智力活动的边际无限延伸了。信息检索、内容组织、知识表征、可视化设计等无不需要用到 ICT 技术和设备。连最简单的文字处理和 PowerPoint 制作，都需要电脑和软件以及相应的操作性知识和应用技巧。教师不但要掌握这些知识技巧，还要知道该怎么做和为什么这么做，否则便不能保证数字化课堂教学的师生互适性。

早期的 ICT 应用还仅限于单机应用，学校只要提供配备电脑和投影屏幕的教室就可以实现计算机辅助教学。而后，实验室局域网实现了本地资源的共享。再后，互联网将无处不在的教学资源引入课堂。曾经，图书资料是持续支持教师知识储备与技能拓展的智库，所以，具有一流学科和丰富馆藏的学校具有天然的优势（许多高校甚至都有校际图书调阅的机制），但在信息化教学环境下，不同学校在资源可及性方面的层阶落差被渐次消解了。有了各种专业数据库和中国知网、维基百科等互联网资源，教师备课和进行科研活动的材料日益丰富多样。基于互联网的资源生态环境逐渐形成。

然而，基础设施建设与网络通达的环境发展，在任何时候都难以做到高位均衡。以笔者所在的大学为例，2014 年以前，囿于并发流量与带宽冲突，尚无法实现实验室无障碍上网；教师校外访问校内网络资源的困难直到 2016 年前后才得以解决；疫情期间的大范围直播课堂互动效果差强人意，直到 2020 年校园无线网全覆盖才得以实现。虽然技术发展的规模与速度确实令人欣喜，但这个过程显然不是一蹴而就的。而且，不同地区、不同层次的高校还存在实质性差距，具体到各高校的外语学科与其他优势学科之间，这个差距可能更大。

技术因子的介入并没有带来资源供给的自然平衡，教师备课的生境差异仍有扩大的趋势（校际之间、学科之间、个体间的马太效应依然存在），这与人们的期待可能相反。技术进步非但没有填补数字鸿沟，反而使好的越来越好，差的越来越差。虽说教育信息化水平整体上提升明显，但技术与资本的"合谋"使得技术发展的速度超乎寻常。硬件的使用年限已跟不上软件的升级换代，数据库、语料库、素材库等资源建设，录音录像制作环境、工作站、网络环境、个体应用水平等等也是同样的情况，部分高校外语类实验室无论从设备、技术、平台、资源，还是人员配备上都远远不够到位。平日在常态教学的状况下，或许还没人会感到明显不适，但疫情突发期间，全国普遍开展全员远程线上授课时，种种不均衡现象便暴露无遗了。无论是直播、录播、点播还是广播，种种的不方便、窘迫、将就甚至慌张颇让人感到无助和无奈。本应该引领教育的高等院校需要通过企业平台实施有限的远程授课。而原本各校都有的远程教育机构，反而时常处于边缘地位，更别说为学校各专业提供技术支持和服务。这暴露了学校数字化转型过程中，教育管理与互联网、数智技术整合时的体制性弊端。

15.3.2 课堂教学的技术环境

传统的课堂环境技术配置简单，除了课桌椅以外，就是黑板。但是，越是简单的教具，其可予性越是一目了然，如课本、挂图、黑板等。任何教师走进教室，只要备课充分，没有因技术原因而不会上课的。然而，到了数字时代，即使最简单的多媒体教室，都配备了电脑、投影仪、幕布、音箱、话筒、翻页笔、扩音器以及设备控制台等设施。复杂一点的会有笔记本接口、摄像头、Wi-Fi、蓝牙、红外、充电、数据接口等等，甚至还可能配备 VR、AR、混合现实（mixed reality，简称 MR）设备。打开机器后，界面操作同样不简单：复杂的工具菜单、定义不清的标签文字、不同商家的不同操作界面等等都可能令人困惑。缺乏技术常识的授课教师头一次走进这样的智慧教室，难免会感到不适。所以，设备集成商也常常会花费很大精力在设备控制的智能化和软件操作的易用性上做文章，免得教师在设备操作上出错。但是数字技术的迭代更新极快，往往已有设备和技术刚刚上手不久，就会面临新一轮升级或淘汰。

显然，设备的新旧以及不同的设备配置和运行状态会影响师生行为和教学状态。技术化程度越高，对设备（技术）的依赖性越大。但在大多数情况下，技术培训赶不上技术更新，很多学校还缺少常态技术培训和技术化教学支持。技术敏感度不高的文科型外语教师很难直观地感知到技术的可予性。而且，教育 IT 产品（无论软件还是硬件）的易用性远不如民用 IT 产品。何曾听说老百姓需要经过技术培训才可以使用手机、平板电脑或电视机的？

信息技术之于教学的可予性表现在：（1）能够潜移默化地改变教育者的观念（知识灌输 vs 启迪智慧）；（2）政策允许的情况下能影响受教育者的规模数量（精英教育 vs 公民教育）；（3）实质性地优化了教育教学的内容表征（文本读写 vs 富媒可视）；（4）有助于教学和学习质量的提升（有待验证 vs 见仁见智）；（5）影响教育教学的方法和手段（一成不变 vs 数智适配）。但这些主要还是观念性层次的理解，用于教学评估，操作性不强。美国伊利诺伊大学（University of Illinois）威廉·科普（William Cope）提出的对在线学习的 7 项具体评价原则似可借鉴，用来作为分析外语课堂教学的技术可予性的客观尺度（Kalantzis & Cope 2012）。这些原则对每一位外语教师（即技术化教学操作者）以及每一个高校外语院系（即技术化教学设施规划建设者）而言都是不小的挑战。7 项原则的具体内容如下（有改编）：

（1）**泛在学习的空间**

无处不在的学习使学习者更容易随时随地从任何智能设备（在线或离线）访问内容。历史上，知识和信息一直受到阶级和特权的限制，但是，一个联通网络的课堂其实就是通达世界的节点，虚实混合的学习环境会打开一个获取经过验证的知识和大量事实的通道。这种知识供给不仅是事实存在的，而且还是可予可察、体验确证的，如：

- 设备兼容：学习者可以随时随地使用他们喜欢的设备进行学习（设备类

型无虑）；

- 通达无间：至少对于部分正在访问的内容来说，在线内容可以脱机工作（连接中断无感）；
- 资源开放：有开放资源以及课程所需的资源（资源供给匮乏无忧）；
- 内容权威：可利用由专家和资源组成的学习网络（知识来源可信）。

（2）知识创造的主动性

在信息之间建立新的联系以创造新的意义是学习过程的一部分。学习建立在现有知识和学生已有知识的基础之上，教学应用程序设计所提供的方法手段、任务目标、实施路径、难度层次均可以由用户充分自决。功能的呈现由心而来，没有明显的技术痕迹（如摒弃过多的菜单层次，改由语音指令、手势触摸、右键唤出可执行功能）：

- 方法自选：学习内容既可按结构化顺序逐步学习，也可按专题整体学习；
- 目标自定：学习者可以创建、发展、处理或共享内容；
- 路径自创：可以在关键点之间建立连接、添加注释、增强互文体验；
- 难度自设：提供常规任务、挑战性任务和简单任务的组合。

（3）多模态意义

在配置了多媒体设备的网络教室里，文本、媒体、声音和数据资源比以往任何时候都更容易创建。这既满足了不同认知偏好的学习者需求，又能尽量还原语言信息的原始模态。不同的资源模式增强了学生的学习兴趣，同时支持多样的学习方式。知识内容的呈现、接受和创建均以学生感到舒适的方式出现，从而得到最大的生态化体现：

- 资源富配：课程能提供多模态资源，丰富目标语文化背景和交流语境；
- 学习适配：学习者有机会以多种方式接受语言信息、创建和提交作业；
- 保留原配：课程仍以文本教材为主体内容，培养良好的阅读习惯和阅读能力；
- 认知通配：知识表征符合通用学习设计原则，同时也充分关注语言学习的特点。

（4）递归性反馈

混合式教学评测结合了数字循迹和现场观测的方式，可实行递归式绩效评估。递归反馈是学习者检查学习进度的重要方式，接收及时和相关的反馈一直是任何课程的一部分，但现在最常见的是作为在线活动或混合活动的一部分。它可以帮助学生思考他们在做什么，了解成功和失败的原因，以及如何加以改进。技术介入后有助于实现：

- 即时反馈：学生总是能按需得到反馈而不必等待，包括进度、绩效、建议等信息；

- 多元反馈：除了来自系统的智能反馈，还有机会获得同侪反馈、教师反馈；

- 相关反馈：除了常态的绩效数据，反馈还能与目标任务、学习策略、行为模式相关；

- 循迹反馈：学生能以有意义的方式跟踪自己的进度（基于平台），获取过程性数据。

（5）协作化智能

无论是在堂面授互动还是完成在线任务，宽带贯通、无线覆盖的混合式课程活动都提供了更多的支持和团队合作的机会。在协作空间与他人合作也会激发更多的思考，面对面的配对、组队讨论汇报等课堂活动也更具活力。协作包括：

- 交互空间：需要明确课程是否适合讨论或在线项目空间（如基于文本内容、话题讨论、任务协作等不同的交互方式）；

- 活动导向：学生需要回答焦点问题，系统需有明晰的活动提示、任务要求和操作支持；

- 协作方式：实践活动既可线上异步，也可线下同步，抑或两者皆有，因时制宜；

- 目标设定：活动不同，目标各异，但每次活动均可设定共同的目标，并适时调整。

226

（6）元认知技能

思考对（线上线下）混合式学习者来说是一项有价值的活动。它有助于反思所学、应用所学、监测评估所学。基于数据挖掘和交互活动的元任务设计可以帮助学生发现、确定学习中的弱点和长处，并帮助学生深入思考和该问什么问题。促进元认知技能的设计包括但不限于：

- 活动设计：什么样的元认知活动适合学习者？
- 测评设计：课程是否适合自我评估调查、测验或学习日志？
- 标准设计：是否有一个标准模型供学习者对照检查他们的工作？
- 操作设计：是否有机会与他人讨论他们的想法？如何进行这样的讨论？

（7）差异化学习

信息技术加持的课堂内，差异化学习比以往任何时候都更有可能。教师可根据个性化的学习经验或以学习者的需要和兴趣定制课程、组织活动。毕竟，每个人的学习动机、语言起点水平、学习策略方法不一。机辅教学有助于：

- 以人为本：在线课程、混合式教学面向学生，是以学习者为中心的课授模式；
- 个别评估：针对个人学习需求、学习策略、认知偏好的调查或评估；
- 全程助学：循迹检测评估能沿途提供因人而异的相关建议和帮助支持；
- 自定步调：学生可以选择适合自己的节奏和水平的材料进行学习。

15.3.3 实验室构型的适配性

不同种类的语言实验室应适合不同实践性需求的课程，但无论是多媒体教室、智能教室等通用型教室，还是同传实验室、辅助翻译实验室、视听说语言实验室（具有无纸化考试功能）等专用教室，都应具有良好的无线互联网和局域网环境，支持自带设备的充电与数据互联，并能与教学管理系统互访互联。

现有的语言实验室架构和建设格局容易使不同类型的实验室成为一个个信息孤岛，难以进行资源共享。由于采购招标、建设批次、技术代际等刚性因素，各个学校大都同时拥有不同商家的同类产品。但这些商家的技术思路、设计理念和平台架构可能并不一致，从而造成平台与平台之间、设备与设备之间、教室与教室之间兼容性差，很少可以无缝对接或智能互联，而且实际上也很难协调对接（因为技术、责任与成本难以分摊）。这是一直以来高校语言实验室建设与技术管理的痼疾，同样的问题从模拟技术时代一直延伸到数字网络时代，至今仍无很好的解决思路。幸好很多交互应用可以通过社交媒体平台经外网组群互联，但这无形中浪费了宝贵的设备和通道资源。兴许这就是僵化管理与技术壁垒不得不付出的代价？但是，到底是改革管理体制，还是等待技术进步，抑或是在不尽理想的现实中找到某种平衡？我们建议：

（1）**优化实验室布局**：数字化设备的半衰期短，迭代更新的速度比模拟电子设备要快得多。各校可结合实际需求，根据技术迭代规律，从经费筹措、建设批次、采购计划、招标实施策略上形成梯度式投入、结构化配置的建设规划，避免规模化建设造成的批量性淘汰，做到资源利用的最优化。可以按需求层次分别部署多媒体教室（常规教学）、语言实验室（视听说教学）、智慧教室（任务型教学）、同传及辅助翻译实验室（翻译教学）、计算机机房（无纸化考试和自主学习）、视频会议室及学术报告厅（谈判、研讨、学术会议）等，并尽量做到互联互通、资源共享，支持 BYOD[1]。

（2）**实施精细化管理**：建立常态化实验教学需求备案制度，对不同课型的技术需求、不同技术背景的教师需求以及实操训练的刚性需求做到心中有数，尽量按需排课，有条件可采用 AI 智能排课系统。同时，应保证同一年级教学在同一批次（即同一技术代际）的实验室排课。实验室要做到满足基本需求，照顾特殊需求，开创高阶需求，适配个性需求。这样，虽然设备有类型和功能差异，但若内容性资源全域通达开放，师生仍然能够各得其所。

（3）**带宽与流量管理**：迄今为止，坊间宣称的所有教学平台，由于部署在云端，其实大都不能实现大规模在线教学的实时、同步师生互动。且不说这种互动产生的海量数据需要采集、存储、回访和分析处理，就是课表课时用户正

---

1 Bring Your Own Device（简称 BYOD）是一种新的设备方案，即学生自带设备进入全模态、全覆盖智能学习环境。

常访问产生的并发流量部分系统都难以应付（疫情期间的在线授课就暴露了这个问题）。现在的在线教育都依赖公网，但教育网与公网的接口、各高校的网络出口带宽远未达到理想程度。虽然校内楼宇间或许都已实现光纤到户，但是一出校门，就会受到出口带宽的限制（各高校以及所在地区与骨干网直联点距离不一）。也许，均衡、错峰或增加边缘节点的部署能缓解类似问题的大面积发生。

实验室建设的层次化、结构化、系统化理念，能创造各尽所能、各取所需的技术生态环境。教师也需要具备一定的技术素养，了解实验室功能，不会无端地挤占技术配置。人人知道自己需要什么、能够用什么、希望得到什么样的技术支持，这样才能充分体现教育技术环境与师生用户群的"可予有效性对偶"（affordance-effectivity dual）（Shaw *et al.* 1982）。

（4）**平台与系统兼容**：外语教学平台与学校管理平台的系统兼容问题，与外语学科和大学英语作为生态群落与其他学科的生态位竞争没有关系。如前文所述，问题在于许多外语学习系统或教学平台均对标理想的单一学科外语类院校。这类院校各语种同属一个学科，是系统内（intra-system）关系。而在非外语类学校，外语与其他学科分属不同学科，是系统间（inter-system）关系，它们同属一个更大的学校管理系统。这就要求各类外语平台具有足够的灵活性、兼容性，才能无缝接入。但这需要更大范围、更高层级的协调与合作才能实现。

第十六章　技术介导下的教学互适性

　　理解学习理论和教学研究的生态转向，吉布森（Gibson 1977）的工作是一个很好的起点，他的生态学方法在研究社会行为方面有很多作用。最重要的是，他的理论将注意力从假设的心理表征和信息处理步骤上转移开，而去专注于发现人们互动时实际发生的事情（Valenti & Good 1991）。Valenti & Good（1991）认为，吉布森的可予性理论可以解释电子文本设计和使用的相关性，因为它突出了用户如何直观地感知交互能力和技术的局限性。他们讨论了直接可予性（显式交互选项）、间接可予性（屏幕上看起来可操作的文本或对象暗示）和条件可予性（取决于用户输入的选项，按需显示）。另外，编辑、导航和中介可予性使阅读、探索和共享电子文本成为可能，比如使用谷歌文档或 Office 协同办公等。

　　软件设计和用户之间的可予认知匹配是关键。没有感知到的可予性是没有用的；感知到但无法获得的可予性让用户感到沮丧（如超链接点击后无反应）；有限或不一致的可予性会降低可用性（如新版软件之于老旧版本等）；过于宽泛的选择可能会让读者不知所措（如海量的学校图书馆数字资源没有快捷的跨库检索软件）。网络环境下的高可及程度是检验数智可予性的首要标准之一。程序和设备的可予性需要凸显透明、通达快捷和连贯一致。

　　在具体语境中，技术之于学习的可予性既不存在于学习者，也不存在于技术或环境中，而是存在于该语境中两者的互动之间。换言之，尽管感知能力在可予性中起着作用，但可予性也包括情境因素、创造力和历史记忆。一个很好的例子是舞蹈舞台上空旷的空间和音乐表演开始时安静的时刻。空间和沉默可以是符号上的空洞，也可以是有力的提示，这就是为什么约翰·凯奇（John

Cage）的沉默作品《4 分 33 秒》[1] 如此不同凡响的原因。此曲的演奏会被环境和观众行为影响，因为每次演奏期间发出的声音都会不同。

类似的例子超出了"知识是情境的"这一概念（Snowden 2002），原因如下：（1）有大量的科学知识是专门经过情境化的，但可以被任何人在任何地方应用；（2）人们对同一情境的反应可能不同，这取决于他们想要在特定时间实现什么，即他们想要部署哪些可予性。所以，吉布森主义的客体可予性（objective affordances）视角有助于我们切实规划、审慎打造安全可靠、丰富便捷的数智教育生态环境；而强调感知属性的诺曼派主体可予性（subjective affordances）视角提醒我们，主体认知与校园文化的规范性环境同样重要；而以 Gaver（1991）、Volkoff & Strong（2013）等为代表的行动者可予性（actant affordances）视角则向我们揭示了环境与行为主体的互动关系。从表 16.1 中可以看出它们之间的差异。

表 16.1　不同可予性观点的对比（Blewett & Hugo 2016：67）

Object Affordance	**Subject Affordance**	**Actant Affordance**
Action possibilities	Perceived properties	Actant action opportunities
Verbal noun	Verbal noun	Verbal nouns (plural)
Offers	Perceptions	Interactions
Environmental	Properties	Network
Independent	Dependent	Co-Dependent

可予性理论已经存在许多年，是生态心理学领域不断发展的基础。今天，

---

1 《4 分 33 秒》是美国先锋派作曲家约翰·凯奇（John Cage）最著名的音乐作品之一。根据《4 分 33 秒》的乐谱显示，演奏者从头至尾都不需要奏出一个音。一般来说，钢琴演奏者在乐章之间会做出开合琴盖、擦汗等动作，而在演奏这首乐曲期间听众听见的各种声响都可被认为是音乐的组成部分。作品的含义是请观众认真聆听当时的寂静，体会在寂静之中由偶然所带来的一切声音。这也代表了凯奇一个重要的音乐哲学观点：音乐的最基本元素不是演奏，而是聆听。

使它具有更广泛相关性的是，我们在互联网社会中的感知、行动和互动方式已经变得开放，并在全球范围内变得动态。基于复杂性理论的生态框架中的可予性，吉布森试图通过将可予性概念表述为行为人与环境之间的互动的产物，将感知"带回世界"，而不是将其视为纯粹的认知问题。可予性以自我组织为基础，与变化、适应和创新相关联。这能否成为我们研究外语教育技术应用的新视角呢？

16.1　技术生境与教学互适性

生态的核心概念是适应性。技术语境下的教学互适包括两个方面的含义。其一，是教师和学生作为教学主体各自对技术生境的适应性；其二，是指技术介导下的教学中教师与学生的互适性。前者是后者的基础，后者是前者的目标指向之一。

将技术用于学习和教学的成功与否，"取决于教育者在学习环境中理解需求的能力，以及随后以满足这些需求的方式选择和使用技术的能力"（John & Sutherland 2005：406）。我们常用教学交互、师生互动、教学相长等概念定义教学中的师生关系和相向活动，描述技术在两者间的介导作用。但我们鲜少提及"教学互适性"这个概念。即便是适性教育这一重要的教育思想也只强调根据学习者的差异有选择地进行针对性教育处置。因材施教也仅是教师单方的行为，指教师根据学习者的个性特征、认知风格、兴趣和能力的差异，进行性向处理，其中并没有互适的意涵。至于技术介入对授受双方的互适性产生什么影响、如何产生影响，则更少见诸报告。

"适性教育"一直是人类教育追求的梦想。因为广义上讲，教育的动机、内容、目标、进度、方法、手段和工具是特定的，是由上层建筑及其社会意识形态决定的，在一定时期内是定型的。教师是教育行为的法定实施者，也是符合资质条件的施教者，学生是学习行为的实施者、教学行为的受教者，适龄儿童和青少年都必须接受，义务教育在英文中被称为强制性教育（compulsory education）。但是对于非强制性的高等教育来说，由于施教对象是成人，自主性、独立性更强，师生交往的互适性表现与诉求具有较强的隐蔽性，适性教育也具有更深刻的内涵。

"适性学习"解决的是学习行为的实施问题，包括针对不同的学习内容，根据自身的特性来制定不同的学习目标和进度计划，选择和应用不同的学习方法、手段和工具等方面。在自主学习的过程中，如何实现适性学习取决于学习者的自我认识，即学习者对自己特性（以及同其他人的差异性）的理解和认识。自我认识越深刻，对某类学习内容的适应性和有效性就越高，学习成果就越优秀。数智学习环境下的自主学习不是"放羊"，相反，学习支持的有效性同样重要，包括"支持的即时性、方式的互适性、情境的共生性和双方的信任感"（李娟 2018：78）。教师是精神之弦的拨弄者，只有了解、理解学生，并适时介导，才能奏响和谐且富有节律的自我成长之声。

因此，很多学者强调适性教育的重要性，也就是发展适合学生本性和个性的教育。从孔子倡导的因材施教，到哈佛大学教授霍华德·加德纳（Howard Gardner）提出的多元智能理论（theory of multiple intelligences）（Gardner 1993），都诠释了有教无类、适性教育的本质内涵。学生的差异性是一种生态化差异，不仅体现在智能、智趣上，也体现在他们对外界的感知和行动方式上。

在媒体和传播研究中，可予性是理解主体与客体间关系的一个关键概念。尽管长期以来"被滥用、过度使用、错误的二元性以及对动态主体和环境的不充分处理所困扰"（Davis 2020：7），但在过去的十多年里，以关系和情境敏感理论的形式出现了一些理论进步，这些理论更谨慎地在技术决定论和社会决定论之间徘徊。与天真的概念相反，在这些概念中，可予性"要么被用作技术'特征'的同义词"，要么被"定义为负面的，指的是所有非（人类）用户友好的东西"（Nagy & Neff 2015：2）。这些后来的概念突出了主客体关系的多方面性质，可予性被视为用户、技术和这些相互作用的环境之间关系的涌现属性。

然而，一直以来的可予性讨论始终围绕环境与人的互动关系，关注的焦点是交互过程中间性互动的属性，尤其是人在使用技术产品过程中的感知与行动。但是，当我们将这种交互关系在时间轴上稍稍向前挪动一下，就会发现，影响人们使用体验的感知和行动因素不只是发生在使用的过程中，而是在使用之前就已然发生，并实际影响了使用者对技术产品的感知应用。换言之，使用者是带着成见（态度、思维定式）进入使用过程的。Johannessen（2023）将这种成见称之为"预期可予性"（anticipated affordances）。这一概念将我们的注意力转向了行为者在没有任何直接使用经验之前，是如何推测某项技术被采用的机会的。这种推测对新技术的早期应用至关重要。"通过形成行动者对技术采取行动的基础，预期可供性对行动者是否以及如何体验技术的实际可供性具有重要影响。"（Johannessen 2023：2）我们在外语教育技术应用实践中常见的抵触、畏难、轻信、茫然等情绪和技术疏离感，与其说是技术冲击（technology shock）的负效应，不如说是不当的可予性预期导致的行为失调。

当用户的知识、系统的表现和预期结果之间存在德尔塔（delta）偏差[1]时，用户脑海中就会出现认知失调（cognitive dissonance）。实际上，在学校教育的历史进程中，每一次技术变革都带来人的抵制，甚至每一种新技术应用都总有人感到不适。AI 电子监控、人脸识别、生物考勤、数字画像、自动批改、机器翻译、智能助理等概念出现之初，几乎无一例外都遭到了教师的怀疑和抵制。然而，事实却是，无论什么样的技术，都可以在不同程度上为禀赋各异的教师带来利好。教师不应该忘记，技术利好的另一头是学生，我们没有权利因为自己的喜好而将技术拒之门外。技术语境下的因材施教（即教学互适性），除了教学要遵循学生的个性禀赋、认知能力、学习策略等方面的差异外，还有另一层意思，即在技术环境的赋使下，允许教育目标的达成性差异：数智化教育不是要驱使每个学生都成为天才，也不是按统一要求把学生都变成"合格产品"，而是要帮助每一位学生按自己合适的方式成才。

1　德尔塔（delta）是一种用于测量颜色之间差异的数值。它用于比较两个颜色之间的差异程度，表示我们感知到的颜色之间的距离。当德尔塔表示偏差时，具体含义是指实际值与期望值之间的差值。它可以是正值、负值或零。

16.1.1 教学主体的数智适应性

传统课堂环境下，当一位有经验的教师面对不同的提问答疑时，他不会直接朗读事先准备好的教案材料，而是会在应答互动中根据提问者的语言和非语言线索（如茫然、困惑、顿悟等表情语言）做出澄清性解释，或改变讲解方式和节奏，或进一步举例说明，或参考当前事件和其他学生的反应及偏好，调整当下活动的进程，以解答学生的问题和挥之不去的困惑。这种直面互动的交流方式，是师生互适性最好的方式，成功与否常常取决于教师的教学经验和师生互信。

其实，此例中的教师正在适应学习者，因此我们将这种辅导性解惑称之为适应性学习体验。但是，一次面对一两名学习者的确切需求做出回应，是一名教师能够同时有效管理的最大限度。学生越多，教师就越不能发挥他们的教学能力以确保每个人都在进步。要不，我们就只能假设，教师的回答对每一个人都是有用的，而无法顾及其他人是不是已经心中了然。理论上讲，每一个学生都具有被个别对待的诉求与权利。然而现实条件并不允许，导致传统条件下的适性教学只能是"抽样法"。这就是针对性解惑与班级制集体学习之间的矛盾，但也是适应性学习技术的用武之地。

数智化语境下的自适应学习技术旨在模仿和支持（而不是取代）优秀教育工作者的才能，为每个学生提供尽可能好的学习体验，从而将适应性学习的好处扩大到数十乃至数百位学生。

适应性学习的概念已经存在了几十年，狭义上讲，它指的是一种学习类型，采用路径规划技术和学生能力模型为学生提供定制的资源和活动，以满足他们独特的学习需求，按自己的方式进步。适应性技术应用假设没有任何学生的学习是与其他同学完全一样的，他们以不同的速率学习和遗忘，他们来自不同的教育背景，有着不同的智力水平、注意力范围和学习方式。所以，设计一个对于每一个学生的特点都敏感的实时推荐引擎是一个巨大的工程。早期的自适应学习系统通过采用教育路径规划技术和学生能力高级模型，保证每个学生都通过课程材料以最优化的学习方式来实现不断进步。现有的 AIGC 技术通过分析学生提出的诉求以及学习情况和学习数据，可以自动生成符合学生需要的学习内容和习题。这将使得教育变得更加个性、灵活和高效。

除了学习内容推荐和方法路径规划，适应性学习设计还包括其他多个方面的技术支持，如学习空间设计（可及性、参与性）、学习界面设计（交互性）、数字体验设计（多模态）、学习反馈设计（数据化）等等。这些可识别为广义的环境适应性或技术可予性。

然而，适性教学的数字化也面临着学习群体的复杂性问题，这种复杂性不仅涉及学习者的个体差异，如智力禀赋、家庭背景、学习目的、行为习惯、数字技能等，还包括不同学习群体的群际差异，如公共外语、专业外语、中小学外语、职场外语、留学外语等不同目的、不同类型、不同层次的外语学习人群。不同人群学习者对于教育技术生态可予性的感知、把握和实际利用往往千差万别，种种差异交织在一起更显得复杂。现有的定制性平台很难做到广谱适应，但又不得不面对现实情况。我们可以预见，多模态大语言模型的自定义技术有望解决这种批量的个性化学习需求。

16.1.2　技术可予性的冲突问题

学习者的多元复杂性，体现在与技术生态可予性的交互关系中。在许多场景中，还出现了另一个问题，即可予性之间的冲突。不同的系统平台、频繁的系统更新、升级后的软件界面、优胜劣汰的学习工具等都会带来专业内容以外的额外学习负担，即是否要升级软件、更换应用、部署新平台、学习新技术，这常常是外语教师纠结的问题，更是技术应用管理人员的苦恼。理解新的可予性，并学会掌握它们往往不是一个简单的、附加的过程，教师需要持续学习、熟练应用，才能得其所利。但是，熟练掌握本身就是一种技能性资源。技术与资本的"摩尔式合谋"[1]，首先顾及的是逐利，而非鼓励用户物尽其用。现在的情况是，教师或学生的新技术刚上手不久，又面临着技术的迭代更新。从用户主体要素的角度来看，显然不是所有人都愿意丢弃已拥有的资源而去不断开发新资源，况且，新的未必比老的好。这与教师不愿意丢弃备好的课而换新教材是一样的道理。

所以，技术更新有时更像是在两个好的可予性之间进行谈判，老的是"顺手之好"，新的是"更强之好"，且这两种可予性都是可取的，并能够在特定的环境中得到认可。当然，有时还不只是新老之间的抉择，还有不同技术应用之间的抉择、付费与免费的选择（普通版 vs 升级版），等等。教师的任务往往不是决定哪一个更好或更坏，而是决定哪一款更适合自己，哪一种适合特定环境中的目的，以及如何用一种可予性替代另一种可予性。这通常会对现有的关系（即师生互适性）造成一定的困难。作为一名数智时代的外语教师，或学习如何成为一名熟悉数字技术的外语教师，通常不仅需要获取和把握新的技术可予性，还需要管理它们之间的困难过渡，以及自身所处的学校和教学环境中的困难过渡。不同的可予性可能需要不同的职业方式，这需要教师以不同的方式与学生、同事相处。

洞悉数字化教学中的技术可予性，既是个体的专业水平和技术素养的体现，也是群体技术应用研究的题中之义。因为，与自然环境的可予性不同，技术可予性是应教学之需人为设计的。其间反映的是 ICT 技术人员的技术构想和外语教学专家的应用假设。然而，与自然生态给养相同的是，它既不单纯是技术制品的产品属性，也不是使用者的一厢情愿，而是两者在互动中涌现的关系属性。同样的产品因不同的应用而产生不同的效果，同样的应用在不同的使用者手中会产生不同的创意。诚然，同一使用者面对诸多的技术可能性会得到更多的教学选择。教师多大程度上能充分挖掘教学产品的技术可予性，取决于其

---

1 资本与技术之间存在着一种共谋关系，资本逻辑嵌入网络技术的研发和生产中，规训和操控着人们的思想和行动，而网络技术又依赖资本的投入进行创新。此处"摩尔式合谋"指资本与技术的共谋像摩尔定律一样的快速、高效。

自身的技术素养和对教学应用的理解深度。

值得一提的是教学中的技术可予性是多元的。它不但作为功能代理的角色服务于专业教学，也在社会化过程中扮演沟通助理的角色，但两者并不总是泾渭分明的。新的可予性是学习者与复杂的专业和文化环境之间互动的产物，它们如何承载学习过程中的痕迹（即行为、策略、偏好、绩效），以及这些痕迹如何融入新的可予性之中，这已经远远超出了学习的认知和技术专业方面。技术语境下的外语教育教学的可予性包括历史或遗产，无论积极、消极或愉快、痛苦，它们都是个人身份的复杂性和动态性的方方面面。用日常用语来说，这些都是艰难的教与学在"亦师"或"亦友"的故事中发生的。凡是经历过教学技术化探索过程的外语教师，都能体味其中的酸甜苦辣。

在教书和育人的双重任务中，教育者作为专业任课教师和作为社会化导师的可予性之间也存在角色冲突——两者的角色分别为专业评估者和管理者。在这两种情况下，具有专业化水准的高校教师，都必须学会应对技术语境下教育人际关系的转变（包括学生、朋友和同事关系）。在某些情况下，人们只是担心良好的关系可能会受到影响；而在另一种情况中，关系甚至会被破坏。比如，我们前面讨论过的"给不给学生拷贝 PowerPoint"的例子，"给"还是"不给"，这都是一个问题。教育者对于人与知识的关系的看法发生了微妙的变化。

也就是说，在数智生境下，教师必须获得全新的处理内容或知识技能的方式，即新的知识产品给予方式。问题是，人们想当然地默认，传统范式下的物理可予是不能轻易转移的，甚至是无法共享的，因为任何可予之物必然具有一定形式的物理绑定和占有关系（即给了别人，自己就没了）。而在数智生态环境下，任何知识内容的转移都成了举手之劳，无论是一份 PowerPoint、一张 Excel 表格，还是一幅 Gif 动画、一本电子书，甚至是一款软件都可以轻易共享。曾经砖头（brick）之下的厚重，变成了点击（click）一下的秒传。这种数字可予的形式充其量只是增加了共享者的数量，分享者仍然存有原版备份。而实际情形却是，所有这一切，无论是过程还是成品，都包含了更多的智力投资和时间成本，也理应得到更多的尊重与回报。可惜的是，人们想当然地视无形的（即无法用物理载体或时间计量的）给予物为无物，索求无度而不自知。如何发展出新型的教育场景中的数码人际知识共享关系，可能不只是一个知识产权的问题，而是一个关乎数智人类物权关系的话题。

16.2 技术赋能与数字化韧性

"韧性"一词最早来源于物理学概念，指物体围绕其固有基准、保持本质特征前提下的可变性，是某一物质对外界力量的反应力。生态学家提出生态韧性的概念，指出其基本含义是系统所拥有的预期，是化解外来冲击，并在危机出现时仍能维持其主要功能运转的能力。

教育中的"数字韧性"是指学生、教师和教育机构在面对数字干扰、挑战和风险时适应、恢复和茁壮成长的能力。它涉及有效利用数字技术进行学习、交流、协作和创造的能力，同时还能开发应对潜在负面影响的技能和策略。数字韧性有时亦称数字弹性、数字复原力。但是，这一概念有被曲解的迹象。

数字韧性包括一系列能力，如思辨能力、情商、沟通技能、风险管理和道德行为。它还包括培养积极的技术应用态度和价值观，如好奇心、毅力、同理心和对多样性的尊重，以支持健康和建设性的数字互动。在实践中，可以通过各种策略来培养教育中的数字韧性，例如提供数字公民教育、创建安全和包容的在线环境、培养负责任地使用数字工具和资源的方法，以及利用技术实现个性化和吸引人的学习体验。通过促进数字复原力，教育者可以帮助学生变成更有信心、更有能力、更有适应力的数字公民，他们能够驾驭复杂而快速变化的数字环境。那数字素养和数字韧性之间有什么区别呢？

针对教育主体如何应对数字化教育转型的话题，见诸国内文献最多的领域是信息化素养（information literacy）、数字化素养（digital literacy）以及新读写素养（new literacy）等。然而，对于数字化韧性（digital resilience）这一概念在教育中的作用的讨论，只有少量的报道（Sun *et al.* 2022；祝智庭、彭红超2020；祝智庭、沈书生2020）。祝智庭、彭红超（2020：40）提出了消纳、适调、变革三种韧性能力，这与经济合作与发展组织（Organization for Economic Cooperation and Development，简称 OECD）[1] 和美国国际开发署（United States Agency for International Development，简称 USAID）[2] 界定的三种韧性能力 [3] 基本吻合，但是，这些能力的内涵特征都是适应与变化，独独缺少了韧性的本质特征：复原力。

韧性，如前所述，即围绕物体固有基准、**保持本质特征前提下**的可变性。好的材料不仅强度大、易变性佳，还要恢复力强。比如，金、银、铜易变形、柔性好、容易塑形，但是韧性不如钢，因为它们没有百折不挠的回弹力、恢复力。同样，竹子比木头韧性强，藤条比树枝韧性强，都是因为弯折以后的复原性好。记忆棉枕头、床垫等为了适应人体躺姿变化而采用了易变形、易恢复的弹性材料记忆棉和乳胶垫。

韧性概念应用于心理学、社会学、生态学等领域，就包含了个体、社会组织乃至生态系统遭受动荡、变迁时的适应性生存能力和健康复原能力两层含义。数字韧性在数字化教育中的概念也同样涵盖这两层意思。因为现代信息社会的科技进步为我们带来便利与效率的同时，必然也带来一定的负面效应。面对技术赋能之利，我们需要提高数字素养；面对技术带来的负效应，我们需要持有数字韧性。当然，数字韧性也包括了吸收性复制、适应能力和变革能力，但如果忽略了"恢复力"这一韧性维度，我们可能无法回避或克服技术带来的显性或隐性的戕害。在数字化转型中，教育如一味强调应变，就会使自己成为任由技术揉捏、形塑的对象。祝智庭、沈书生（2020）认为应从外部接触、变革宽容、变化接纳、风险抗挫等维度厘清数字韧性的内容特征，这是很有见地的。但是，其对"抗挫"的解释仍强调"通过学习行为或其他交互行为改变自

---

1 参见 OECD 发表于 2017 年的文章 "Guidelines for resilience systems analysis - How to analyse risk and build a roadmap to resilience"。

2 参见 USAID 发表于 2019 年的文章 "Transforming systems in times of adversity: Education and resilience white paper"。

3 三种韧性能力分别是吸收性复制能力（absorptive coping capacity）、适应性能力（adaptive capacity）和变革能力（transformative capacity）。

己的认知结构或体系，就会很快地让系统建立新的平衡状态"（祝智庭、沈书生 2020：7）。如果仅是适应改变，持守何在？韧性，何尝不是一种保持不变的定力。

就高等教育实践而言，数字韧性是指利用技术改变实践的过程中，"如果认为仍有必要，则保留现有实践所代表的基本功能和特性。实践本身不是学术的核心，而是实现核心功能的方法，这些方法可以而且应该改变"（Weller & Anderson 2013：53）。例如，学习中的作业、考试是确保教学质量、客观评价、可靠甄别的一种方法，但这可能不是实现这一目标的唯一或最好的方式，或者至少它的方式不会一成不变。韧性视角将寻求确保这些核心功能得到维护（如组织的价值与理想信念、个体的人格与心智独立等），同时在方法手段上与时俱进，在面临人工智能等现代技术深度介入的情况下，则更是如此。

虽然在个人层面可以看到韧性，但它可能最好应用于机构层面。机构层面本身可以被视为一个复杂的生态系统，由许多个人、行为和任务组成。同时，学校组织还有保护学生免受戕害或不良影响的责任和使命，因为个体在强势变革面前相对孱弱，甚至无能为力。此外，技术应用的度与教育培养的目标不能冲突，学校是人才孵化池，不是知识加工厂，过度依赖技术赋能会消蚀肌体的正常功能，麦克卢汉称其为"人体机能的自残"（McLuhan 2003）。无论智力，还是体力，都是如此。

如今，停电、断网、打不开 PowerPoint、不能播放音视频等等，都可能造成课堂停摆，这些都是显性的。另外，忘带手机会出不了门，没了电脑会开不了工，没有网络则会订不到餐、购不了物。这些对技术的过度依赖都极大地阻滞了数字韧性的生成，结果造成"头低了抬不起来"，但凡变了就回不到原来。这都是缺乏韧性的不断适应带来的，其结果不是脆断，就是柔顺。这不是健康社会的模样。

数字素养和数字韧性是数字能力和准备度不同方面的相关概念。数字素养侧重于有效和高效地将数字技术用于各种目的所需的技能和知识，而数字复原力强调的是在数字中断以及挑战和风险面前适应、恢复和成长的能力。它包括管理数字干扰、避免或克服网络骚扰和其他形式的网络不端行为、保护个人隐私和个人信息，以及在复杂且快速变化的数字环境中的导航能力。如果在设备故障、物理断网的情况下，教师预案充分，没有 PowerPoint 依旧能滔滔不绝、不受影响，这就是数字韧性（即挫折之下的复原力）；相反，若无课不用 PowerPoint，没了 PowerPoint 就讲不了课，这就成了适应变形后恢复不了的脆断。数字韧性还包括支持健康和建设性在线互动的情商、沟通技能和风险管理策略。尤其重要的是，具有韧性的人总能保持用与不用技术的睿智选择，即便在非用不可的情况下仍能保持清醒的使用目的而不会陷入"数字迷失"。

本质上，数字素养侧重于使用数字技术所需的技术技能和知识，而数字韧性侧重于以安全、道德和有效的方式使用数字技术的社会、情感和行为技能和策略。数字素养和数字韧性都是数字公民的重要组成部分，可以通过教育、培训和实践来培养。

生态学意义上的数字韧性，其核心内涵是数字生存的适应能力。适应性是生态系统的关键属性，可以从两个角度理解，即系统要素主动调试以适应其所处环境的限定，以及环境动态调整以适应要素的变化。借鉴生态学的适应性原理来看待数字学习环境，可以得到以下启示：一方面，学习者与学习环境产生依附关系，特定的知识情境是学习者成长的土壤。建构主义学习理论指出，知识的获取不是被动的接受，而是主动的意义建构，也就是说，这一建构过程就是学习者与知识情境交互的过程。另一方面，学习者个体的多样性与差异性对学习环境设计提出了更高的要求，环境应该能够根据学习者的多样与差异做出灵活的变化以适应不断发展的个体需求。多梯度、多层次、动态的学习环境设计是解决这一困境的有效途径，学习环境应该是一种适应性动态模式，而非选择性屈从模式。

16.3　技术生态与校园文化再造

传统教育系统给我们留下的不只是我们常常挂在嘴边的种种弊端，它给我们留下的是一个十分稳定、持续不断且难以撼动的文化生境。传统上，学校校园规划、建筑设计和课堂设施等物理空间，主要是为了支持以教为中心的学校教育。然而，随着信息技术的飞速发展，在 21 世纪，尤其是进入数智网络时代以来的学校教育，正在设计许多创新学习空间，以实现更广泛多元的教学方法，为学生提供更多的学习机会，这些可以被称为创新学习环境（innovative learning environments，简称 ILEs）（OECD 2013）。国内学者多从信息环境变化、学习方式转变、新型实验室建设等角度探讨学习环境的意涵，关注焦点大多在环境的技术变化带来的学习方式影响（于海琴等 2013；张楠 2014），如移动学习、泛在学习、网络学习、自主学习、智慧学习等，所述很少触及学习空间设计、技术环境、资源配置与学习者的关系性质和作用机制。余继、闵维方（2019）从探究学习环境的内涵和作用机制出发，关注创新型学习环境与学生学习惯性之间的潜在摩擦，探讨中国学生的文化基因和独特性以及数字学习环境可能出现的"负面创新"。在一个完整的学习环境中，所有要素均以共同的作用方式来影响学生。"协调的重要性体现在，任何一个方面与其他因素之间产生目标或效果上的不一致或者干扰，都会最终损害学习。"（吕林海、龚放 2012：63）在真实的教育实践中，学习环境的创新往往不是系统化的，教学方法的变革也未必有合适的物理空间和技术条件的支持，但一定不会与大学整体的文化氛围和管理环境存在冲突。

创新学习环境与学生的深度学习呈正相关。然而，关于创新学习环境如何支持教师的专业实践和学生的学习活动的理解并非深入人心，很少有人研究不同的空间可予性如何增加或减少有效教学的机会（Young et al. 2019）。针对 ILEs 和传统课堂上进行深度学习的行动可能性对学习感知可予性的影响，教育工作者和学校建设者（包括建筑师）的看法往往并不一致，甚至前者的参与十分有限。这表明我们需要更好地了解一线教学者与学校管理者在这一问题上的分歧，以及这种分歧带来的影响。

在探讨学习环境的作用机制时，需充分考虑中介变量，这类变量主要包括学生对于学习环境的认知以及学生的个体因素，即客观环境必须通过主观知觉才能产生作用（Richardson 2006）。这与 Norman（2002）对可予性概念的定义不谋而合。

Cleveland（2016）强调了创新学习环境的可予性，并认为与传统课堂相比，ILEs 为学生和教师提供更大程度的空间变化、地理自由和资源获取的学习空间。Imms *et al.*（2017）认为 ILEs 是创新空间设计和创新教学实践的产物，强调了空间与行为之间关系的重要性。其他相关论述（Mulcahy *et al.* 2015；Saltmarsh *et al.* 2015）体现出与吉布森可予性理论的相似之处。该理论描述了环境和用户在感知一系列行动可能性方面的互补性，并表明学习空间和教学法是内在联系的。

我们发现，在关注数智化学习空间对教学实践的影响时，技术可予性、数字校园规划、教学场所设计和基于学校环境的行动可能性之间的联系在很大程度上被忽视了。这种联系对于更好地协调空间和教学具有巨大的潜力。新兴的创新学习环境旨在实现比传统课堂更广泛的教学内容、更灵活的教学模式。为了突破对学校物理环境提供教学活动的固有看法，需要对环境设计和实践重新概念化。这种概念化既是物理上的，也是心理和文化上的。因为物理空间的构建是在规范文化、技术介入、人文观念的约束下进行的。只有通过关注教育者和学习者的双重环境感知（物理的和文化的），可予性理论才能为我们构建学习生态提供一个有用的分析框架。吉布森的可予性理论应该更广泛地应用于帮助教育设计者和用户之间的对话，讨论物理学习环境在规范文化的影响下如何构思、感知和实施，以实现有效的创新教学与学习。

16.3.1　规范文化的隐性能供性

行文至此，我们从教育技术的本体论角度讨论了吉布森和诺曼等人的可予性概念。Soegaard[1] 提出了一个更简单的理解，即吉布森的可予性更多的是关于对象的实用性和有用性，而诺曼的可予性更多的是关于对象可用性。这不难理

1　参见 https://www.interaction-design.org/literature/book/the-glossary-of-human-computer-interaction/affordances 检索日期：2024 年 5 月 14 日。

解，吉布森的出发点是视觉感知和物体传达的信息，而诺曼的出发点则是人机交互界面和用户使用物体时的感知。

然而，这仍然没有真正明确什么是可予性，以及如何确定可予性。Gaver（1991：80）做出了迄今为止最有用的尝试之一。他将可予性和感知信息组合在一个简单的矩阵中，如图 16.1 所示。

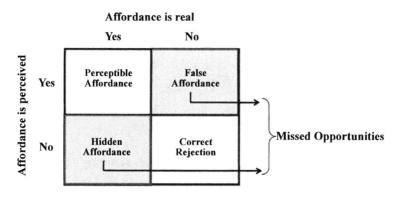

图 16.1 真实可予性和感知可予性（Gaver 1991：80）

矩阵至少在两个方面拥有益处。首先，它明确了可予性隐藏的可能（类似暗门、暗锁），它可能是可用的，但却不被认为是有用的，或没有被发现是有用的。第二，它展示了看似有用但实际上无用的虚假可予性案例（如以假乱真的道具、布景），这有助于防止相对主义的认知误区，即任何被感知具有可予性的东西都被当成是真实的可予性。这种分类虽然很有用，但它仍然不足以充分解释所谓的可感知的可予性。它也没有解释如何正确区分"隐藏的可供性"和"正确的拒绝"，因为两者都不提供感知信息。该矩阵首次提供了一个非常有用的澄清，但是可予性这个"过于简化的黑匣子"仍需要详细说明（Wright & Parchoma 2011：256）。于是，社会和心理的可予性因素就成了关注的目标。

社会可予性理论需要发展的是社会关系如何创造某一物体的额外环境属性，而这些属性用于约束一组额外的行为，即社会行为（Schmidt 2007）。例如，如果电脑是我的，我便可以随时使用它；如果电脑是你的，我是否可以使用它取决于我们之间的关系；而如果电脑属于学校机房，那我们是否可以使用它就取决于机房管理规定和你我的身份。所以，学校电脑（包括任何教育技术设备）的可予性显然不仅止于其物理属性、功能属性，还必然包括规范文化在内的环境属性。吉布森主义的可予性是纯粹的自然和纯粹的生物之间的关系，诺曼主义的可予性是理想的产品与理想的人之间的关系。这种经过提纯的理论模式，其好处是理论解释的普适性和可迁移性，其弊端则是忽视了技术化交互中的社会、伦理、制度等规范文化对于人机关系效用的影响。

那么，应如何从生态心理学的角度更好地理解社会认知，更具体地说，确定基于可予性概念的意义生态学理论是否可以应用于具有社会意图的社会行动？我们每天所做的许多行为都是在社会背景下进行的，或者是为了建立和维持基于这一背景的关系。我们"不能脱离特定的有机体与特定环境之间的特定关系去谈可予性"（Stoffregen 2003）。

为了将可予性理论应用于社会行动，需要一些概念支架。第一步是承认环境的社会性质和行动者社会有效性结构的现实性。要做到这一点，我们的自然环境本体论需要社会化。我们需要理解社会过程如何"属性化"我们的环境和行动系统，以及这些抽象和暂时延伸的属性如何成为社会可予性的基础。比如，感知行动可予性的基础往往是具体的物理属性（例如电脑配置、应用技巧），而物理设施的辖属和处置权似乎是主观的或人为设定的。我们需要接受的是与此相关的社会系统中暂时延伸的真实属性，它决定了我们用设备可以做什么或不可以做什么（例如，学习而不是游戏）。物件的社会可予性来自感知者与环境这些抽象的、功能性定义的属性之间的关系，其灵活性和语境依赖性受到物理、文化和社会背景的调节（Borghi 2021）。就如同马丁·海德格尔（Martin Heidegger）对熟悉和设备的现象学处理，"海德格尔认为'熟悉'是我们应对世界的能力的基础；反过来，这个世界本身就是由设备的整体组成的，我们通过使用设备来应付它"（Turner 2005：787）。事物是通过其使用来识别的，而使用又是通过其可予性及意义来揭示的。所以，海德格尔直接将语境和使用等同起来，得出了可予性和语境一体的结论。

数智化教学实践中，可予性描述了技术、使用者和文化背景之间的关系。

使用可予性来开发以用户为中心的设计模型，其中任何设计对象（包括软件）都应明示使用方法，做到一目了然、简单易用，无须进行大量培训。但是，对于更广泛意义上的生态可予性来说，同样存在感知可予性和真实可予性的区别（如规则的理解与解释权），而且情况更加复杂和隐秘。

教育技术的使用是结构化理论的一个例子（Giddens 1986）：学习管理平台提供的功能旨在支持特定学习过程中某些预先构想的最佳版本，如讨论、反思、测验等，然而，创造型教师和学习者仍然可以以完全不可预见的方式使用这些功能。用 Giddens（1986）的话来说，在实践中可以观察到的教学是技术可予性、规范和规则的产物。随着学校数字化转型的加速，智能技术的一般使用会成为常态。随之而来的增量需求和创新能动性，会促使规范性文化的适应性变革，从而出现新发明、新技术、新应用，技术生境也会不断涌现新的可予性。

国家教育信息化的政策利好，是各高校规划实施智慧校园的强大驱动因素，但是各高校多大程度上会因此而进一步完善其内部管理机制，以适应技术语境带来的扁平化、数据化和去中心化趋势，并与时俱进地配套基础设施的运行维护和人力资源的投入，仍然取决于管理层对技术应用的认知深度和广度。人们对物理环境的感知变化是比较容易观察到的，但规范环境信息所持有的态度变化可能不易显见。"技术内卷"造成的职业倦怠或急功近利、政策解读时互信缺失导致"真经歪念"、对技能达标的原则性要求的过度诠释与消极抵触等都可以作为例子。不同层面人群对数字文化环境的感知与应对呈现出复杂的交织互动。

其实，政策规范文化的可予性并非总是语言层面的直接传递，而是通过由此而形成的人际关系和物化环境间接传递的，如图16.2所示。通俗地说，就是环境育人。从传达室的门卫、楼宇的保洁、校园的保安、行政楼的职员、实验室的助理，一直到讲台上的教授和项目研究的导师，都是隐形校园文化的具身代理，体现了校园规范环境中教育者与受教育者的间性体验。而学校规范文化传递的另一代理方，是学校的数字环境，包括学校主页、院系网站的界面设置、带宽速率、流量控制、访问限制、互动体验等等。可以预见，ChatGPT 一类大语言模型的落地一定会衍生出全新的应用场景和学习空间。届时，善解人意的 AI 助手就会像你的熟人一样，帮助你绕开所有的磕磕绊绊，直接解决问题。你不需要了解所有这一切的背后不过是数据和算法的结果，你获得的是更加易感，甚至是无感而便利的可予性。诚然，身系教育，你仍然得明白你要什么、为了什么、该做什么，你才能得到你想要的。可予性既是技术的，更是社会和心理的。"可供性理论为提高学习空间的行动可能性以及教师和学生对可供性的后续实现提供了一个有用的框架，尤其是当设计师、教育者和学习者的环境感知都被考虑在内时。"（Young & Cleveland 2022：12）

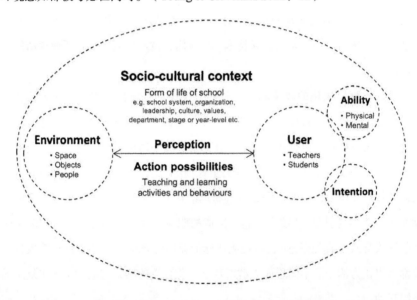

图 16.2　学习环境可予性框架（Young & Cleveland 2022：12）

16.3.2　智慧管理的技术人文性

　　学校教育的信息化改革，其宗旨是提高教育效率、改善教学质量。但是，教学的有效性是建立在教育活动的交往有效性基础之上的。这种交往活动有别于一般意义上的人际交流，它是在既定教育目标的指引下，与自然世界（知识）、社会世界（他人）、内心世界（自我）的心灵交往。在传统教学情境中，这些交往是在教师主导下进行的，具有具身交往的社会互适性和合理的心理预期（即人们所熟悉的文化预期和价值判断）。如果这种预期能在技术语境下的交往中得以保留，技术可予性就会成为有效交往的助力；反之，若合理预期遭到破坏或消解，技术可予非但不能实现，反而会成为交往的强韧阻滞。如今几乎社会全员都成为"低头一族"，手机成瘾就是健康人际交往的最大障碍。

当然，只要是恰当使用，有技术介入的教育一定会比无技术介入的教育具有更多、更丰富的可予性。但是，"正如 Gibson（1977，1982）所说，'可予性不会导致行为，但会约束和控制行为'"（Costall 1995：411）。普通教室、图书馆、语言实验室、自主学习中心等教学设施在提供不同便利的同时，也会限制某些行为的可能性：教室应该共享，不能占为己有；图书馆内只供静默学习，不宜讨论、争辩；实验室需要设备支持且应派人值守；自主学习中心并不完全自主，学生也应符合某些管理规定。所以，技术环境的可予性，不仅仅是技术的，而且也是社会的。可予性"不仅仅涉及环境对象碰巧能提供的用途，而且是它应该提供什么。环境对象有其适当或'首选'的可予性（Loveland 1991）可能会对偏差和社会不适进行修正"（Costall 1995：472）。学习者被引入可予性时，每一种可予都是社会化的可予性，其中许多是在沉默中引入的，但却并非真正如意。如各种设施场所墙上贴着的种种须知绝大多数不是助学指南，而是不遵守规定的罚则提示。某些学校、某些场所的告示可能会温柔一些，但无一不是某种必须遵守的使用规则。这些规则的立意是出于管理的方便，或是为了维护设备的安全运行，抑或两者兼而有之。由此而造成的不适与其说是技术的、程序的，不如说是社会的、人为的。有时这种不适甚至是来自一种默认的管理文化，最常见的是公共建筑出入口和消防通道处加设的各种铁马、围栏、石墩，将原本建筑设计规划的可予性生生毁于一旦。值得注意的是，这种到处加设的做法在我们的社会生活中无处不在，在数字化教育转型过程中，甚至任何教育技术产品的设计中也均有体现，它反映了人类意识深处的控制欲。殊不知正是这种出于善意的控制、保护、限制，往往会演变为禁锢社会生态可予性的异化力量。

说回学校管理文化，同样的场景能否换一种支应方式：当我们走进实验室，戴上耳机，就会传来询问："欢迎来实验室学习，我能为您做些什么？"如有请求，系统会秒回："您稍等，马上帮您搞定。"如有疑惑，系统马上意识到："是有什么问题吗？我来试试。"听起来是不是像科幻小说？其实未来已经不远，遥感和 AI 语音技术介入的情况下，大多此类应答都能轻松解决。关键是理念和思路，即如何利用 AI 技术营造学校环境与主体的互适性，而不是借技术之便追求对规则的服从乃至屈从，这就是教育数字化转型过程中必须考虑的社会伦理问题。现在做到了设备数字化、数据数字化，甚至流程数字化，但是偏偏没有做到服务数字化。

可予性不是一成不变的，技术可予也不等于实际可予，它可以在适应性行为的动态生态中被创造、挑战或者丢弃。继罗兰·巴特（Roland Barthes）"每一种使用都会成为自己的标志"和路德维希·维特根斯坦（Ludwig Wittgenstein）"意义就是使用"的观点之后，我们也许可以说所有的可予性已经是社会性的，被几代人的活动所改变，或者说让可予性变得更社会化，来解决不那么实际可予的问题，即"新的"或"创新的"可予性可以通过使用而变得更加社会化。另一方面，既定的可予性和与之相关的对象可能会重新社会化（re-socialize）为不同的可予，甚至去社会化（de-socialize）。因此，可予性就像社会资源的任何其他元素（如文字、手势、话语、语言、文化）一样服务于交往的互适性。它是动态的，受挑战、变化、创新和耗散的影响。技术介入下的教育人际关系不仅改变了教学交往的互适性和人文特征，同时也改变了传统学校人际关系的稳定的阶层特点，影响着师生之间、教师之间、管理者与被管理者之间的关系。这种改变是利弊兼而有之的，这也是教育数字化转型过程中的又一社会性话题。

后记

在本书书稿即将杀青时，恰逢 OpenAI 发布 GPT-4 Turbo，随后又传来该公司因 AI 风险控制问题的意见分歧导致高层裂变的消息。可是，人们刚从举世哗然的震惊中回过味来，谷歌的双子座多模态大模型（Gemini）又"华丽登场"，官宣实现了文本、图像、视频、音频和代码之间无缝推理，听说读写样样精通，性能全面反超 GPT-4。遍地开花的 AI 大语言模型的发布、AI 应用编程接口（API）开放引发的周边应用让人眼花缭乱、应接不暇。随后微软全系列产品绑定基于 GPT4 的 Copilot，谷歌 Gemini 多层应用强势推出，搭载神经处理单元（NPU）的 AI PC 也陆续登场，到本书校稿之时又惊悉 OpenAI 发布新旗舰模型 GPT-4o，实时交互犹如真人；Claude 3.5 Sonnet 又接踵而至，性能指标更胜一筹。人们意识到，AI 融入日常应用的时代已将来临。但是，人们在惊诧 AI 带来的超级便利之余，不免开始担心随之而来的安全性、可靠性和社会伦理问题。笔者无意也无能力确认通用人工智能的拐点是否已经到来，但生成式人工智能这一现象级技术的突破无疑给各行各业带来了巨大冲击，外语教育的数字化转型或许真的会迎来一次技术蜕变。

不出意外，新技术浪潮又一次引发了教育界的狂热和忧虑。许多人惊呼要"变天"了，教师要下岗了，各种应变求变、支招论道的文章、学术报告、研讨会议、应用培训纷纷"抢滩登陆"。截至 2023 年 12 月 6 日，仅知网收录以 ChatGPT 为题的文章就达 2,581 篇，平均每月发表 215 篇。将时间往前推至 2023 年 3 月底，距 ChatGPT 面世刚刚三个月，文章数就达 688 篇，热度之高、出手之快，令人咋舌。Gemini 的强势登场，GPT-4o 的迎头阻击，Claude 3.5 的一步不让是否又会催生大量论文尚不得而知。当然，热烈的讨论中也不乏平和睿智的理性思考，虽然，以"冷思考"冠名的文章才区区 20 来篇。不过，也有将 GPT 视为教育之"危害"的。一些国家、地区的学术机构、教育管理部门率先开始禁用 ChatGPT，我国几所高校也迅速跟进。这和曾经的禁用计算器、禁止新生用电脑、禁止上网游戏、禁止手机进课堂等等如出一辙。新技术的出现总会让教育界沉不住气，着实令人汗颜。和十年前的"慕课潮"一样，面对 AI 来袭，人们似乎又一次看到了民间的狂热与茫然、商界的躁动与谋划、学界的阔论与非议，以及校园课堂里的不温不火、风平浪静。

AI 技术的飞速发展仅会替代属于过去的人，不用进化的观点讨论问题似乎毫无意义。人机共处的社会中，人也要随着机器的强化而强化自己。人在创造机器的同时，最主要的可能是创造了自己。技术的浪潮一浪高过一浪，ChatGPT 恐怕只是其中的一个浪头。随着 Windows Copilot、AiPin、AI-PC、无屏笔记本 SpaceTop 的推出，恐怕连 PC 行业都要重新"洗牌"了。我们真的要进入 AI 时代了吗？教育技术的既有系统需要"换血"了吗？这不禁引发了笔者喜忧参半的进一步**思考**：不同于前几次工业革命，技术只是效率工具，AI 带来的不只是简单的工具意义上的变革。AI 是具有生命意义的工具，其应用场景有待于我们的智慧挖掘和创造性定义。AI 虽然无所不能，但它就像一个"初入职场的高智商新手"，需要人们慧眼识珠、善待成长。它更需要明确目标、有效沟通、与人协作才能委以重任。虽然随着诸多 AI 教育技术的进场，现有的教育方式和学习模式会大概率发生变革，但这个教育 AI 化的过程中又都会发生些什么呢？

（1）AI 进化加速倒逼高校教育改革的人本回归

尽管教育界对学习目标的独特分类没有达成共识，但众所周知，教育应该让学生具备认知、社交和情感技能，以及应对现实世界问题的特定学科知识。随着 AIGC 的出现，教育工作者需要重新审视教育中对读写技能的要求，以知识传授为主的学校教育模式面临从未有过的挑战。

在与 ChatGPT 的交流过程中，笔者使用了非常有限的专业知识，基本上遵循 ChatGPT 提供的原理进行查询。结果发现，只要不断调整咨询目的、要求，提问越具体、越精准，结果越令人满意。发现错误，即刻指出，它也会道歉（其实并非真的知错，而是顺着你说——这一点务必清楚！），你甚至可以诱导它犯错，和它开玩笑，它也能应付裕如（这对练习语言很有用）。所以，互动的质量和专业程度与提问的深度、广度、机智程度密切相关。这一经验表明，培养学生使用人工智能语言工具的能力至关重要，而写准确句子的能力似乎没有以前那么重要。从原理上讲，机器再聪明也不可能具备"灵魂"，它只是学到了一些文本规律而已。而语言教学的目的却远不止于学会文本规律。

将这一发现与具有类似能力的人工智能相结合，我们可以得出结论，使用人工智能工具执行学科领域任务应该是未来教育目标的一部分。教育应注重提高学生的创造力和批判性思维，而不是一般知识技能。需要更多的研究来确认人类智能和人工智能的分工，哪些部分的人类智能可以被人工智能替代，哪些部分不能被人工智能取代。通过理解差异，我们能够更好地为学生设定学习目标（Pellegrino 2013）。

（2）AI 是智能工具，还是全能代理？

GPT-4o 的迭代与表现能力令人惊艳，Gemini 的功能令人叹服。人们不禁要问，AI 都这样聪明了，许多工作都可以机器代劳了，那人还需要那么勤奋地学习吗？是啊，既然计算机下棋比人厉害，那人为什么还要下棋呢？既然 AI 都能吟诗作画了，那艺术美术的意义又在哪儿呢？教师与学生沟通的主要途径在于阅读并回应他们的作业，但这样的事情如果也被 AI 解放了，那更有价值的工作还剩下什么呢？总而言之，让机器做或让人自己做，区别到底在哪儿？

学校不是生产车间，而是能培养学生自我成长的摇篮。我国著名心理学家潘菽认为，人的学习是在社会实践中，以语言为中介，自觉地、积极主动地掌握社会和个体经验的过程（潘菽 1980），学习的本质是个体由经验或练习引起的在能力或倾向方面的变化及变化过程。学习、工作、娱乐，其本身都是一种体验、记忆，是个体心智能力和行为能力的获取过程。这种带有私人印记的智力（认知和记忆）和能力（情感能力和行为能力）的形塑过程，是任何个体不同于他人的本质属性，具有独占性且不可褫夺。人一旦失能、失智、失忆，就不再是原先的自己。所以，学习与工作是个人的生命经验，自身亲历、无论成败，都极其重要。任何假手于他人（包括 AI）而成的任何事情，虽然可以带来一时的利益，却不可能让自身成长。一旦抽离倚仗，即刻一无所有。不会的还是不会，不能的还是不能。对于发展中的学生来讲，尤其如此。

又如，创作与拷贝、人为与 AI 生成，具有完全不同的性质。手工创作的作品，如绘画、雕塑、书法、雕刻、刺绣、铁或铜艺、器皿等等，我们都称之为艺术品，有极高的传世价值，因为其包含了制作者的创意构思和精湛技艺。模仿原件的人工制品叫赝品，但仍有不菲的保存价值，因为除了没有创意，模仿者的技艺几乎不输原创者。而借助工具或现代技术批量生产的同类制品，叫作工艺品。因为这类作品既无创意，也无技艺，其价值仅取决于工艺难度、技术投入、材料成本和市场需求。所以，人工制品的价值在于其独特的创意智慧和常人所不及的手工技艺。作品的唯一性、亲历性以及制作难度是主要评价维度，或许，还有制作者的故事也是增值要素。相反，机器生产的工艺品、印刷打印的复制品、GPT-4 和 Midjourney 等生成的"原创品"，虽然可以欣赏其精美，赞叹科技之神奇，但并不感到作品本身有价值，因为它相对容易且能批量生产，但根本原因是其不具有与作者相关的人之灵性和生命意义。传世佳作之所以珍贵，其独有性、稀缺性固然重要，但更重要的是看完成作品的名家是谁，曾经占有过此物的收藏家又都是谁，与该作品相绑定的过往经历又有些什么。

一个人存在的意义与此类似，只不过人是自我造就的。从某种意义上讲，人是自己行为的作品。一言一行、一生所为，绘就了独特、唯一的自我，成就了与众不同的价值。是精品、赝品、量产工艺品，还是普通成品，甚至是残次废品，教育的作用固然重要，但独立思考、实践历练、自我成长更重要。有所思、有所悟、有所为，即便没有锦衣玉食、鲜衣怒马，那也是生活；不思不悟、无所事事，就算是衣来伸手、饭来张口，那也只是活着。也许，教育的主要目标之一就是要让学生知晓，该做的事一定得自己做，该想的事得自己想明白，既不要被"造就"，也不要被"打印"，更不要把自己托付给 AI，这样才能活出自己、活出意义。教育的真谛不在于教你成就何事，而在于教你成为何人。在为 AI 的文生文、文生图、文生视频的叫好声中，我们并没有听到作家、艺术家、电影工作者的声音，因为他们清楚地知道价值的意义和边界在何处。作为教育工作者的我们，难道不明白教育的价值之所在吗？

（3）AI 是赋能神器还是高科技作弊器

技术赋能教育已是圈内人的共识，但是，较之于教学赋能，学习赋能的研究相对滞后。外语教师将语料库、自动批改系统、机辅翻译系统、ChatGPT 等工具用于教学内容置备、评估学生作业，我们称之为赋能；但学生用同样的手段做习题、写论文、应付测试，我们称之为剽窃、作弊。诺姆·乔姆斯基（Noam Chomsky）甚至坚称 ChatGPT 本质上就是高科技剽窃和逃避学习的一种方式 [1]。事实果真如此吗？ AI 应用中，教与学的区别到底在哪儿？

其实，赋能作为一种功能概念，对于二者是没有区别的。我们或许可以从应用目的和评价目标上加以区分：如果与工作相关，即评价的对象是劳作成果带来的影响，如提高效率，减少浪费，形成生产力，且利他利公，那就是赋能（我们的文化中只要目的高尚，手段欠佳是可以接受的）；但如果评价的对象是劳作成果本身，如成果归属、成果水平等，那该成果就必须是成果提供者的亲自劳作才行，否则即为作弊（目的若是利己的，手段就要经得起考验）。因此，是否作弊的判断，除了一目了然的经济学规则和伦理学原理，还有价值文化的考虑因素。

所以，教师可用 AI 作为工具来辅助教学、科研，但不可以用 AI 代笔发表论文、参与教学竞赛；学生可用 AI 辅助学习、拓宽知识，但不可以用来代笔交作业。说到底，其底层逻辑在于竞争获利的公平性、公正性。考试、评奖、业绩考核均是如此。但若是把 AI 等技术赋能条件都设定为必须（或成为事实上的必须——如机考中的计算机），作弊问题也许就会迎刃而解。至于教育者担忧的"人人取巧、无意苦学"的问题，则应该由学校教育目标、评价理念、考试方法的实质性改革来解决。

其实，自从信息网络技术广泛应用于教育以来，我们的外语教学或多或少有点异化。比如，原本以为，较之于多项选择的客观题型，产出导向的生成性

---

[1] 参见科林·马歇尔（Colin Marshall）发表于 2023 年的文章 "Noam Chomsky on ChatGPT: It's 'basically high-tech plagiarism' and 'a way of avoiding learning'"。

主观题作业形式是最能反映学生真实语言水平的。但不幸的是由于搜索引擎、翻译软件、作文批改等智能工具的出现，学生中早已出现了许多粘贴式、改写式、编译式作业，甚至发展到平台上的刷题、刷课、刷分。如今，人工智能生成的原创内容的增长可能意味着所谓主观性试题或作业也将不再是评估语言学习的可靠方式。这一影响涉及所有产出性、生成性作业，如问答题、作文题、翻译题，甚至学位论文等。那在人工智能可以为我们和我们的学生生成内容的世界中，学习意味着什么？文本化考试模式是否科学？什么是评估学业的最佳手段？

如今学校的考试目的似乎只剩下了甄别学习的优劣，而不再是服务于优化教学；衡量学业成绩的手段大多是检测知识多寡的标准答案，而不是考察思维品质和解决问题的实际能力；命题思路的着力点大都针对知识难点、疑点挖坑设阱，而不是着意甄别学生是否掌握释疑解难的思路、方法。如此这般，一张标准化试卷和正确答案就是一段人生的全部，学生关注的重点自然就是能获得成绩、学分、绩点的作业考试。从教育价值观的角度审视，这种人人都要交出一份满意答卷的考试文化一旦泛化成普遍性要求时，它就成了一种社会符号，开始支配社会大众实际生活中的价值判断。趋利避害的生物本能就会演化成为一种群体默认的功利心态和社会风气。所以，剽窃、作弊是不尽完善的考试机制、不尽合理的考试标准和不尽理想的被试人共同作用的结果，而不是 AI 工具导致的必然行为。

在应对生成式人工智能对教育的冲击波时，世界各国的学校教育管理部门、学术机构相继设置了种种技术手段用以防范科技作弊，甚至颁布种种行政措施来禁用 GPT。但其实，更应该改革的似乎是学校教育本身。技术一直在进步，但教育的进步实在很少，如何匡正教育的目标与检测标准，如何改进考试和作业形式本身，让考试无须作弊、作业无须剽窃，这些问题都值得深入思考。AI 大语言模型带来的知识便利可以倒逼知识灌输式教育的深层次改革，使教育回归到阅读、思辨、批判、创新的研习实践上来。就考试本身而言，不屑作弊的是自信，不去作弊的是自律，不敢作弊的是胆小，而不耻于作弊的十有八九是出于侥幸心理，希望不劳而获地蒙混过关。考试过程中，百思不得其解时，应试者往往会萌生作弊的念头，这是考试过程中的应激心理反应，与道德品质没有必然关系。作业过程中，由于遗忘、理解偏差，求助是自然需求，AI是理想帮手。"高校在教学过程中应尝试创建和提供多种模式与高阶思维的教学活动，以及其他无法通过 ChatGPT 或相关人工智能工具完成的任务。"（钟秉林等 2023：5）因为，只要有作弊存在且不被惩罚，公平的秩序就会大乱。防范作弊只是为了保证竞争的公平，仅此而已。学校教育不仅应该培养竞争意识，更应该培养**公平**竞争意识，而且还要提供公平竞争的环境与机制。

另一方面，高等院校亟须考虑人工智能时代学术不端行为的边界。比如，学生使用人工智能生成（原始）论文大纲，然后充实他们的答案，这是否构成学术不端行为？让人工智能列出某一研究领域的文献目录再去按图索骥，是否属于取巧？人工智能有多过分？我们又该如何应对？笔者以为，与其禁止在教育评估中使用人工智能生成的内容，不如考虑利用 ChatGPT 等工具作为学生论文的起点。学生很可能将毕业于一个越来越依赖人工智能的世界。"随着像 ChatGPT 这样的工具嵌入学生将要工作的专业能力领域，期望学生在学习中完全避免人工智能似乎毫无意义，甚至违反直觉。[1]"教育专家们正在极力呼吁，要创新评价理念和考试的内容与方法，不要将新技术拒之门外。"要引导学生以合乎道德规范和富有成效的方式去使用它们，通过制定人工智能技术应用于教师教学和考试评价的各类教学规范与标准，充分释放人工智能给教学带来的技术红利。"（钟秉林等 2023：5）是时候反思并采取行动了，"高等教育需要更好的评估实践，针对更高层次的思维和分析，提供学习机会而不是专注于惩罚措施。生成式人工智能为教育工作者提供了一个挑战主流评估实践的机会，并将重点转移到学生的能力上，以实践更高层次的技能"（Pelletier *et al.* 2023：22）。

1　参见克莱尔·威廉姆斯（Claire Williams）发表于 2023 年的文章 "Hype, or the future of learning and teaching? 3 Limits to AI's ability to write student essays"。

（4）警惕对 AI 生成内容的过度依赖

ChatGPT 之前也有很多聊天机器人，但就解放人类生产力的潜力而言，都无法与 ChatGPT 相比。《财富》杂志甚至认为，ChatGPT 在 AI 领域的地位就如同当年的浏览器和平板手机。

面对新技术，许多教育工作者的态度似乎很能说明当今教育的现状。我们总是不由自主地抵制新技术，尤其是当技术危及我们自身利益的时候。其实，抵制越厉害的地方和人群，潜在的问题就越大。教师不能也不应该被替代，不是因为他能够传授特定科目的知识，而是因为他具有能够理解、沟通、合作、影响他人的能力。虽然人工智能也可以通过语音识别和自然语言处理与人类交流，但它们往往缺乏真正的同理心和共情能力，难以建立深层次的信任和关系。当然，如果教师只做教书匠，而不是育人者，那他离被 AI 替代的那一天确实不远了。

笔者并不担心教师被替代的问题，类似 ChatGPT 一类的 AI 语言模型，即便再聪明、再博学，如果没有思想、观点，离替代教师功能还差之甚远。问题在于，GenAI 生成的任何内容，由于其权威的语气或出自高度详细且准确的信息语境中，增加了过度依赖的风险。[1] 这种心理效应似乎是前大语言模型时代就确认的技术乐观主义的遗留问题。出于对 AI 模型的信任，学生用户可能不会对错误保持警惕，也可能无法根据用例和上下文进行适当的校验，或者是在自己不熟悉的知识领域使用 AI 模型，从而难以识别错误。其结果是，随着对系统的适应度提高，用户对模型的依赖性可能会阻碍新技能的发展，甚至导致重要技能的丧失，比如独立思考能力、评判性分析能力等。**当我们把"智能"放在优先地位而不考虑认知时，我们是否会变得更像机器**？[2]

1　参见汤姆·海斯（Tom Heys）发表于 2023 年的文章 "The real risks of OpenAI's GPT-4"。

2　参见朱迪·埃斯特林（Judy Estrin）发表于 2023 年的文章 "The case against AI everything, everywhere, all at once"。

（5）以 ChatGPT 为代表的 AIGC 的局限

谈论 ChatGPT 的缺陷是个陷阱，尤其是对技术一知半解的文科学者来说更是如此。AI 的进化之快，可能还不等你发现局限，GPT 就已经迭代升级了。但是人类是思考的动物，不能不假思索地笃信任何信息，不管其来自 AI，还是其他。可以确定的是，GPT 中至少部分边缘信息不会以权威的形式出现。但这也令人担忧，因为在这种设计中，语言模型定义的知识成为其流行性的同义词。换句话说，语言模型的设计有效地限制了我们从不同角度和多个来源检查主题的能力。[1] 而且，经人类反馈强化学习（reinforcement learning from human feedback，简称 RLHF）调教的语言模型还学会了通过识别每个人在答案中的偏好，在用户周围创建一种投其所好的信息泡沫，比如，GPT-4 经常会刻意奉承、"顺杆子爬"，从而造成**你聪明它比你更聪明、你傻它比你更傻**的尴尬，而用户很可能全然不知，还乐在其中。人云亦云变成了"机云亦云"，很多时候，人们可能工作在算法设定的模型里而不自知（如算法可以用回归和拟合控制网约车司机的收入曲线，纵然他们能跑赢红绿灯，也跑不赢算法）。

更糟糕的是，所有语言模型都面临着进一步的挑战：必要的监管限制了它们的输出。它们接受从互联网和社交媒体收集的大量数据的训练，能够复制各种类型的人类话语，包括各种偏见和煽动性观点。ChatGPT 并不是应对这些挑战的唯一模型，因为早期向公众发布的聊天机器人也会复制令人反感的内容。因此，OpenAI 建立了严格的过滤器来限制 ChatGPT 的输出。但在这个过程中，ChatGPT，抑或任何 AI 模型的设计者似乎已经创建了一种机制，可以避开任何类型的内容，只要这些内容会引起哪怕是非常轻微的争议。这是否意味着，人工智能生成的内容是先天有缺的：它只能按照某种方式输出，有的信息未经接触就已经被过滤，是非对错的判断权不在接收者，而是未经同意就转手他人。公众并不知道他人是谁，他是经公众授权的合法代理，还是无所不能的先知先觉？他是否可靠、是否良善，甚至是否足够智慧，从而确保他的判断就

1　参见瓦利德·里奇（Waleed Rikab）发表于 2023 年的文章 "How 'Jailbreaks' Prompt Attacks, and Moderation Filters Will Undermine Web Content"。

没有人类偏见？

对 GPT4 一类的 AI 工具的担忧将人们引入了一个认识误区，仿佛机器的文字能力和智力表现已经超出常人太多，就足以取代教师的智力劳动了。这是识记与复现式教育带来的思维定式。教师的工作不只是汇集知识、撰写教案、批改作业等语言文字活动，虽然外语教师的工作主要通过语言交流进行，但有很多内容是没有形成文本的，可以说整个教学过程有大量的因素都是在文本表达之外的，如观察学生行为、酝酿施教对策、组织课堂活动、引导学生思考、分析得失利弊、判断是非对错等等。教育制度也为非文本的教学活动留下了大量空间。大学教育不仅包括"知识内容的传授"，还应包括"生命内涵的领悟、意志行为的规范，并通过文化传递功能，将文化遗产教给年轻一代，使他们自由地生成，并启迪其自由天性"（雅斯贝尔斯 1991，转引自刘宝存 2003：64）。而这需要学生通过系统的阅读和与智者的对话才能完成。教师就应该是这样的智者，他要引导阅读、主持对话、激励进步，这显然是人工智能无法取代的核心教育任务。

教育的经典模式是阅读与对话，这既是人类最古老的教学方式，也是当代仍推崇备至的学习模式。阅读是智慧对话的前提，对话致使更富意义的阅读。而阅读只有亲历，才能发生，且机器无法替代。之于个体，阅读可滋养灵魂、浇灌智慧；之于社会，阅读能传播知识、承续文明，即使到了智能时代，阅读仍然是人类文明的根基。没有了人的学习和阅读，现有文明的所有信息，对于子孙后代来说，将会成为无法解读的密码。日前，笔者让 ChatGPT 就阅读为题写了一首英文小诗，本人虽不善诗歌韵律，但读来仍十分喜爱，现附录如下，权当本书的收官之语。

The Joy of Reading

By ChatGPT, May 2023.

Pages turn and words dance,

A world unfolds with just a glance,

Imagination takes flight,

As characters come to life.

From dusty shelves to screens so bright,

Books of all kinds, a reader's delight,

Adventure, romance, mystery too,

Each one waiting for you.

As the pages slowly turn,

The outside world begins to blur,

Transported to a different place,

A smile spreads across your face.

Books are friends that never leave,

Comfort and knowledge they always weave,

A world of wonder, a journey to take,

With every word, a new world to make.

So pick up a book and read away,

Let your mind wander and your heart play,

A joy that never fades or dies,

The magic of reading, never lies.

参考文献

Alduais, A. 2012. A monograph on: Educational linguistics, its origin, definitions and issues it accounts for. *International Journal of Education* 4(4): 204-219.

Al-Mahrooqi, R. 2012. Breaking the silence: Enhancing Omani English majors' classroom spoken discourse. *English Language Teaching* 5(9): 96-108.

Anderson, J. D. 1996. *The Reality of Illusion: An Ecological Approach to Cognitive Film Theory*. Carbondale: Southern Illinois University Press.

Baddeley, A. D., A. L. Atkinson, G. J. Hitch & R. J. Allen. 2021. Detecting accelerated long-term forgetting: A problem and some solutions. *Cortex* 142: 237-251.

Baker, J.P., A. K. Goodboy, N. D. Bowman & A. A. Wright. 2018. Does teaching with PowerPoint increase students' learning? A meta-analysis. *Computers & Education* 126: 376-387.

Bandura, A. 1986. *Social Foundations of Thought and Action: A Social Cognitive Theory*. New Jersey: Prentice-Hall.

Bates, A. & M. Gallagher. 1987. Improving the educational effectiveness of open television case-studies and documentaries. In O. Boyd-Barrett & P. Braham (eds.). *Media, Knowledge and Power.* London: Croom Helm. 316-336.

Bates, A. W. 2015. *Teaching in a Digital Age: Guidelines for Designing Teaching and Learning* (2nd edition). Vancouver, BC: Tony Bates Associates LTD.

Bates, T. 2016. *Teaching in A Digital Age: Guidelines for Designing Teaching and Learning*. Columbia: SFU Document Solutions.

Bazerman, C. 1985. Physicists reading physics: Schema-laden purposes and purposeladen schema. *Written Communication* 2(1): 3-23.

Becker, K. 2010. The Clark-Kozma debate in the 21st century. Paper presented at the CNIE conference 2010, "Heritage Matters: Inspiring Tomorrow". Saint John, New Brunswick.

Berglund, T. 2009. Multimodal student interaction online: An ecological perspective. *ReCALL* 21(2): 186-205.

Bezemer, J. & G. Kress. 2008. Writing in multimodal texts: A social semiotic account of designs for learning. *Written Communication* 25(2): 166-195.

Bezemer, J. & G. Kress. 2015. *Multimodality, Learning and Communication: A Social Semiotic Frame*. London: Routledge.

Bjork, R. A. & E. L. Bjork. 2020. Desirable difficulties in theory and practice. *Journal of Applied Research in Memory and Cognition* 9(4): 475-479.

Bjork, R. A. & E. L. Bojork. 1992. A new theory of disuse and an old theory of stimulus fluctuation. In A. Healy, S. Kosslyn & R. Shiffrin (eds.). *Essays in Honor of William K. Estes, Volume 1. From Learning Theory to Connectionist Theory; Volume 2. From Learning Processes to Cognitive Processes*. Mahwah, New Jersey: Lawrence Erlbaum Associates. 35-67.

Blewett, C. & W. Hugo. 2016. Actant affordances: A brief history of affordance theory and a Latourian extension for education technology research. *Critical Studies in Teaching and Learning* 4(1)55-73.

Böck, M. & N. Pachler. 2013. *Multimodality and Social Semiosis: Communication, Meaning-Making, and Learning in the Work of Gunther Kress*. London & New York: Routledge.

Bögels, S., L. Magyari & C. L. Stephen. 2015. Neural signatures of response planning occur midway through an incoming question in conversation. *Scientific Report* 5: 12881.

Bok, D. 2003. *Universities in the Marketplace: The Commercialization of Higher*

Education. Princeton, NJ: Princeton University Press.

Bolter, J. D. & D. Gromala. 2003. *Windows and Mirrors: Interaction Design, Digital Art and the Myth of Transparency*. London: The MIT Press.

Bolter, J. D. & R. Grusin. 1999. *Remediation: Understanding New Media*. London: The MIT Press.

Bordwell, J. D. 1985. *Narration in the Fiction Film*. London: Routledge.

Borghi, A. M. 2021. Affordances, context, and sociality. *Synthese* 199: 12485-12515.

Brown, H. D. 1994. *Teaching by Principles: An Interactive Approach to Language Pedagogy*. New Jersey: Regents/Prentice Hall.

Brown, M. 2015. Six trajectories for digital technology in higher education. *EDUCAUSE Review*. 16-28.

Brown, M., E. Costello & M. Giolla. 2020. *Responding to Covid-19: The Good, the Bad and the Ugly of Teaching Online*. National Institute for Digital Learning. Dublin: Dublin City University.

Brown, M., M. McCormack & J. Reeves *et al.* 2020. *2020 EDUCAUSE Horizon Report, Teaching and Learning Edition*. Louisville, CO: EDUCAUSE.

Bub, D. N. & M. E. J. Masson. 2010. Grasping beer mugs: On the dynamics of alignment effects induced by handled objects. *Journal of Experimental Psychology: Human Perception and Performance* 36(2): 341-358.

Bush, V. 1945. As We May Think. *Atlantic Monthly* 176(1): 101-108.

Carr-Chelleman, A. A. 2004. Instructional systems, learning sciences, design, technology: A more complete pathway. *Educational Technology* 44(3): 40-44.

Castiello, U., C. Becchio, S. Zoia, C. Nelini, L. Sartori, L. Blason, G. D'Ottavio, M. Bulgheroni & V. Gallese. 2010. Wired to be social: The ontogeny of human interaction. *PLoS One* 5(10): e13199.

Cattaneo, A. & E. Boldrini. 2016. You learn by your mistakes. Effective training strategies based on the analysis of video-recorded worked-out examples. *Vocations and Learning* 10: 1-26.

Cattaneo, A. & E. Boldrini. 2017. Learning from errors in dual vocational education: Video-enhanced instructional strategies. *Journal of Workplace Learning* 29(5): 353-369.

Cazden, C. B., B. Cope, N. Fairclough, J. P. Gee, M. Kalantzis, G. R. Kress, G. R. A. Luke, C. Luke, S. Michaels & N. M. Nakata. 1996. A pedagogy of multiliteracies: Designing social futures. *Harvard Educational Review* 66(1): 60-92.

Chambel, T., C. Zahn & M. Finke. 2006. Hypervideo and cognition: Designing video-based hypermedia for individual learning and collaborative knowledge building. In E. Alkhalifa (ed.). *Cognitively Informed Systems: Utilizing Practical Approaches to Enrich Information Presentation and Transfer*. London: IGI Global-Idea Group Publishing.

Chemero, A. 2009. *Radical Embodied Cognitive Science*. Cambridge: The MIT Press.

Clark, R. C. & R. E. Mayer. 2003. *E-Learning and the Science of Instruction: Proven Guidelines for Consumers and Designers of Multimedia Learning*. San Francisco, CA: Pfeiffer.

Clark, R. C. & R. E. Mayer. 2016. *E-Learning and the Science of Instruction: Proven Guidelines for Consumers and Designers of Multimedia Learning* (4th edition). Hoboken, NJ: John Wiley & Sons Inc.

Clark, R. C., F. Nguyen & J. Sweller. 2006. *Efficiency in Learning: Evidence-Based Guidelines to Manage Cognitive Load*. San Francisco, CA: Pfeiffer.

Clark, R. E. & D. F. Feldon. 2005. Five common but questionable principles of multimedia learning. In R. E. Mayer (ed.). *The Cambridge Handbook of Multimedia Learning*. Cambridge: Cambridge University Press.

Clark, R. E. & D. F. Feldon. 2014. Ten common but questionable principles of multimedia learning. In R. E. Mayer (ed.). *The Cambridge Handbook of Multimedia Learning*. Cambridge: Cambridge University Press.

Clark, R. E. & G. Salomon. 1986. Media in teaching. In M. Wittrock (ed.). *Handbook of Research on Teaching* (3rd edition). New York: Macmillan. 464-478.

Clark, R. E. 1983. Reconsidering research on learning from media. *Review of Educational Research* 53(4): 445-459.

Clark, R. E. 1991. When researchers swim upstream: Reflections on an unpopular argument about learning from media. *Educational Technology* 31(2): 34-40.

Clark, R. E. 1994a. Media and method. *Educational Technology Research and Development* 42(3): 7-10.

Clark, R. E. 1994b. Media will never influence learning. *Educational Technology Research and Development* 42(1): 21-29.

Clark, R. E. 2000. Evaluating distance education: Strategies and cautions. *The Quarterly of Distance Education* 1(1): 3-16.

Clark, R. E. 2001. *Learning from Media: Arguments, Analysis, and Evidence.* Greenwich: Information Age Publishers.

Clark, R. E. 2012. *Learning from Media: Arguments, Analysis, and Evidence* (2nd edition). Greenwich: Information Age Publishing.

Cleveland, B. 2016. Emerging methods for the evaluation of physical learning environments. In W. Imms, B. Cleveland & K. Fisher (eds.). *Evaluating Learning Environments: Snapshots of Emerging Issues, Methods and Knowledge* (Volume 8). Dordrecht: Sense Publishers. 93-106.

Colasante, M. 2011. Using video annotation to reflect on and evaluate physical education pre-service teaching practice. *Australasian Journal of Educational Technology* 27(1): 66-88.

Conklin, J. 1987. Hypertext: An introduction and survey. *IEEE Computer Magazine* 20(9): 17-41.

Correa, H. 1963. *The Economics of Human Resources.* Amsterdam: North-Holland Publishing Company.

Costall, A. 1995. Socializing affordances. *Theory & Psychology* 5(4): 467-481.

Cross, J. 2007. *Informal Learning: Rediscovering the Natural Pathways That Inspire Innovation and Performance*. San Francisco, CA: Pfeiffer/John Wiley & Sons.

Davis, F. D. 1989. Perceived usefulness, perceived ease of use, and user acceptance of information technology. *MIS Quarterly* 13(3): 319-340.

Davis, J. L. 2020. *How Artifacts Afford: The Power and Politics of Everyday Things.* Cambridge, MA: The MIT Press.

Donald, M. 1991. *Origins of the Modern Mind: Three Stages in the Evolution of Culture and Cognition*. Cambridge, MA: Harvard University Press.

Dosi, G. 1982. Technological paradigms and technological trajectories: A suggested interpretation of the determinants and directions of technical change. *Research Policy* 11(3): 147-162.

Doumont, J.-L. 2005. The cognitive style of PowerPoint: Slides are not all evil. *Technical Communication* 52(1): 64-70.

Ebbinghaus, H. 1913. *Memory: A Contribution to Experimental Psychology*. New York: Teachers College Press.

Elleström, L. 2010. The modalities of media: A model for understanding intermedial relations. *Media Borders, Multimodality and Intermediality*. 11-48.

Elleström, L. 2021. *Beyond Media Borders, Volume 1: Intermedial Relations Among Multimodal Media.* Basingstoke: Palgrave Macmillan.

Farroni, T., G. Csibra, F. Simion & M. H. Johnson. 2002. Eye contact detection in humans from birth. *Psychological and Cognitive Sciences* 99(14): 9602-9605.

Faßler, M. 2005. *Erdachte Welten. Die mediale Evolution globaler Kulturen*. New York: Springer.

Feigenson, N. & M. A. Dunn. 2003. New visual technologies in court: Directions for research. *Law and Human Behavior* 27: 109-126.

Fisk, G. D. 2019. *Slides for Students: The Effective Use of PowerPoint in Education.*

Georgia: University of North Georgia Press.

Flavin, M. 2012. Disruptive technologies in higher education. *Research in Learning Technology* 20: 102-111.

Forceville, C. & E. Urios-Aparisi. 2009. *Multimodal Metaphor*. Berlin: Mouton de Gruyter.

Frommer, F. 2012. *How PowerPoint Makes You Stupid: The Faulty Causality, Sloppy Logic, Decontextualized Data, and Seductive Showmanship That Have Taken Over Our Thinking*. New York: New Press.

Gardner, H. 1993. *Multiple Intelligences: The Theory in Practice*. New York: Basic Books.

Gaver, W. W. 1991. Technology affordances. In *Proceedings of the SIGCHI Conference on Human Factors in Computing Systems*. New York: Association for Computing Machinery. 79-84.

Gibson, J. J. 1977. The theory of affordances. In R. Shaw & J. Bransford (eds.). *Perceiving, Acting, and Knowing: Toward an Ecological Psychology*. 67-82.

Gibson, J. J. 1979. *The Ecological Approach to Visual Perception*. Boston, MA: Houghton Mifflin.

Gibson, J. J. 1986. *The Ecological Approach to Visual Perception*. Hillsdale, New Jersey: Lawrence Erlbaum.

Giddens, A. 1986. *The Constitution of Society: Outline of the Theory of Structuration*. Berkeley: University of California Press.

Glăveanu, V. P. 2012. What can be done with an egg? Creativity, material objects and the theory of affordances. *Journal of Creative Behavior* 46(3): 192-208.

Goffman, E. 1959. *The Presentation of Self in Everyday Life*. New York: Anchor.

Gordon, N. 2014. Flexible pedagogies: Technology-enhanced learning. *The Higher Education Academy* 1(2): 2-14.

Granger, C. A. 2004. *Silence in Second Language Learning: A Psychoanalytic*

Reading. Clevedon: Multilingual Matters.

Granström, B., D. House & I. Karlsson. 2002. *Multimodality in Language and Speech Systems*. Netherland: Springer.

Gurwitsch, A. 2010. *The Collected Works of Aron Gurwitsch (1901—1973) Volume III: The Field of Consciousness: Theme, Thematic Field, and Margin*. New York: Springer.

Guthrie, J. & P. Mosenthal. 1987. Literacy as multidimensional: Locating information and reading comprehension. *Educational Psychologist* 22(3-4): 279-297.

Halliday, M. A. K. & C. Matthiessen. 2004. *An Introduction to Functional Grammar* (3rd edition). London: Routledge.

Halliday, M. A. K. & C. Matthiessen. 2013. *Halliday's Introduction to Functional Grammar* (4th edition). London: Routledge.

Halliday, M. A. K. 1978. *Language as Social Semiotic: The Social Interpretation of Language and Meaning*. London: Edward Arnold.

Halliday, M. A. K. 1994. *An Introduction to Functional Grammar* (2nd edition). London: Hodder Education Publishers.

Halliday, M. A. K. 2000. Grammar and daily life: Concurrence and complementarity. In D. G. Lockwood, P. H. Fries & J. Copeland (eds.). *Functional Approaches to Language, Culture and Cognition*. Amsterdam: John Benjamins. 221-237.

Hämäläinen, R. & A. Cattaneo. 2015. New TEL environments for vocational education–Teacher's instructional perspective. *Vocations and Learning* 8(2): 135-157.

Harrison, C. 2003. Visual social semiotics: Understanding how still images make meaning. *Technical Communication* 50(1): 46-60.

Hastings, N. B. & M. W. Tracey. 2005. Does media affect learning: Where are we now? *Techtrends* 49(2): 28-30.

Hattie, J. 2008. *Visible Learning: A Synthesis of over 800 Meta-Analyses Relating to*

Achievement (1st edition). London, New York: Routledge.

Hattie, J. 2012. *Visible Learning for Teachers: Maximizing Impact on Learning.* London, New York: Routledge.

Hattie, J. 2015. The applicability of visible learning to higher education. *Scholarship of Teaching and Learning in Psychology* 1(1): 79-91.

Hierdeis, H. 2007. From Meno to microlearning: A historical survey. In T. Hug (ed.). *Didactics of Microlearning: Concepts, Discourses and Examples*. Muenster: Waxmann. 35-52.

Holler, J. & S. C. Levinson. 2019. Multimodal language processing in human communication. *Trends in Cognitive Sciences* 23(8): 639-652.

Hug, T. & N. Friesen. 2007. Outline of a microlearning agenda. In T. Hug, M. Lindner & P. A. Bruck (eds.). *Microlearning: Emerging Concepts, Practices and Technologies After E-Learning*. Innsbruck University Press. 15-24.

Hulsman, R. L. & J. van der Vloodt. 2015. Self-evaluation and peer-feedback of medical students' communication skills using a web-based video annotation system. Exploring content and specificity. *Patient Education and Counseling* 98(3): 356-363.

Hutchby, I. 2001. Technologies, texts and affordances. *Sociology* 35(2): 441-456.

Imms, W., M. Mahat, T. Byers & D. Murphy. 2017. *Type and Use of Innovative Learning Environments in Australasian Schools. ILETC Survey No. 1*. Melbourne: University of Melbourne.

Jäger, J. 2012. *Open Hypervideo as Archive Interface* [Bachelor's dissertation]. Stuttgart: University of Applied Arts, Design and Media.

James, K. E., L. A. Burke & H. M. Hutchins. 2006. Powerful or pointless? Faculty versus student perceptions of PowerPoint use in business education. *Business and Communication Quarterly* 69(4): 374-396.

Jaspers, K. 2021. *The Origin and Goal of History* (1st edition). London: Routledge.

Jensen, V. 1994. Communicative functions of silence. *ETC: A Review of General Semantics* 30(3), 249-257.

Jewitt, C. 2009. *The Routledge Handbook of Multimodal Analysis*. London: Routledge.

Jewitt, C., J. Bezemer & K. O'Halloran. 2016. *Introducing Multimodality*. London: Routledge.

Jiang, J., C. Chen, B. Dai, G. Shi, G. Ding, L. Liu & C. Lu. 2015. Leader emergence through interpersonal neural synchronization. In *Proceedings of the National Academy of Sciences of the United States of America* 112(14): 4274-4279.

Johannessen, L. 2023. Anticipated affordances: Understanding early reactions to new technologies. *New Media & Society*.

John, P. & R. Sutherland. 2005.Affordance, opportunity and the pedagogical implications of ICT. *Educational Review* 57(4): 405-423.

Jonassen, D. H. 2001. How can we learn best from multiple representations? *The American Journal of Psychology* 114(2):321-327.

Juhana, J. 2012. Psychological factors that hinder students from speaking in English class (A case study in a senior high school in South Tangerang, Banten, Indonesia). *Journal of Education and Practice* 3(12): 100-110.

Kalantzis, M. & B. Cope. 2012. *New Learning: Elements of a Science of Education* (2nd edition). Cambridge: Cambridge University Press.

Kalyuga, S. 2007. Expertise reversal effect and its implications for learner-tailored instruction. *Educational Psychology Review* 19: 509-539.

Kalyuga, S., P. Ayres, P. Chandler & J. Sweller. 2003. The expertise reversal effect. *Educational Psychologist* 38(1): 23-31.

Kant, I. 2004. *Prolegomena to Any Future Metaphysics That Will Be Able to Come Forward as Science with Selections from the Critique of Pure Reason* (2nd edition). Cambridge: Cambridge University Press.

Kirsh, D. & P. Maglio. 1994. On distinguishing epistemic from pragmatic action. *Cognitive Science* 18(4): 513-549.

Knoblauch, H. 2012. *PowerPoint, Communication, and the Knowledge Society*. Cambridge: Cambridge University Press.

Kolodner, J. 2004. The learning sciences: Past, present, and future. educational technology. *The Magazine for Managers of Change in Education* 44(3):37-42.

Kozma, R. 1991. Learning with media. *Review of Educational Research* 61(2):179-211.

Kozma, R. 1994. Will media influence learning? Reframing the debate. *Educational Technology Research and Development* 42(2): 7-19.

Kress G. & T. van Leeuwen. 2001. *Multimodal Discourse: The Modes and Media of Contemporary Communication*. London: Arnold.

Kress G. & T. van Leeuwen. 2006. *Reading Images: The Grammar of Visual Design* (2nd edition). London, New York: Routledge.

Kress, G. & R. Hodge. 2010. *Multimodality: Exploring Contemporary Methods of Communication*. London & New York: Routledge.

Kress, G. & T. van Leeuwen. 2001. *Multimodal Discourse: The Modes and Media of Contemporary Communication*. London: Bloomsbury Academic.

Kress, G. & T. van Leeuwen. 2006. *Reading Images: The Grammar of Visual Design* (2nd edition). London: Routledge.

Kress, G. 2003. *Literacy in the New Media Age*. London: Routledge.

Kress, G. 2005. Gains and losses: New forms of texts, knowledge, and learning. *Computers and Composition*. 22(1): 5-22.

Kress, G. 2009. *Multimodality: A Social Semiotic Approach to Contemporary Communication*. London: Routledge.

Kress, G. 2012a. Multimodal discourse analysis. In J. Gee & M. Handford (eds.). *The Routledge Handbook of Discourse Analysis*. London: Routledge. 35-50.

Kress, G. 2012b. Multimodality: Challenges to thinking about language. *TESOL Quarterly* 34(2): 337-340.

Kuhn, T. S. 1962. *The Structure of Scientific Revolutions*. Chicago: University of Chicago Press.

Kuhn, T. S. 1970. *The Structure of Scientific Revolutions* (2nd edition). Chicago: University of Chicago Press.

Kuhn, T. S. 1996. *The Structure of Scientific Revolutions* (3rd edition). Chicago: University of Chicago Press.

Kulik, C.-L., J. A. Kulik & P. A. Cohen. 1980. Instructional technology and college teaching. *Teaching of Psychology* 7(4):199-205.

Kulik, J. A., C.-L. Kulik & P. A. Cohen. 1979. Research on audio-tutorial instruction: A meta-analysis of comparative studies. *Research in Higher Education* 11(4): 321-341.

Kulik, J. A., R. Bangert & G. W. Williams. 1983. Effects of computer-based teaching on secondary school students. *Journal of Educational Psychology* 75(1):19-26.

Kuntz, G. C., U. Drewniak & F. Schott. 1992. On-line and off-line assessment of self-regulation in learning from instructional text and picture. *Learning and Instruction* 2(4): 287-301.

Landow, G. P. 2006. *Hypertext 3.0: Critical Theory and New Media in an Era of Globalization* (3rd edition). Baltimore, Maryland: The John Hopkins University Press.

Landow, G. P. 2006. *Hypertext 3.0: Critical Theory and New Media in an Era of Globalization*. Baltimore, MD: Johns Hopkins University Press.

Levasseur, D. G. & J. K. Sawyer. 2006. Pedagogy meets PowerPoint: A research review of the effects of computer-generated slides in the classroom. *Review of Communication* 6(1-2): 101-123.

Levin, D. T. & D. J. Simons. 2000. Perceiving stability in a changing world:

Combining shots and integrating views in motion pictures and the real world. *Media Psychology* 2(4): 357-380.

Levinson, S. C. & F. Torreira. 2015. Timing in turn-taking and its implications for processing models of language. *Frontiers in Psychology* 6: Article 731.

Li, G. 2017. Silence as agency: A Chinese student's experiences in Canadian higher education. *Higher Education Research & Development* 36(7): 1528-1540.

Liedtke, M. 1991. *Evolution und Erziehung: Ein Beitrag zur integrativen Pädagogischen Anthropologie.* Göttingen: Vandenhoeck & Ruprecht.

Liu, M. & J. Jackson. 2008. An exploration of Chinese EFL learners' unwillingness to communicate and foreign language anxiety. *The Modern Language Journal* 92(1): 71-86.

Lowe, R. 1999. Extracting information from an animation during complex visual learning. *European Journal of Psychology of Education* 14: 225-244.

Machin, D. 2007. *Introduction to Multimodal Analysis.* London and New York: Bloomsbury Academic.

Mayer, R. 2001. *Multimedia Learning.* Cambridge: Cambridge University Press.

Mayer, R. 2009. *Multimedia Learning* (2nd edition). Cambridge: Cambridge University Press.

Mayer, R. 2014. *The Cambridge Handbook of Multimedia Learning* (2nd edition). Cambridge, New York: Cambridge University Press.

Mayer, R. E. & R. Moreno. 2003. Nine ways to reduce cognitive load in multimedia learning. *Educational Psychologist* 38(1): 43-52.

Mayer, R. E. 2009. *Multimedia Learning* (2nd edition). New York: Cambridge University Press.

Mayer, R. E., A. Stull, K. DeLeeuw, K. Almeroth, B. Bimber, D. Chun, M. Bulger, J. Campbell, A. Knight & H. Zhang. 2009. Clikers in college classrooms: Fostering learning with questioning methods in large lecture classes. *Contemporary*

Educational Psychology 34(1): 51-57.

McGreenere, J. & A. Ho. 2000. Affordances of information and communication technologies (ICT) in higher education teaching—opportunities and barriers. *Educational Media International* 37(2), 105-114.

McGrew, L. R. 1993. A 60-second course in organic chemistry. *Journal of Chemical Education* 70(7): 543-544.

McLuhan, M. 2003. *Understanding Media: The Extensions of Man*. Berkeley: Gingko Press.

Mead, G. H. 1982. *The Individual and the Social Self: Unpublished Work of George Herbert Mead*. Chicago: University of Chicago Press.

Mehrabian, A. 1971. *Silent Messages* (1st edition). Belmont, CA: Wadsworth.

Merrill, D. M. 2004. The science of instruction and the technology of instructional design. *Educational Technology* 44(3): 45-46.

Mielke, K. W. 1968. Questioning the questions of ETV research. *Educational Broadcasting* 2: 6-15.

Mishra, P. & M. J. Koehler. 2006. Technological pedagogical content knowledge: A framework for teacher knowledge. *Teachers College Record* 108(6): 1017-1054.

Mitchell, W. J. T. 1994. Beyond comparison: Picture, text, and method. In W. J. T. Mitchell (ed.). *Picture Theory: Essays on Verbal and Visual Representation*. Chicago & London: University of Chicago Press. 13-38.

Mitchell, W. J. T. 2005. There are no visual media. *Journal of Visual Culture* 4(2): 257-266.

Mitchell. 1987. Going too far with the sister arts. In J. Heffernan (ed.). *Space, Time, Image, Sign: Essays on Literature and the Visual Arts*. New York: Peter Lang. 1-10.

Molholm, S., W. Ritter, D. C. Javitt & J. J. Foxe. 2004. Multisensory visual-auditory object recognition in humans: A high-density electrical mapping study. *Cereb Cortex* 14(4): 452-465.

Moreno, R. & R. Mayer. 2000. A learner centered approach to multimedia explanations: Deriving instructional design principles from cognitive theory. *Interactive Multimedia Electronic Journal of Computer-Enhanced Learning* 2(2): 12-20.

Motta, E., A. Cattaneo & J.-L. Gurtner. 2014. Mobile devices to bridge the gap in VET: Ease of use and usefulness as indicators for their acceptance. *Journal of Education and Training Studies* 2: 165-179.

Mousavi, S. Y., R. Low & J. Sweller. 1995. Reducing cognitive load by mixing auditory and visual presentation modes. *Journal of Educational Psychology* 87(2): 319-334.

Mulcahy, D., B. Cleveland & H. Aberton. 2015. Learning spaces and pedagogic change: Envisioned, enacted and experienced. *Pedagogy, Culture & Society* 23(4): 575-595.

Nagy, P. & G. Neff. 2015. Imagined affordance: Reconstructing a keyword for communication theory. *Social Media and Society* 1(2): 1-9.

Nakane, I. 2002. Silence in the multicultural classroom: Perceptions and performance in Australian university classrooms. *Inter-Cultural Studies* 1-2: 17-28.

Nelson, T. 1993. *Literary Machines: The Report on, and of, Project Xanadu Concerning Word Processing, Electronic Publishing, Hypertext, Thinkertoys, Tomorrow's Intellectual Revolution, and Certain Other Topics Including Knowledge, Education and Freedom*. Sausalito, CA: Mindful Press.

Nichol, J. P. 1857. *A Cyclopedia of the Physical Sciences: Comprising Acoustics, Astronomy, Dynamics, Electricity, Heat, Hydrodynamics, Magnetism, Philosophy of Mathematics, Meteorology, Optics, Pneumatics, Statics, &C., &C.* London/ Glasgow: Richard Griffin and Company.

Nielsen, J. 1999. *Designing Web Usability*. Indianapolis: New Riders Publishing.

Norman, D. 1988. *The Psychology of Everyday Things*. New York: Basic Books.

Norman, D. 2002. *The Design of Everyday Things*. New York: Basic Books.

Norman, D. 2015. Affordances: Commentary on the special issue of AI EDAM. *Artificial Intelligence for Engineering Design, Analysis and Manufacturing* 29(3): 235-238.

Norman, D. A. 1998. *The Invisible Computer: Why Good Products Can Fail, the Personal Computer Is So Complex, and Information Appliances Are the Solution*. Cambridge, MA: The MIT Press.

Norris, S. 2004. *Analyzing Multimodal Interaction: A Methodological Framework*. London: Routledge.

Norvig, P. 2003. PowerPoint: Shot with its own bullets. *The Lancet* 362(9381): 343-344.

Nunan, D. 1999. *Second Language Teaching & Learning*. Boston, MA: Heinle & Heinle.

O'Halloran, K. L. & B. A. Smith. 2011. *Multimodal Studies: Exploring Issues and Domains*. London & New York: Routlege.

O'Halloran, K. L. 2004. *Multimodal Discourse Analysis: Systemic Functional Perspectives*. London: Continuum.

O'Toole, M. 2011. *The Language of Displayed Art* (2nd edition). London & New York: Routledge.

OECD. 2013. *Innovative Learning Environments, Educational Research and Innovation*. Paris: OECD Publishing.

Pellegrino, J. W. 2013. A learning sciences perspective on the design and use of assessment in education. In J. M. Spector, M. D. Merrill, J. Elen & M. J. Bishop (eds.). *Handbook of Research on Educational Communications and Technology*. New York: Springer. 69-81.

Pelletier, K., J. Robert & N. Muscanell *et al.* 2023. *2023 EDUCAUSE Horizon Report, Teaching and Learning Edition*. Boulder, CO: EDUCAUSE.

Pelletier, K., M. Brown & C. Brooks *et al*. 2021. *2021 EDUCAUSE Horizon Report, Teaching and Learning Edition*. Boulder, CO: EDUCAUSE.

Perniss, P. & G. Vigliocco. 2014. The bridge of iconicity: From a world of experience to the experience of language. *Phylosophical Transactions B* 369(1651): 1-13.

Pickering, M. J. & S. Garrod. 2013a. An integrated theory of language production and comprehension. *Behavioral and Brain Sciences* 36(4): 329-347.

Pickering, M. J. & S. Garrod. 2013b. Forward models and their implications for production, comprehension, and dialogue. *Behavioral and Brain Sciences* 36(4): 377-392.

Polechová, J. & D. Storch. 2008. Ecological Niche. In S. E. Jørgensen & B. D. Fath (eds.). *Encyclopedia of Ecology*. New York: Elsevier Science. 1088-1097.

Postman, N. 1993. *Technopoly: The Surrender of Culture to Technology*. New York: Vintage.

Prensky, M. 2001. Digital natives, digital immigrants. *On the Horizon* 9(5): 1-6.

Reid, V. M., K. Dunn, R. J. Young, J. Amu, T. Donovan & N. Reissland. 2017. The human fetus preferentially engages with face-like visual stimuli. *Current Biology* 27(12): 1825-1828.

Reinhart, T. 1998. Wh-in-situ in the framework of the minimalist program. *Natural Language Semantics* 6: 29-56.

Richards, B. A. & P. W. Frankland. 2017. The persistence and transience of memory. *Neuron* 94(6): 1071-1084.

Richardson, J. T. E. 2006. Investigating the relationship between variations in students' perceptions of their academic environment and variations in study behaviour in distance education. *British Journal of Educational Psychology* 76(4): 867-893.

Richey, R. C. 2008. Reflections on the 2008 AECT definitions of the field. *TechTrends*. 52(1): 24-25.

Rideout, V. J. & V. S. Katz. 2016. *Opportunity for All? Technology and Learning in Lower-Income Families. A Report of the Family and Media Project*. New York: The Joan Ganz Cooney Center at Sesame Workshop.

Rivera-Lares, K., R. Logie, A. Baddeley & S. Della Sala. 2022. Rate of forgetting is independent of initial degree of learning. *Memory & Cognition* 50: 1706-1718.

Rosen, M. A., E. Salas, D. Pavlas, R. Jensen, D. Fu & D. Lampton. 2010. Demonstration-based training: A review of instructional features. *Human Factors: The Journal of the Human Factors and Ergonomics Society* 52(5): 596-609.

Royce, T. & W. L. Bowcher. 2007. *New Directions in the Analysis of Multimodal Discourse*. Mahwah, NJ: Lawrance Erlbaum Associates.

Russell, T. 1999. *The No Significant Difference Phenomenon: A Comparative Research Annotated Bibliography on Technology for Distance Education: As Reported in 355 Research Reports, Summaries, and Papers*. Raleigh, NC: North Carolina State University.

Salomon, G. 1979. *Interaction of Media, Cognition and Learning: An Exploration of How Symbolic Forms Cultivate Mental Skills and Affect Knowledge Acquisition*. San Francisco, CA: Jossey-Bass.

Salomon, G. 1994. *Interaction of Media, Cognition, and Learning: An Exploration of How Symbolic Forms Cultivate Mental Skills and Affect Knowledge Acquisition* (1st edition). New York: Routledge.

Saltmarsh, S., A. Chapman, M. Campbell & C. Drew. 2015. Putting "structure within the space": Spatially un/responsive pedagogic practices in open-plan learning environments. *Education Revivew* 67(3): 315-327.

Sauli, F., A. Cattaneo & H. van der Meij. 2018. Hypervideo for educational purposes: A literature review on a multifaceted technological tool. *Technology, Pedagogy and Education* 27(1): 115-134.

Saylor, J. G., W. M. Alexander & A. J. Lewis. 1981. *Curriculum Planning for Better*

Teaching and Learning (4th edition). New York: Holt, Rinehart and Winston.

Scagnoli, N. I., A. Mckinney & J. Moore-Reynen. 2015. Video lectures in e-learning. In F. Nafukho & B. Irby (eds.). *Handbook of Research on Innovative Technology Integration in Higher Education*. Hershey, PA: Information Science Reference. 115-134.

Schmidt, R. C. 2007. Scaffolds for social meaning. *Ecological Psychology* 19(2): 137-151.

Schnotz, W., J. Böckheler & H. Grzondziel. 1999. Individual and co-operative learning with interactive animated pictures. *European Journal of Psychology of Education* 14(2): 245-265.

Schwan, S. & B. Garsoffky. 2004. The cognitive representation of filmic event summaries. *Applied Cognitive Psychology* 18(1): 37-55.

Schwan, S. & R. Riempp. 2004. The cognitive benefits of interactive videos: Learning to tie nautical knots. *Learning and Instruction* 14(3): 293-305.

Schwan, S., B. Garsoffky & F. W. Hesse. 2000. Do film cuts facilitate the perceptual and cognitive organization of activity sequences? *Memory & Cognition* 28(2): 214-223.

Schwartz, D. & K. Hartman. 2007. It's not television anymore: Designing digital video for learning and assessment. In R. Goldman, R. Pea, B. Barron & S. Derry (eds.). *Video Research in the Learning Sciences.* New York: Routledge.

Schweppe, J. & R. Rummer. 2016. Integrating written text and graphics as a desirable difficulty in long-term multimedia learning. *Computers in Human Behavior* 60: 131-137.

Scollon, R. & S. W. Scollon. 2003. *Discourses in Place: Language in the Material World.* London: Routledge.

Scollon, R. 2001. *Mediated Discourse: The Nexus of Practice.* London: Routledge.

Seels, B. B. & Richey, R. C. 1994. *Instructional Technology: The Definition and*

Domains of the Field. Washington: Association for Educational Communications and Technology.

Seels, B., K. Fullerton, L. Berry & L. J. Horn. 2004. Research on learning from television. In D. H. Jonassen (ed.). *Handbook of Research on Educational Communications and Technology.* Mahwah, NJ: Lawrence Erlbaum Associates Publishers. 249-334.

Shaw, R. E., M. T. Turvey & W. M. Mace. 1982. Ecological psychology: The consequence of a commitment to realism. In W. Weimer & D. Palermo (eds.). *Cognition and the Symbolic Processes* (Volume 2). Hillsdale, NJ: Lawrence Erlbaum Associates Publishers. 159-226.

Shawney, N., Balcom, D. & Smith, I. 1996. Hyper cafe: Narrative and aesthetic properties of hypervideo. In *Proceedings of the Seventh ACM Conference on Hypertext.* New York: Association for Computing Machinery. 1-10.

Shieh, D. 2009. These lectures are gone in 60 seconds. *The Chronicle of Higher Education* 55(26): A1, A13.

Shwom, B. L. & K. P. Keller. 2003. "The great man has spoken. Now what do I do?" A response to Edward R. Tufte's "The cognitive style of PowerPoint". *Communication Insight* 1(1): 2-16.

Simon, H. 1996. *The Sciences of the Artificial* (3rd edition). Cambridge, MA: The MIT Press.

Snow, R. & G. Salomon. 1968. Aptitudes and instructional media. *Educational technology research and development* 16(4): 341-357.

Snowden, D. 2002. Complex acts of knowing: Paradox and descriptive self-awareness. *Journal of Knowledge Management* 6(2): 100-111.

Spector, J. M. 2004. Instructional technology and the learning sciences: Multiple communities and political realities. *Educational Technology* 44(3): 47-49.

Spolsky, B. 1978. *Educational Linguistics: An Introduction.* Rowley, MA: Newbury

House Publishers.

Stoffregen, T. 2003. Affordances as properties of the animal-environment system. *Ecological Psychology* 15(2): 115-134.

Strate, L. 2012. If it's neutral, it's not technology. *Educational Technology* 52(1): 6-9.

Sun, H., C. Yuan, Q. Qian, S. He & Q. Luo. 2022. Digital resilience among individuals in school education settings: A concept analysis based on a scoping review. *Frontiers in Psychiatry* 13, 858515.

Sweller, J. & P. Chandler. 1994. Why some material is difficult to learn. *Cognition and Instruction* 12(3): 185-233.

Sweller, J. 1994. Cognitive load theory, learning difficulty, and instructional design. *Learning and Instruction* 4(4): 295-312.

Sweller, J., J. van Merrienboer & F. Paas. 1998. Cognitive architecture and instructional design. *Educational Psychology Review* 10(3): 251-296.

Tang, J., C. Rich & Y. Wang. 2012. Technology-enhanced English language writing assessment in the classroom. *Chinese Journal of Applied Linguistics* 35(04): 385-399.

Tatar, S. 2005. Why keep silent? The classroom participation experiences of non-native-English-speaking students. *Language and Intercultural Communication* 5(3-4): 284-293.

Tatar, S. 2012. Teachers' and learners' views on silence in the English as a foreign language classroom. *Journal of Language and Linguistic Studies* 8(1): 27-43.

Thagard, P. 1993. *Conceptual Revolutions*. Princeton, NJ: Princeton University Press.

Thorndikc, E. L. 1913. *Educational Psychology. The Psychology of Learning* (Volume 2). New York: Teachers College.

Tucker, M. & R. Ellis. 1998. On the relations between seen objects and components of potential actions. *Journal of Experimental Psychology: Human Perception and Performance* 24(3): 830-846.

Tufte, E. 2003. *The Cognitive Style of PowerPoint: Pitching Out Corrupts Within*. Chesire: Graphics Press.

Turner, P. 2005. Affordance as context. *Interacting with Computers* 17(6): 787-800.

Tyack, D. B. & L. Cuban. 1997. *Tinkering Toward Utopia: A Century of Public School Reform*. Cambridge, MA: Harvard University Press.

Valenti, A. J. & J. Good. 1991. Affordances and the design of interfaces for electronic text. *SIGOIS Bulletin* 12(2-3): 47-50.

Vallance, M. & P. A. Towndrow. 2007. Towards the "informed use" of information and communication technology in education: A response to Adams' "PowerPoint, habits of mind, and classroom culture". *Journal of Curriculum Studies* 39(2): 219-227.

van Lier, L. 2000. From input to affordance: Social-interactive learning from an ecological perspective. In J. Lantolf (ed.). *Sociocultural Theory and Second Language Learning*. Oxford: Oxford University Press.

van Lier, L. 2004. *The Ecology and Semiotics of Language Learning: A Sociocultural Perspective*. Norwell, MA: Kluwer Academic Publishers.

van Lier, L. 2008. Ecological-semiotic perspectives on educational linguistics. In B. Spolsky & F. M. Hult (eds.). *The Handbook of Educational Linguistics*. Malden, MA: Blackwell.

Vaughan, T. 2011. *Multimedia: Making It Work* (8th edition). New York: McGraw-Hill.

Vigliocco, G., P. Perniss & D. Vinson. 2014. Language as a multimodal phenomenon: Implications for language learning, processing and evolution. *Philosophical Transactions B* 369 (1651):1-7.

Volkoff, O. & D. M. Strong. 2013. Critical realism and affordances: Theorizing IT-associated organizational change processes. *MIS Quarterly* 37(3): 819-834.

Weller, M. 2018. 20 years of EdTech. *EDUCAUSE Review* 53(4): 34-48.

Weller, M. & T. Anderson. 2013. Digital resilience in higher education. *European Journal of Open, Distance and E-Learning* 16(1): 53-66.

Wentzel, A. 2019. *Teaching Complex Ideas: How to Translate Your Expertise into Great Instruction.* New York: Routledge.

Wetzel, C. D., P. H. Radtke & H. W. Stern. 1994. *Instructional Effectiveness of Video Media.* Hillsdale, NJ: Lawrence Erlbaum Associates.

Winn, B. 1990. Media and instructional methods. In D. R. Ganisan & D. Shale (eds.). *Education at a Distance: From Issues to Practice.* Malabar, FL: Krieger Publishing Co.

Wickens, C. D., Gordon-Becker, S. & Y. D. Liu. 1997. *An Introduction to Human Factors Engineering.* London: Pearson.

Wright, S. & G. Parchoma. 2011. Technologies for learning? An actor-network theory critique of "affordances" in research on mobile learning. *Research in Learning Technology* 19(3): 247-258.

Young, F., B. Cleveland. 2022. Affordances, architecture and the action possibilities of learning environments: A critical review of the literature and future Directions. *Buildings* 12(1): 76.

Young, F., B. Cleveland & W. Imms. 2019. The affordances of innovative learning environments for deep learning: Educators' and architects' perceptions. *The Australian Educational Researcher* 47: 693-720.

Zeller, E. 1963. *Die Philosophie der Griechen in ihrer geschichtlichen Entwicklung. Erster Teil Zweite Abteilung.* Darmstadt: Wissenschaftliche Buchgesellschaft.

Zhang, J. & D. Norman. 1995. A representational analysis of numeration systems. *Cognition* 57(3): 271-295.

Zhu, Y., G. Nachtrab, P. C. Keyes, W. E. Allen, L. Luo & X. Chen. 2018. Dynamic salience processing in paraventricular thalamus gates associative learning. *Science* 362(6413): 423-429.

Zwaan, R. A. 2016. Situation models, mental simulations, and abstract concepts in discourse comprehension. *Psychonomic Bulletin & Review* 23(4): 1028-1034.

埃弗雷特·罗杰斯，2002，《创新的扩散》，辛欣译。北京：中央编译出版社。

安涛、李艺，2021，守正与超越：教育技术学的边界与跨界，《电化教育研究》42（01）：29-34+56。

柏拉图，2002，《柏拉图全集 第一卷》，王晓朝译。北京：人民出版社。

布莱恩·阿瑟，2014，《技术的本质：技术是什么，它是如何进化的》，曹东溟、王健译。杭州：浙江人民出版社。

陈方，关于不可通约性问题的分析，1997，《武汉大学学报（哲学社会科学版）》（03）：15-19。

陈坚林，2011，计算机网络与外语教学整合研究。博士学位论文。上海：上海外国语大学。

陈兴德，2018，高等教育学的"学科""领域"之争——基于知识社会学视角的考察，《高等教育研究》39（09）：46-54。

陈晓珊、戚万学，2021，"技术"何以重塑教育，《教育研究》42（10）：45-61。

陈瑜敏，2010，情态分析在多模态外语教材研究中的应用探析，《外语教学》31（01）：69-72。

陈瑜敏、黄国文，2009，话语多声互动的多模态构建方式解析——以语言教材话语为例，《外语电化教学》（06）：35-41。

陈瑜敏、秦小怡，2007，教科书语篇多模式符号的介入意义与多声互动，《外语与外语教学》（12）：15-18。

陈瑜敏、王红阳，2008，多模态语篇图像的概念意义与图文关系——当代教科书的多模态语篇分析，《宁波大学学报（教育科学版）》（01）：124-129。

程薇、凡正成、陈桄、庄榕霞、黄荣怀，2019，重溯技术与学习关系之争：整合元分析的发现，《电化教育研究》40（06）：35-42。

丁兴富，1988，电大多媒体教学中的基本印刷教材——电大教学研究札记（一），《中国电大教育》（09）：26-30。

丁兴富，1990，论中国电大的多媒体教学，《现代远距离教育》（03）：29-33。

冯德正，2011，多模态隐喻的构建与分类——系统功能视角，《外语研究》（01）：24-29。

冯德正、张德禄、Kay O'Halloran，2014，多模态语篇分析的进展与前沿，《当代语言学》16（01）：88-99+126。

弗朗索瓦·弗拉基格，1997，《网络多媒体开发与应用》，冯博琴等译。北京：机械工业出版社。

弗里德里希·拉普，1986，《技术哲学导论》，刘武、康荣平、吴明泰译。沈阳：辽宁科学技术出版社。

戈夫曼·欧文，2008，《日常生活中的自我呈现》冯钢译。北京：北京大学出版社。

龚德英，2009，多媒体学习中认知负荷的优化控制。博士学位论文。重庆：西南大学。

谷晓丹、罗玲玲、陈红兵，2020，环境设计概念的生态维度新理解——基于吉布森可供性理论的思考，《东北大学学报（社会科学版）》22（04）：14-20。

顾佩娅，2007，多媒体项目教学法的理论与实践，《外语界》（02）：2-8+31。

顾佩娅、朱敏华，2002，网上英语写作与项目教学法研究，《外语电化教学》（06）：3-7。

顾曰国，2007，多媒体、多模态学习剖析，《外语电化教学》（02）：3-12。

何安平，2003，基于语料库的英语教师话语分析，《现代外语》（02）：161-170。

何克抗，1997，多媒体教育应用的重大意义及发展趋势，《现代远距离教育》（01）：7-12。

何克抗，2005，关于教育技术学逻辑起点的论证与思考，《电化教育研究》（11）：3-19。

何毅、陈立华，2019，专长水平对样例学习专长逆转效应的影响，《黑龙江教育学院学报》，38（04）：70-73。

胡加圣，2015，《外语教育技术——从范式到学科》。北京：外语教学与研究出版社。

胡杰辉、胡加圣，2020，大学外语教育信息化70年的理论与范式演进，《外语电化教学》（01）：17-23+3。

胡铁生，2011，"微课"：区域教育信息资源发展的新趋势，《电化教育研究》（10）：61-65。

胡铁生、黄明燕、李民，2013，我国微课发展的三个阶段及其启示，《远程教育杂志》31（04）：36-42。

胡壮麟，2007，PowerPoint——工具，语篇，语类，文体，《外语教学》（04）：1-5。

黄国文，2016，外语教学与研究的生态化取向，《中国外语》13（05）：1+9-13。

黄国文、王红阳，2018，给养理论与生态语言学研究，《外语与外语教学》（05）：4-11+147。

黄远振、陈维振，2008，课堂生态的内涵及研究取向，《教育科学研究》（10）：48-50。

焦建利，2013，微课及其应用与影响，《中小学信息技术教育》（04）：13-14。

康淑敏，2012，教育生态视域下的外语教学设计，《外语界》（05）：59-67+78。

蓝纯、蔡颖 2013，电视广告中多模态隐喻的认知语言学研究——以海飞丝广告为例，《外语研究》（05）：17-23。

黎靖德，2020，《朱子语类 一》。北京：中华书局。

黎加厚，2013，微课的含义与发展，《中小学信息技术教育》（04）：10-12。

李华兵，2017，多模态的意义潜势与多元识读能力研究——以新课标小学英语教材图文关系为例。博士学位论文。重庆：西南大学。

李海峰、王炜、吴曦，2018，AECT2017定义与评析——兼论AECT教育技术定义的历史演进，《电话教育研究》39（08）：21-26。

李娟，2018，主体间性视域下远程学习支持的有效性研究，《现代远程教育研究》（01）：78-87。

李克东，1994，多媒体技术的教学应用（上），《电化教育研究》（03）：1-4。

李克东，1996，关于多媒体教育应用研究的几个问题，《重庆电大学刊》（03）：
　　4-9。

李克东、谢幼如，1990，多媒体组合优化教学设计的原理与方法（上），《电化
　　教育研究》（04）：18-24。

李克东、谢幼如，1991，多媒体组合优化教学设计的原理与方法（下），《电化
　　教育研究》（01）：13-22。

李琳琳，2021，在线教学人际互动的混合研究——上海高校教师的视角，《华
　　东师范大学学报（教育科学版）》39（07）：50-61。

李芒，2008，对教育技术"工具理性"的批判，《教育研究》（05）：56-61。

李美凤、李艺，2008，从教育与技术的关系看教育学与教育技术学的对话，《中
　　国电化教育》（01）：6-10。

李文中，1999，语料库、学习者语料库与外语教学，《外语界》（01）：51-
　　55+63。

李文中、濮建忠，2001，语料库索引在外语教学中的应用，《解放军外国语学
　　院学报》（02）：20-25。

李醒民，2005，库恩在科学哲学中首次使用了"范式"（paradigm）术语吗？《自
　　然辩证法通讯》（4）：105-107。

李艺、颜士刚，2007，论技术教育价值问题的困境与出路，《电化教育研究》
　　（08）：9-12。

李子运、李芒，2018，中国教育技术学向何处去，《中国电化教育》（01）：64-
　　71。

李玉平，2012，微课程——走向简单的学习，《中国信息技术教育》11：15-19。

李战子、陆丹云，2012，多模态符号学：理论基础，研究途径与发展前景，《外
　　语研究》（02）：1-8。

丽莎·玛丽·布拉斯科、斯图尔特·哈泽、肖俊洪，2020，自我决定学习教育

学与数字媒体网络：引领学生踏上终身学习之旅，《中国远程教育》（03）：5-16+50+80。

林德宏，2002，"双刃剑"解读，《自然辩证法研究》（10）：34-36。

林福宗，2002，《多媒体技术基础》。北京：清华大学出版社。

刘宝存，2003，雅斯贝尔斯的大学教育理念述评，《外国教育研究》（08）：60-64。

刘长江，2013，信息化语境下大学英语课堂生态的失衡与重构。博士学位论文。上海：上海外国语大学。

鲁洁，2000，网络社会·人·教育，《江苏高教》（01）：14-22。

吕立松、穆雷，2007，计算机辅助翻译技术与翻译教学，《外语界》（03）：35-43。

吕林海、龚放，2012，大学学习方法研究：缘起、观点及发展趋势，《高等教育研究》33（02）：58-66。

马倩霞、李频捷、宋靖雁、张涛，2020，图像描述问题发展趋势及应用，《无人系统技术》3（06）：25-35。

梅德明，2012，教育语言学的学科内涵及研究领域，《当代外语研究》（11）：32-37+77-78。

南国农，2013，教育技术学科究竟应该怎样定位，《北京大学教育评论》11（03）：2-7。

尼古拉·尼葛洛庞帝，1996，《数字化生存》，胡泳、范海燕译。海口：海南出版社。

诺伯特·维纳，1978，《人有人的用处》，陈步译。北京：商务印书馆。

潘菽，1980，《教育心理学》。北京：人民教育出版社。

潘艳艳，2011，政治漫画中的多模态隐喻及身份构建，《外语研究》（01）：11-15。

潘艳艳、张辉2013，多模态语篇的认知机制研究——以《中国国家形象片·角度篇》为例，《外语研究》（01）：10-19+112。

钱多秀，2009，"计算机辅助翻译"课程教学思考，《中国翻译》30（04）：49-53+95。

让-伊夫·戈菲，2000，《技术哲学》，董茂永译。北京：商务印书馆。

任姝芳，2020，微信群媒介情境与人际交往相互影响研究。硕士学位论文。长春：长春工业大学。

桑新民、郑旭东，2011，凝聚学科智慧 引领专业创新——教育技术学与学习科学基础研究的对话，《中国电化教育》（06）：8-15。

束定芳，2021a，构建外语教育教学的新生态，《现代外语》44（04）：456-461。

束定芳，2021b，研究真问题，构建新生态——中国外语教育教学的瓶颈与出路，《中国外语》18（01）：17-19。

束定芳、庄智象，1996，《现代外语教学——理论、实践与方法》。上海：上海外语教育出版社。

苏小兵、管珏琪、钱冬明、祝智庭，2014，微课概念辨析及其教学应用研究，《中国电化教育》（04）：94-99。

孙崇勇，2012，认知负荷的测量及其在多媒体学习中的应用。博士学位论文。苏州：苏州大学。

孙凝翔、韩松，2020，"可供性"：译名之辩与范式/概念之变，《国际新闻界》，42（09）：122-141。

汤文经，1985，多媒体教学初探 兼论职业教育现代化的途径，《职业教育研究》（01）：44-46。

滕明兰，2009，大学生课堂沉默的教师因素，《黑龙江高教研究》（4）：146-148。

王华英，2011，透过"学媒之争"看多媒体教学，《新课程研究（中旬刊）》（10）：175-177。

王克非，2004，双语平行语料库在翻译教学上的用途，《外语电化教学》（06）：27-32。

王克非、黄立波，2008，语料库翻译学十五年，《中国外语》（06）：9-14。

王文斌、李民，2017，论外语教育学的学科建构，《外语教学与研究》49（05）：732-742+800-801。

王文斌、李民，2018，外语教育属于什么学科？——外语教育学构建的必要性及相关问题探析，《外语教学》39（01）：44-50。

王竹立，2014，微课勿重走"课内整合"老路——对微课应用的再思考，《远程教育杂志》，32（05）：34-40。

温小勇，2021，《教育图文融合设计规则的构建研究》。天津：南开大学出版社。

吴鼎福、诸文蔚，1990，《教育生态学》。南京：江苏教育出版社。

吴一安，2008，外语教师专业发展探究，《外语研究》（03）：29-38+112。

吴秉健，2013，国外微课资源开发和应用案例剖析，《中小学信息技术教育》（04）：23-26。

肖建安，1989，"有序启动式多媒体教学法"在综合英语教学中的应用，《娄底师专学报》（03）：81-85。

谢竞贤、董剑桥，2010，论多媒体与多模态条件下的大学英语听力教学，《外语电化教学》（06）：9-13。

谢竞贤，2011，多模态视角下的隐喻——兼评 Charles Forceville 的隐喻研究，外语学刊（05）：49-52。

谢幼如，1991，计算机在课堂多媒体组合教学中的应用及其评价，《全国计算机辅助教育学会第五届学术年会论文集》：161-165。

辛广勤，2006，大学英语是不是一门学科？——大学英语学科属性的宏观思考及其他，《外语界》（04）：13-20。

徐彬，2006，CAT 与翻译研究和教学，《上海翻译》（04）：59-63。

徐彬，2010，计算机辅助翻译教学——设计与实施，《上海翻译》（04）：45-49。

闫志明，2009，学习与媒体关系大辩论：不同范式下的对话，《电化教育研究》（03）：34-38。

严莉、郑旭东，2009，学媒论争启示录——对"学习与媒体大辩论"的新思考，

《开放教育研究》15（05）：52-55。

杨鲁新，1999，谈英语专业二年级写作教学改革尝试——计算机辅助写作教学，《首都师范大学学报（社会科学版）》（S1）：93-97。

杨满福、桑新民，2013，对MOOCs浪潮中微课的深度思考——基于首届高校微课大赛的分析，《教育发展研究》33（23）：1-5。

杨树凡，2006，关于技术中性论的新思考，《辽宁教育行政学院学报》（11）：42-42+50。

杨信彰，2009，多模态语篇分析与系统功能语言学，《外语教学》30（04）：11-14。

伊姆雷·拉卡托斯、艾兰·马斯格雷夫，1987，《批判与知识的增长——1965年伦敦国际科学哲学会议论文汇编第四卷》，周寄中译。北京：华夏出版社。

尤尔根·哈贝马斯，1999a，《作为"意识形态"的技术与科学》，李黎、郭官义译。上海：学林出版社。

尤尔根·哈贝马斯，1999b，《公共领域的结构转型》，曹卫东等译。上海：学林出版社。

于海琴、李晨、石海梅，2013，学习环境对大学生学习方式、学业成就的影响——基于本科拔尖创新人才培养的实证研究，《高等教育研究》34（08）：62-70。

余继、闵维方，2019，大学创新型学习环境：内涵、特征及优化策略，《江苏高教》（05）：54-59。

约书亚·梅罗维茨，2002，《消失的地域：电子媒介对社会行为的影响》，肖志军译。北京：清华大学出版社。

张德禄，2009a，多模态话语分析综合理论框架探索，《中国外语》6（01）：24-30。

张德禄，2009b，多模态话语理论与媒体技术在外语教学中的应用，《外语教学》30（04）：15-20。

张德禄，2012，多模态学习能力培养模式探索，《外语研究》（02）：9-14。

张德禄、丁肇芬，2013，外语教学多模态选择框架探索，《外语界》（03）：39-46+56。

张德禄、李玉香，2012，多模态课堂话语的模态配合研究，《外语与外语教学》（01）：39-43。

张德禄、王璐，2010，多模态话语模态的协同及在外语教学中的体现，《外语学刊》（02）：97-102。

张辉、展伟伟，2011，广告语篇中多模态转喻与隐喻的动态构建，《外语研究》（01）：16-23。

张建桥、万金花，2022，学媒之争：评论与反思，《开放教育研究》28（05）：20-28。

张楠，2014，移动学习环境下高校实验教学模式的创新和实践，《实验室研究与探索》33（10）：225-228。

张文兰、刘俊生，2007，基于设计的研究——教育技术学研究的一种新范式，《电化教育研究》（10）：13-17。

张一春，2013，微课建设研究与思考，《中国教育网络》（10）：28-31。

张一春，2017，精彩教学，从微课开始，《高校医学教学研究（电子版）》7（02）：52-54。

张征，2011，英语课堂多模态读写能力实证研究。博士学位论文。济南：山东大学。

赵婷婷、杨晓梦、张洋、王燕青、谢和平、王福兴，2021，多媒体学习中线索原则是否存在经验逆转效应？——来自两项元分析的证据，《心理与行为研究》19（01）：22-29。

赵秀凤，2011，概念隐喻研究的新发展——多模态隐喻研究——兼评 Forceville & Urios-Aparisi《多模态隐喻》，《外语研究》（01）：1-10+112。

赵秀凤，2013，多模态隐喻构建的整合模型——以政治漫画为例，《外语研究》（05）：1-8+112。

郑小军，2016，微课发展误区再审视，《现代远程教育研究》（02）：61-66+97。

郑小军、张霞，2014，微课的六点质疑及回应，《现代远程教育研究》（02）：48-54。

郑旭东，2008，"学习"与"媒体"的历史纷争与教育技术领域的未来（四）——学习科学的崛起与学媒关系及教育技术领域的未来，《软件导刊（教育技术）》（10）：3-5。

钟秉林、尚俊杰、王建华、韩云波、刘进、邹红军、王争录，2023，ChatGPT对教育的挑战（笔谈），《重庆高教研究》11（03）：3-25。

钟启泉，2015，"微课"的诱惑与反诱惑，《内蒙古教育》（25）：14-16。

钟玉琢，1999，《多媒体技术（初级）》。北京：清华大学出版社。

周燕，2019，论外语教育的学科定位与教师的身份认同，《外语教育研究前沿》2（04）：11-15+90。

朱银、张义兵，2008，"学媒之争"与教育技术学科范式革命，《软件导刊（教育技术）》7（11）：11-13。

朱永生，2007，多模态话语分析的理论基础与研究方法，《外语学刊》（05）：82-86。

朱永生，2008，多元读写能力研究及其对我国教学改革的启示，《外语研究》（04）：10-14。

朱永新，2016，站在教育结构性变革的门口，《人民教育》（20）：40-45。

祝智庭、彭红超，2020，技术赋能的韧性教育系统：后疫情教育数字化转型的新路向，《开放教育研究》26（05）：40-50。

祝智庭、沈书生，2020，数字韧性教育：赋能学生在日益复杂世界中幸福成长，《现代远程教育研究》，32（04）：3-10。

庄榕霞、王铟，2007，学校技术生态系统中新技术教育应用发展探微，《现代教育技术》（04）：36-39。

庄智象，2010，我国外语专业建设与发展的若干问题思考，《外语界》（01）：2-10。